东盟文献信息资源保障研究

苏瑞竹　骆柳宁　张　颖　吴英姿　著

中国纺织出版社有限公司

图书在版编目（CIP）数据

东盟文献信息资源保障研究 / 苏瑞竹等著. —— 北京：中国纺织出版社有限公司, 2021.8
ISBN 978-7-5180-8768-6

Ⅰ.①东… Ⅱ.①苏… Ⅲ.①文献信息 – 信息资源 – 保障体系 – 研究 – 东南亚国家联盟 Ⅳ.① G253

中国版本图书馆 CIP 数据核字（2021）第 160453 号

责任编辑：郭 婷　　责任校对：王蕙莹　　责任印制：储志伟

中国纺织出版社有限公司出版发行
地址：北京市朝阳区百子湾东里 A407 号楼　邮政编码：100124
销售电话：010—67004422　传真：010—87155801
http://www.c-textilep.com
官方微博 http://weibo.com/2119887771
三河市宏盛印务有限公司印刷　各地新华书店经销
2021 年 8 月第 1 版第 1 次印刷
开本：710×1000　1/16　印张：16.25
字数：300 千字　定价：79.90 元

凡购本书，如有缺页、倒页、脱页，由本社图书营销中心调换

前　言

2013年9月和10月习近平主席提出了"一带一路"倡议，为全球经济治理体系完善做出积极贡献，是一项惠及全球的伟大创举，得到越来越多国家的积极响应。加强与东盟各国的政治互信、经济融合、文化包容对于我国战略目标的实现具有重要意义，促进东盟信息资源的收集与整理，保障国家机关及社会大众可以获取和使用相关资源与服务，推动"一带一路"倡议实现是我国图书馆等信息服务机构面临的迫切和现实问题。同时，随着中国—东盟交流的日益增多，有关东盟信息的需求急剧增加。然而，现有东盟信息资源数量少质量不高、结构失衡不合理、收集困难利用率低、信息资源体系缺乏整体规划、共享共建程度低、管理运行机制不完善、经费投入严重不足的现状难以支撑国家战略发展的信息需求。因此，加强东盟文献信息资源建设，构建"一带一路"倡议的东盟文献信息资源保障体系，从而满足人们的东盟信息需求，已成为中国学术界一项重要的研究课题。

本书是在广西社科规划课题《东盟国家多语种信息资源建设及利用研究》的基础上拓宽研究的内容形成的，主要撰写人员有广西民族大学的研究馆员苏瑞竹和骆柳宁，以及广西卫生职业技术学院的张颖和广西民族大学的吴英姿，研究生黄文福、胡雅琼、越蕊洁等为课题研究提供了许多素材，感谢课题组成员的通力合作以及研究生们的辛勤付出。

本书与一般的信息资源保障研究不同之处在于资源建设的艰巨性与用户的小众性，期望研究成果能丰富图书馆学、情报学的理论知识，进一步扩充我国文献信息资源建设和服务的理论内涵，为东盟文献信息资源建设提供行之有效的路径和方法，提高我国东盟文献信息资源及信息保障体系的共建共享水平，加深人们对东盟文献信息资源建设的理解和认识，促进我国图书情报事业快速良性发展，对"一带一路"倡议建设具有积极的推动作用。也期望本书对东盟文献信息资源建设和利用研究有一定的参考价值。

本书分为十章，总框架由苏瑞竹设计，全书由苏瑞竹统稿。

第一章是绪论。主要阐述本书研究背景、目的和意义；第二章对东盟文献信息资源进行界定，阐述东盟信息资源的特征及功能、作用以及东盟国家文献出版发行的状况、我国文献进口的相关规定；第三章对国内外东盟文献信息资源保障体系建设的理论与实践进行全面的综述。第一至三章由张颖负责编写。

第四章论述了东盟文献信息资源保障体系建设框架；第五章对东盟信息资源用户需求情况进行调研分析。第四、五章由苏瑞竹负责编写。

第六章论述了东盟文献信息资源的采集，包括采集的内容和载体形式、建设的策略；第七章论述了东盟文献信息资源组织，包括纸质和数字文献的组织和加工、建设的标准。第六、七章由骆柳宁负责编写。

第八章论述了东盟网络信息资源建设，包括各种网络信息资源的搜集、整合、组织策略；第九章论述了东盟文献国家保障体系建设模式，包括建设的总体思路、资源的优化整合、共建共享、保障模式和服务方式。第八、九章由吴英姿负责编写。

第十章是东盟文献信息资源保障体系建设机制，由苏瑞竹负责编写。

本书的出版得到了中国纺织出版社有限公司的大力支持，特别感谢编辑郭婷老师付出的辛劳。

著者

2021 年 1 月 31 日

于广西南宁市广西民族大学相思湖畔

目录

第一章　绪论 ··· 1

　　第一节　研究背景、目的和意义 ·· 1

　　第二节　国内外研究现状 ·· 3

　　第三节　研究内容 ··· 9

　　第四节　研究方法和创新之处 ·· 11

第二章　东盟文献信息资源理论概述 ··· 13

　　第一节　东盟文献信息资源概念及内涵 ································· 13

　　第二节　东盟文献信息资源的特征 ·· 17

　　第三节　东盟信息资源的作用和功能 ···································· 21

　　第四节　东盟国家文献出版发行状况 ···································· 25

第三章　国内外文献信息资源保障体系建设的理论与实践 ············ 38

　　第一节　理论研究综述 ·· 38

　　第二节　实践进展 ·· 43

第四章　东盟文献信息资源保障体系建设框架 ···························· 56

　　第一节　东盟文献信息资源保障体系概述 ······························ 56

　　第二节　东盟文献信息资源保障体系建设的目标 ···················· 61

　　第三节　东盟文献信息资源保障体系建设的战略意义和实际意义 ·· 62

　　第四节　东盟文献信息资源保障体系建设的必要性与可行性 ···· 67

　　第五节　东盟文献信息资源保障体系建设的原则及建设框架 ···· 69

第五章　东盟信息资源用户需求分析及其建设的艰巨性 …… 74

第一节　东盟文献信息资源调研分析 …………………………… 74

第二节　东盟文献信息资源用户使用现状及满意度调研 ……… 80

第三节　东盟信息资源用户需求分析 …………………………… 83

第四节　东盟文献信息资源建设的艰巨性 ……………………… 94

第五节　东盟文献信息资源获取途径 …………………………… 96

第六章　东盟文献信息资源采集 …………………………………… 99

第一节　东盟文献信息资源采集的内容和载体形式 …………… 99

第二节　印刷型资源的建设策略 ………………………………… 103

第三节　东盟多语种数字文献信息资源建设策略 ……………… 116

第四节　多馆协作的东盟多语种网络信息资源建设策略 ……… 120

第七章　东盟文献信息资源组织 …………………………………… 124

第一节　东盟多语种文献组织与加工 …………………………… 124

第二节　数字文献信息资源的组织与加工 ……………………… 145

第三节　文献信息资源建设的标准 ……………………………… 158

第八章　东盟网络信息资源建设 …………………………………… 164

第一节　开放存取OA资源的搜集和整合 ……………………… 164

第二节　网络灰色信息资源搜集和组织 ………………………… 170

第三节　网络灰色信息资源搜集和组织技术 …………………… 176

第四节　网络灰色信息资源搜集和组织策略 …………………… 188

第五节　东盟网络信息资源建设的过程 ………………………… 206

第九章　东盟文献国家保障体系建设模式 ··· 215

第一节　东盟文献信息资源体系服务保障总体思路 ························· 215
第二节　东盟文献信息资源的优化整合 ··· 216
第三节　东盟文献信息资源的共建共享 ··· 218
第四节　东盟文献信息资源的保障模式和服务方式 ························· 222

第十章　东盟文献信息资源保障体系建设机制 ··· 226

第一节　组织和制度保障 ··· 226
第二节　资金保障 ··· 227
第三节　人才保障 ··· 228
第四节　技术保障 ··· 232
第五节　评价机制 ··· 233

参考文献 ··· 237

附录　东盟信息资源与服务用户调查问卷 ··· 247

第一章 绪论

第一节 研究背景、目的和意义

一、研究背景

2013年9月和10月习近平主席提出了"一带一路"倡议,它是党中央主动应对全球形势深刻变化、统筹国际国内两个大局做出的重大决策,旨在打造我国改革发展和对外开放的升级版,被写入2014年《政府工作报告》和2015年《中共中央关于全面深化改革若干重大问题的决定》,成为国家重要的发展战略,是未来一段时期我国对外开放和开展国际合作的立足点和着眼点。近年来的实践证明,"一带一路"倡议顺应了国内经济转型升级趋势,成为中国对外开放新倡议的重要组成部分;它有力地促进沿线国家贸易投资发展,成为世界经济增长的新引擎;它引领国际治理新理念,为全球经济治理体系完善做出积极贡献,是一项惠及全球的伟大创举❶,得到越来越多国家的积极响应。"一带一路"合作的重点是要全面推进"五通"❷:政策沟通、设施联通、贸易畅通、资金融通、民心相通,而民心相通是其他"四通"的基础和保障,人文交流是推进"五通"的重要支撑,"一带一路"建设"必须从文化开始"❸,是具有基础性和先导性作用的主要操作策略❹,蕴含着丰富的文献信息资源建设的内涵和要求。东盟与中国山水相连,交往历史源远流长,是"21世纪海上丝绸之路"的关键枢纽,也是建设的重点和优先地区,契合了中国和平发展的战略定位、周边外交基本方针和建设海洋强国的内在精神❺,是一个可持续发展的重点研究领

---

❶ 刘英奎. "一带一路":惠及全球的伟大创举[N]. 中国贸易报,2016-08-23(1).
❷ 国家发展改革委,外交部,商务部. 推动共建丝绸之路经济带和21世纪海上丝绸之路的愿景与行动[N]. 人民日报,2015-03-29(4).
❸ 倪稼民. 基于文化共通与文化多元视角解读"一带一路"的意义[J]. 党政研究,2015(5):112-115.
❹ 专家解读:"一带一路"建设策略[J]. 宁波经济(财经视点),2014(10):32-33.
❺ 厦门大学南海研究院 - 文献资料[EB/OL].[2016-08-22].http://scsi.xmu.edu.cn/news.asp?topid=81&classid=82.

域[1]，加强与东盟各国的政治互信、经济融合、文化包容对于我国战略目标的实现具有重要意义，促进东盟信息资源的收集与整理，保障国家机关及社会大众可以获取和使用相关资源与服务，推动"一带一路"倡议实现是我国图书馆等信息服务机构面临的迫切和现实问题。同时，随着中国与东盟交流的日益增多，东盟信息需求急剧增加。然而，现有东盟信息资源数量少质量不高、结构失衡不合理、收集困难利用率低和信息资源体系缺乏整体规划、共享共建程度低、管理运行机制不完善、经费投入严重不足的现状[2][3][4][5]难以支撑国家战略发展的信息需求。因此，加强东盟文献信息资源建设，构建"一带一路"倡议的东盟文献信息资源保障体系，从而满足人们的东盟信息需求，已成为中国学术界一项重要的研究课题。

二、研究目的和意义

（一）研究目的

基于"一带一路"倡议的时代背景，通过对国内外文献的调查，分析建设东盟文献信息资源保障体系的必要性、目标、原则，提出构建东盟文献信息资源保障体系的基本框架，并从资源保障、服务保障及建设机制三个方面探讨建设东盟文献信息资源保障体系的方法，从而形成东盟文献信息资源保障体系的整体建设方案，为有关部门提供参考。

（二）研究意义

本研究具有重要的理论和实践意义。

1. 理论意义

为我国图书馆学理论体系注入东盟文献信息资源保障体系建设的相关理论，丰富了图书馆学、情报学的理论知识，进一步扩充我国文献信息资源建设和服务的理论内涵，对我国图书馆学理论体系的不断发展具有积极的促进作用。

---

[1] 罗亚泓. 国内外"东盟"研究文献计量分析报告——基于常用数据库资源的调查与统计 [J]. 东南亚研究，2013（4）：105-112.

[2] 苏瑞竹，张颖. 东盟文献信息资源建设初探 [J]. 广西师范学院学报（哲学社会科学版），2012，33（3）：152-156.

[3] 张颖，苏瑞竹. 中国图书馆东盟信息资源建设现状及趋势 [J]. 农业图书情报学刊，2014，26（7）：5-9.

[4] 谢耀芳. 广西东盟特色文献资源建设探析——以广西壮族自治区图书馆为例 [J]. 大学图书情报学刊，2011（4）：49-51.

[5] 黄祖彬. 东盟文献信息服务探索 [A]. 广西图书馆学会. 广西图书馆学会2011年年会暨第29次科学讨论会论文集 [C]. 南宁：广西图书馆学会，2011：14.

2. 实践意义

对东盟文献信息资源建设实践和满足人们的东盟文献信息需求具有较大的现实意义和一定的指导作用，为我国文献信息资源及信息保障体系的共建共享积累实践经验，提高人们对东盟文献信息资源建设的理解和认识，促进我国图书情报事业快速良性发展，对"一带一路"倡议建设具有积极的推动作用。

第二节 国内外研究现状

一、国外研究现状

近代的东盟信息资源建设起源于东南亚历史研究的需要，研究起步较早。16世纪西方国家对东南亚的殖民统治，推动了欧洲殖民者对东南亚各国社会、历史及语言文化等方面的研究。荷兰亚洲学会、法国国家东方语言和文化协会、英国皇家亚洲学会等先后成立于18世纪后期，西方学者对东南亚历史与文化的研究极大促进了早期图书馆东南亚资料的收集、整理工作。20世纪三四十年代，美国政府不少高校设立了东南亚研究中心，并开展了多种多样的东南亚研究项目。在政策支持与研究需求的共同促进下，美国图书馆对东南亚相关资料的收集、整理工作迅速发展。1941年太平洋战争爆发后，日本对东南亚各国进行殖民统治期间掀起了对东南亚的研究热潮，日本图书馆的东南亚研究资料随之大幅增加。"二战"后东南亚各国相继独立，1967年东南亚国家联盟（即东盟）的成立，极大增进了东南亚各国间政治、经贸、社会、科技的合作，东盟各国更注重从自身观点来审视本国、本民族的发展史。以新加坡、马来西亚、印尼、泰国等国为代表，其图书馆的东盟文献信息资源的收藏与整理带有浓厚的民族主义色彩[1]。国外东盟文献信息资源研究力量分散于高校、研究机构、经贸组织和企业内部，东盟文献信息资源分布于国家图书馆和各高校、研究机构、经贸组织图书馆之中，如法国国家图书馆、美国国会图书馆、美国康奈尔大学图书馆、新加坡国立大学图书馆、东京外国语大学语言文化研究所、日本国立京都大学东南亚研究所均收藏了大量东盟文献资料，其中日本国立京都大学非常注重大量搜集各国出版的研究资料，其图书馆是国际上东南亚研究资料最为集中的图书馆[2]。收集的范畴广泛，包括历史、文化、地理、政治、军事、经贸、科教、宗教等资料，文献类型十分

---

[1] 张颖. 外国图书馆东盟信息资源概况及启示[A]. 广西图书馆学会. 广西图书馆学会2014年年会暨第32次科学讨论会论文集[C]. 南宁：广西图书馆学会，2014：7.

[2] 李灿元，王红. 东南亚研究信息资源采访策略探讨[J]. 图书馆界，2011（5）：42-43，52.

丰富,除了图书、报刊等印刷文献外,还包括大量手稿、古籍、图片、缩微文献和实物资料等,形成图书、报刊、档案、文物兼有的格局。

西方东盟文献资源建设非常关注共建共享,注重构建文献信息资源保障体系。国外该领域的实践活动称为合作藏书和资源共享,起源于19世纪的馆际互借运动。1909年美国图书馆协会(ALA)大会将资源共享的馆际合作作为一个讨论主题,使资源共享工作正式走上历史舞台。联合国教科文组织(UNESCO)支持发展起来的UAP计划(出版物资源共享)的主旨,就是促进全世界文献的系统建设与开发利用。目前较为成功的共享模式有联机计算机图书馆中心(OCLC)、环太平洋数字图书馆联盟(PRDLA)、俄亥俄合作网(Ohio LINK)、明尼苏达信息资源共享网(Minitex)、日本文部省学术情报中心(NACSIS)❶。美国的东盟信息资源保障体系发展较为成熟,美国国会图书馆为提高馆藏效益和避免重复建设,制订了各个图书馆对东南亚资料采集的分工计划,以更好协调美国图书馆系统的东盟信息资源建设工作。如华盛顿大学、俄勒冈大学和加拿大的大英哥伦比亚大学共同组建了美西北地区大学的东南亚文献联合集团❷,各校图书馆分别负责几个国家的研究文献收藏,以形成满足用户需求的东南亚研究馆藏。

总体而言,国外在东盟信息资源建设方面以实证研究为主,更多关注实践和技术的研究,并且是实践与理论研究同时进行,实践中蕴含理论,理论体系中也包含基础理论、应用理论各个层次,很少直接提及理论研究,更没见关于理论体系构建方面的文献,因此无法直接获取到理论研究方面信息,有待对文献进行深度发掘和理解。它们的信息资源体系建设主体多元、资金来源广泛、获取渠道多样、注重整合推广、技术发达、共建共享程度较高、协调运行机制较健全,信息资源保障体系发展较为成熟,已有大量的实践经验和研究结论,对我国信息资源建设具有借鉴意义。但国外的研究主要根据其国情和战略发展需要,偏重于实践和技术,对我国东盟文献信息资源建设具有一定局限性。

二、国内研究现状

(一)东盟信息资源建设实践方面

早在三国东吴时就已有介绍东南亚国家的专著《扶南异物志》和《吴时外国

---

❶ 程焕文.信息资源共享[M].北京:高等教育出版社,2004:276-318.
❷ 厦门大学南海研究院文献资料[EB/OL].[2016-08-22].http://scsi.xmu.edu.cn/news.asp?topid=81&classid=82.

传》问世❶，但是发展缓慢而曲折。早期的东盟信息资源建设是伴随着国家科研机构从事东南亚研究所需的文献资料的收集整理工作产生的，随着交流的增加，发展比较迅速，涵盖从国家、区域宏观层面统筹协调和建设规划，到以某一机构、学科等微观层面的资源建设与配置。我国东盟文献信息资源分散收藏在高校图书馆、研究机构图书馆和公共图书馆中。中国国家图书馆长期与越南、新加坡等东盟各国的国家图书馆保持着友好往来，通过订购、代购、接收捐赠、交换国际书刊等方式积累了丰富的东盟文献信息资源。中国社会科学院东南亚研究所、广西社会科学院东南亚研究所、云南社会科学院东南亚研究所等十多家专业学术团体也各自拥有大量东盟文献信息资源，构成东盟信息资源的重要组成部分。高校图书馆是我国东盟信息资源建设的主力军，其占有的东盟信息资源具有面向教学、科研的特性，体现了学校的办学特色和专业特点。在一些综合性大学，如北京大学、厦门大学、暨南大学、中山大学、广西大学、广西民族大学和云南大学等也设有研究东南亚问题的重点学科或研究机构。

总体而言，我国除北京外，福建、广东、广西、云南等地方图书馆及相关科研机构比较重视东盟国家文献信息资源建设，各自形成了一定规模的东盟文献信息资源收藏体系，文献成果较多。暨南大学东南亚研究所前身是成立于20世纪20年代的"南洋文化事业部"，它的图书馆重点建设"华人华侨文献中心"特色馆藏，重点研究亚太地区（主要是东南亚地区）经济、政治与国际关系以及华侨华人问题等，包含大量东南亚国家出版的学术作品，在"中国—东南亚研究网"上的"东盟暨亚太区域组织网站一览""东南亚地区知名大学网站一览""东南亚各地网站导航"有丰富的网络资源，自建的"新加坡研究数据库"较为全面地涵盖了新加坡有关社会、政治、经济、环境等方面的信息。厦门大学图书馆长期注重东盟地区文献收藏，承接 CALIS 特色库"东南亚研究"项目建设，拥有国内高校中面积最大、东南亚研究领域图书种类最齐全、资料最丰富的独立资料室，是建设东盟信息资源保障体系最具有代表性的图书馆❷。其"东南亚及闽台研究数据库"由"中国东南亚、华侨华人研究学位论文全文库""南洋研究院期刊全文数据库""中国—东盟区域经济数据库"等七大数据库组成，现已收录13000多条记录，并提供外部数据库导航，还通过 OA 的形式集中共享了厦门大学南海研究院

---

❶ 刘永焯. 建立东南亚历史文献目录学的探讨 [J]. 广东图书馆学,1985(2):14-18,36.
❷ 苏瑞竹，张颖. 东盟信息资源共建共享策略研究 [J]. 图书馆建设,2013(9):38-42.

与南海相关的公约、海事、疆界等研究成果。广西民族大学图书馆利用学校东盟语人才的优势，收藏的东盟原版图书5万余种、报刊70多种，并对原版图书进行数字化，是国内东盟语原版文献馆藏最大的单位。2004年成立了中国—东盟研究中心，2008年开辟了东盟文献信息中心，建有"东盟综合文献信息中心"、"诗琳通公主泰文资料中心"以及"越南语文献信息中心"，并自建"东盟文献信息资源数据库"、"亚非语言原版文献资料书目及全文数据库"等特色数据库，目前已成为我国最大的东盟文献信息资源建设单位，在全国有相当的影响力❶。广西大学中国—东盟研究院经过长期建设发展已成为全国从事东盟领域研究人数最多的机构之一，依托广西地缘区位、省级CALIS中心及政策优势，将东盟研究文献保障的重点放在经济领域，同时兼顾文化、教育等学科，建设发展较快，围绕经贸关系发展及自由贸易区建设中的重大政策、理论及实践问题开展研究，取得了一批有重要影响的研究成果，是中国知网"东盟"主题文献和学位论文数量最多的机构，达到国内领先水平，在国内乃至东盟国家有重要影响❷。目前正着手开发全自动的信息收集及翻译处理平台，对网络信息进行收集、翻译、分类和处理工作。中国法学会于2010年10月在西南政法大学国际法学院创设了中国—东盟法律研究中心，整合中国和东盟国家的学术、实务专家，它的图书馆拥有目前国内较全面、系统反映中国与东盟各国和组织的政治、经济、法律领域相关制度研究的专题数据库。❸

国内有关"文献信息资源保障体系"的讨论由图书馆学研究的"文献拒借率""满足率"导发，随着文献资源建设理论研究的发展而逐渐产生。文献信息资源保障体系目前尚无明确的定义，又被称为"文献保障体系""文献信息资源系统""文献信息保障系统""文献信息共享体系"等，是一个还在不断发展之中的概念。我国信息资源保障体系的建设经历了三个发展阶段❹：第一阶段是20世纪50年代至80年代末的藏书保障体系阶段，保障机构是传统的文献机构（图书馆、档案馆和情报所等），保障的对象范围主要局限于书刊，保障目标是最大限度地满足人们的阅读需求；第二阶段是20世纪90年代初至20世纪末的文献信

---

❶ 李淑媚. 广西大学东盟研究作者群调研及图书馆服务对策——基于CNKI的文献计量学调查 [J]. 科技情报开发与经济, 2014(22):147-151.
❷ 张晓文. 高校图书馆东盟信息资源用户需求和利用调查分析——以广西大学"中国—东盟经贸合作与发展研究"学科为例 [J]. 情报探索, 2014(4):42-44.
❸ 吴郁. "中国—东盟法律文献数据库"建设实践研究 [J]. 东南亚纵横, 2012(9):14-17.
❹ 肖希明. 信息资源建设 [M]. 武汉：武汉大学出版社, 2008:333.

息资源保障体系阶段，保障机构是所有拥有信息资源的各类型社会实体，保障对象范围包括传统文献信息资源和电子信息资源，保障目标是最大限度地满足人们多样化的阅读需求；第三阶段是进入21世纪以来的围绕国家创新体系的信息资源保障体系阶段，保障对象范围进一步扩大到网络信息资源，保障的重点是最大限度地满足人们的创新信息需求。

20世纪90年代初开始，互联网改变了信息资源保障体系建设的操作环境与技术手段，基于网络的信息保障体系就成为目前信息资源保障体系建设的核心。经过近30年的发展，我国信息资源保障体系的建设经历了从文献资源到信息资源，再到信息服务和信息消费等阶段，取得了长足的进展，形成几个规模较大的系统化、区域化的文献信息资源保障体系❶。

1. 系统内的文献信息保障体系

"中国高等教育文献保障系统"（CALIS）是我国目前最为成功的系统内文献信息保障体系，它是一个广域网络环境下的文献信息共享的服务体系，形成了全国中心、地区中心、省中心、成员馆和数字图书馆基地的服务体系，面向全国普通高等学校提供服务；"中国高校人文社会科学文献中心"（CASHL）是教育部根据高校人文社会科学的发展和文献资源建设的需要依托CALIS而设立的，其宗旨是组织若干所具有学科优势、文献资源优势和服务条件优势的高等学校图书馆，有计划、有系统地引进国外人文社会科学期刊，为全国高校的人文社会科学教学和科研提供高水平的文献信息保障；"国家科技图书文献中心"（NSTL）是由中国科学院文献情报中心、工程技术图书馆、中国农业科学院图书馆、中国医学科学院图书馆等组成，按照"统一采购、规范加工、联合上网、资源共享"的原则，采集、收藏和开发理、工、农、医各学科领域的科技文献资源，面向全国开展科技文献信息服务。

2. 区域内文献信息保障体系

我国已有31个省、直辖市、自治区开展了省级文献资源保障体系建设，较为成熟的省级保障体系主要分布于北京、上海、广东、江苏等东部地区省份，规模较大、保障功能完备、运行效益较高。上海和江苏有两个或多个类型的保障体系，上海市既有上海市文献资源共建共享协作网，又有上海教育网络图书馆，江

---

❶ 冉曙光. 应用型本科院校重点学科文献资源保障研究[D]. 长春：东北师范大学,2011:5.

苏省既有江苏高等教育文献保障系统,又有江苏省工程技术文献信息中心❶。1994年开始启动的上海市文献资源共建共享协作网(SIRN)目前已成为我国省级文献资源保障体系中影响最大、成员最多、覆盖面最广的保障体系。成立于1997年的江苏省高等教育文献保障系统(JALIS),目前已建有8个学科(地区)文献中心和4个文献采编中心,并已建成多个书目以及专题文献数据库。广大中西部地区尤其是欠发达省份,省级保障体系建设刚起步,不仅数量少而且类型单一,或根本就没有;另外,有几个全国性和地区性跨系统一定范围内的联合保障:如国家图书馆(NLC)、中国科学院文献情报中心、南京大学图书馆和全国地质图书馆共同出资购买外文数据库,各自建立本馆西文篇名目次数据库,并通过各自的网站向读者提供查询服务和全文传递服务。实践中形成了全国、区域乃至各个省、市、县等不同层次的信息资源保障体系。

由于我国区域发展严重失衡及管理体制等多方面的原因,我国信息资源建设长期处于条块分割、各自为政的状态,整体发展水平较低,信息资源保障体系类型相对单一、覆盖范围不广,跨系统联盟较少;管理体系发展不够完善,有待增强;资金来源缺乏有效保障,渠道较少。信息资源保障能力普遍低下,系统运行缺乏活力,许多学者建议将CALIS、CASHL和NSTL三大文献传递系统整合,由国家投入资金,建立一个全国性的国家级文献资源保障中心❷❸❹,但目前仅停留在讨论阶段。目前国内对东盟文献信息资源保障体系研究尚未引起足够重视,有关研究及实践极少,未见系统研究,目前存在主要问题是:①缺乏统一的组织管理,整体保障乏力;②东盟信息产品严重滞后,时效性难以保证;③东盟信息资源严重匮乏,品种少、数量小;④东盟信息采集、加工、搜取手段与方式落后。广西民族大学苏瑞竹建议从学科及区域两个层面构建东盟学科联盟,依托CALIS、CASHL国家保障体系,建立有效的运行管理机制,促进东盟信息资源的共享、共建和可持续发展。

(二)东盟信息资源及保障体系建设理论研究方面

根据北京外国语大学图书馆关于中国周边国家语种文献收藏现状的调查发

---

❶ 程卫萍,潘杏梅,王衍.省级科技文献共享服务平台现状调查与分析[J].图书馆杂志,2016(7):50-58.
❷ 肖希明.我国文献资源保障体系论纲[J].图书馆,1996(6):8-12.
❸ 童敏.CALIS和CASHL文献资源共享体系的比较研究[J].图书馆建设,2009(4):4-6,10.
❹ 康美娟.整合CALIS、CASHL、NSTL文献传递系统实现文献资源全面共享[J].农业图书情报学刊,2012,24(10):31-33.

现，我国现有的东盟语种信息资源严重不足，已有资源也未能充分利用，缺乏系统、成熟的东盟文献信息资源保障体系建设的有关理论和实践的探讨，学术界对信息资源保障体系的研究长期集中于信息资源和信息技术层面，缺乏对信息用户和相关社会因素的深入研究，没有体现应有的人文精神和人文关怀，研究成果也往往经不起实践检验，很多共享理论在图书馆或其他情报机构的共享体系建设的实际应用中却达不到理想中的效果。这导致对"一带一路"倡议需求的东盟信息资源支撑力度不足❶。东盟信息资源研究主题主要集中于：①界定东盟馆藏的概念及范畴❷；②探讨东盟信息资源建设进展❸；③东盟馆藏建设保障机制研究❹；④东盟馆藏资源利用与服务研究❺；⑤东盟信息资源共建共享研究❻。

目前，国内对东盟文献信息资源保障体系建设和研究还处于开垦阶段，有关研究更多停留在建设实践问题的介绍分析和理论探讨层面，所讨论的多为信息资源配置的原则、共享平台建设和抽象的信息资源保障体系建设等，没有开展对宏观规划、保障建设等基础理论的研究，还没有形成全面系统的东盟文献信息开发与服务体系，国外也鲜见对东盟文献资源开发与服务的专门研究，难以形成切实、可行的理论指导。

第三节 研究内容

本书研究的主要内容包括两个部分：前一部分主要是在文献调查的基础上对"一带一路"倡议背景下东盟文献信息资源保障体系建设的必要性进行分析，提出保障体系建设的目标及原则，并构建保障体系建设的框架；后一部分分别从资源保障、服务保障及建设机制三个方面探讨构建保障体系的具体方法和措施。具体研究内容如下图所示。

---

❶ 杨晓景. 高校图书馆收藏中国周边国家语种文献现状的调查分析[J]. 大学图书馆学报, 2014(1):54-58,70.
❷ 陈小慧. 地区研究文献资源建设的特点与分析——以厦门大学东南亚及我国台湾研究中心为例[J]. 图书馆工作与研究, 2008(9):53-55.
❸ 李灿元, 王红. 东南亚研究信息资源采访策略探讨[J]. 图书馆界, 2011(5):42-43,52.
❹ 兰宗宝, 等. 农业科技信息共享在中国—东盟合作中的功能及发展对策[J]. 江西农业学报, 2011,23(11): 190-192.
❺ 龚军. 广西高校图书馆为东盟留学生提供文献信息服务的策略分析[J]. 图书馆论坛, 2006,26(5):224-226.
❻ 兰宗宝, 等. 农业科技信息共享在中国—东盟合作中的功能及发展对策[J]. 江西农业学报, 2011,23(11): 190-192.

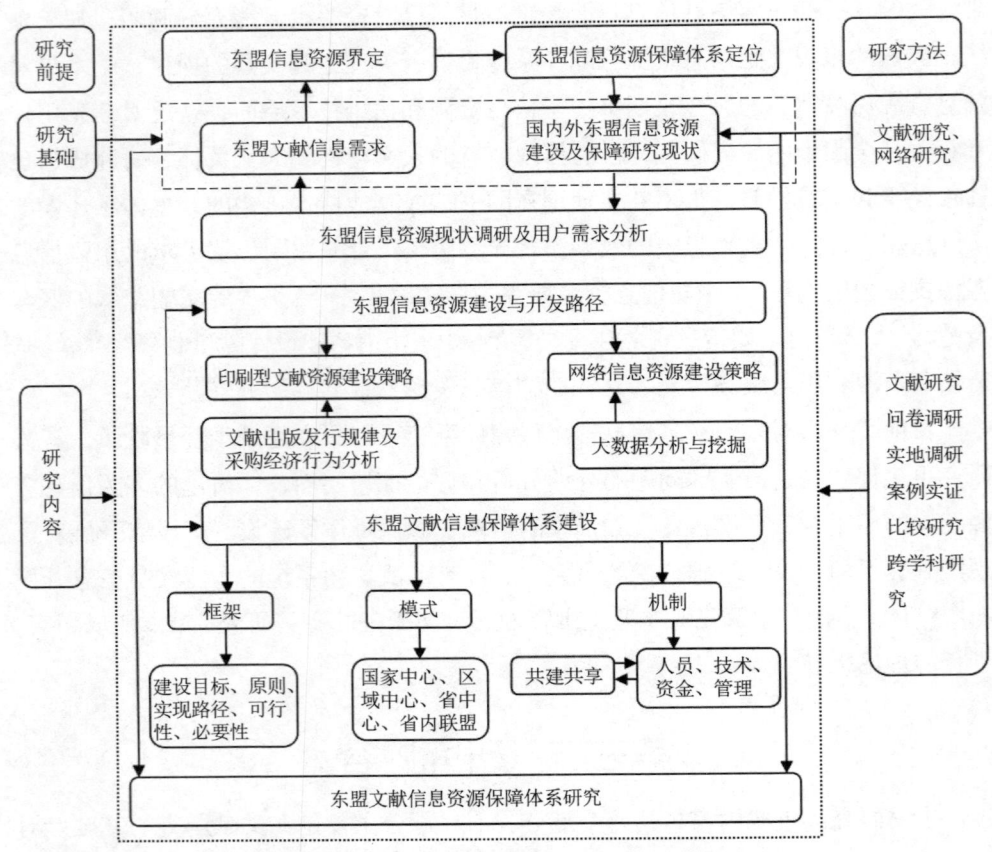

图　东盟文献信息资源保障体系研究总体框架

各章节的内容提要如下：

第一章是绪论，主要阐述本书研究的背景、目的和意义，通过文献调查明确国内外研究的现状，介绍研究方法，并通过比较归纳论文的创新之处。

第二章对东盟文献信息资源进行界定，阐述东盟信息资源的特征及功能、作用。同时介绍东盟国家文献出版发行的状况以及我国文献进口的相关规定。

第三章对国内外东盟文献信息资源保障体系建设的理论与实践进行全面的综述。

第四章对东盟文献信息资源保障体系建设框架的可行性和心要性进行了分析，阐述了建设的目标、战略意义、实际意义和建设的原则。

第五章对东盟信息资源用户需求情况进行调研分析，从而了解资源的供给能力和用户的满意度，对东盟文献的保障体系提出了要求。

第六章论述了东盟文献信息资源的采集，包括采集的内容和载体形式、建设的策略。

第七章论述了东盟文献信息资源组织，包括纸质和数字文献的组织和加工、建设的标准。

第八章论述了东盟网络信息资源建设，包括各种网络信息资源的搜集、整合、组织策略。

第九章论述了东盟文献国家保障体系建设模式，包括建设的总体思路、资源的优化整合、共建共享、保障模式和服务方式。

第十章介绍东盟文献信息资源保障体系建设机制。探讨如何从组织制度、技术设备、专业人才、经费支持及评价机制等方面为保障体系的建设提供基础保障、维护和完善。

第四节　研究方法和创新之处

一、研究方法

（一）文献调查

通过系统收集、阅读、分析国内外有关东盟文献信息资源体系建设相关研究成果，了解理论及实践发展的前沿动态，以保证研究处于理论的前沿状态。

（二）实地调研

走访了广西壮族自治区图书馆、广西大学图书馆以及广西民族大学图书馆，并对负责东盟文献信息资源建设工作人员进行访谈。实际了解各建设单位对东盟文献信息资源的需求，咨询在利用过程中存在的一些实际问题及有关建议。在访谈基础上进行总结，结合文献信息资源建设相关理论提出解决性措施。

（三）比较分析

比较分析各级文献信息资源保障体系的实现条件、优劣性，结合东盟文献资源建设最新进展情况，探讨较为科学合理的建设方式和保障模式。

（四）跨学科研究

用现有文献信息资源保障体系的一般理论和实践指导东盟文献信息资源保障体系的建设，并采用公共管理学理论和相关法律知识提出建议性指导意见和措施，使文章结构更加严谨、科学。

二、创新之处

（一）理论创新

首次相对全面、系统对东盟文献信息资源保障体系建设的有关问题开展专门性研究，结合和围绕当前我国经济发展和政治战略领域的新理论开展融合性研究，一定程度上丰富和发展了文献信息资源建设与服务、多学科融合研究的理论体系。

（二）实践创新

紧跟新形势新主题，把"一带一路"倡议的有关理论引入文献信息资源保障体系建设的实践中，实现"一带一路"倡议的有关理论与文献信息资源建设理论的有机结合，使理论具体化，体现了"一带一路"倡议理论对东盟文献信息资源保障体系建设的指导作用以及东盟文献信息资源体系的保障作用。

第二章 东盟文献信息资源理论概述

第一节 东盟文献信息资源概念及内涵

一、东盟语言的界定

东盟（ASEAN）是东南亚国家之间组成的一个国际组织，也是东南亚国家联盟的简称。东盟包括新加坡、马来西亚、泰国、越南、缅甸、老挝、菲律宾、文莱、柬埔寨、印度尼西亚10个正式成员国，另外候选成员国是东帝汶，观察员国为巴布亚新几内亚。英语为世界各国官方通用语言，东盟国家也不例外，把英语作为相互之间的通用语言。东盟国家各个成员国的母语都不相同，越南以越南语为官方语言，科技词语主要借自法语，现代高科技词汇则主要借自英语。老挝本国通用语是老挝语，老挝文字在古高棉文字母的基础上稍作修改，其来源还是高棉文字，法语在老挝也被经常使用。柬埔寨的官方语言是高棉语，属于南亚语系。高棉语中的词语是从梵语、巴利语和法语的单词中借词。柬埔寨同老挝有着相同的经历，两国都曾经成为过法国殖民地，所以，到现在法语在柬埔寨的大街小巷仍然经常被使用。缅甸的官方语言是缅甸语，英语也被广泛应用在国家公务和商业活动中。泰国的官方语言是泰语，在13世纪以后根据古高棉文演变而成。泰语和缅甸语一样同属汉藏语系壮侗语族，泰语中的许多词语是从高棉语和梵语中借鉴过来的。马来西亚的官方语言是马来语，英语在高校中和政府部门被广泛使用，马来西亚使用的官方文字是拉丁化的马来文，也被叫作卢米文。新加坡的官方语言有四种：汉语、马来语、泰米尔语和英语。菲律宾的官方语言是他加禄语和英语，他加禄语和马来语相近，使用拉丁字母文字作为官方文字。印度尼西亚的官方语言是印度尼西亚语，与马来语相近，会被当作是同一种语言来描述。印度尼西亚语的文字目前也使用拉丁字母。文莱以马来语和英语为官方语言。在东盟国家中与中国合作最为密切，政治、生活、经济相融合最多的国家是新加坡、马来西亚、泰国、越南、缅甸、老挝、菲律宾、文莱、柬埔寨、印度尼西亚这十个国家,其语言种类主要包括越南语、高棉语、缅甸语、泰语、马来语、他加禄语,但是这些语种并不都是官方使用语种,对于研究者来说还是需要以各个国家的官方语种信息资源为准,因此本书对于多语种的定义为:汉语、英语、马来语、泰语、越南语、老挝语、他加禄语、印尼语、高棉语、缅甸语、泰米尔语。

二、东盟文献信息资源的内涵

信息资源(information resources)是图书馆开展各项服务的前提和基础,是图书馆赖以生存的必要条件。信息资源这一概念源于20世纪六七十年代兴起的西方信息资源管理(information resources management)理论。由于学科、专业以及理解的差异性,经过几十年的发展,国内外对"信息资源"概念众说纷纭,迄今较为流行的说法是1996年由乌家培教授提出的信息资源广义和狭义的两种理解,狭义的信息资源仅指信息资源本身;广义的信息资源除信息内容本身外,还包括与其紧密联系的信息设备、信息人员、信息系统、信息网络等❶。文献信息资源是以文字、图形、符号、声频、视频等方式记录在各种载体上的知识和信息资源,它包括图书、连续出版物(期刊、报纸)、小册子、学位论文、专利、标准、会议录、政府出版物等多种载体形式。

东盟文献信息资源是信息资源的子集,具有信息资源的共性和自身特性。它与一般信息资源一样,是经过人类选择、组织而积累起来的信息集合,其特性体现在资源范畴上。东盟可视为东南亚的同义词,其政治、经济、文化和宗教等长期受到周边多种文明的共同影响。由于东盟概念的内涵丰富,东盟文献信息资源可从不同维度进行理解。

三、东盟文献信息资源的界定

东盟文献信息资源的界定不仅需要探讨性的研究,还需要科学性的划分。参照地方文献、民族文献等特色馆藏资源的界定标准,可以从以下划分标准进行判别:

(一)从文献信息内容界定

东盟文献信息资源除了拥有一般文献信息资源的共性以外,其重要的特性是文献内容具有东盟区域特色。无论文献的出版地和出版形式,以及文献编著者的籍贯和文献的载体形式是否相同,只要内容与东盟国家相关,都可视为东盟国家文献。东盟文献信息资源反映了东盟各国的自然、历史、社会现象,主要涵盖东

---

❶ 乌家培. 信息资源与信息经济学[J]. 情报理论与实践, 1996(4): 4-6, 44.

盟各国政治、经济、科技、军事、社会等内容，以及这些国家与国际间的地区关系、地方文化、教育、历史、宗教和民族等众多方面有价值的信息。因此，文献信息内容是否具备东盟国家区域特色是判别文献信息资源是否属于东盟文献信息资源的重要标志。

（二）从文献信息作者界定

作者是来自东盟国家的，其作品皆为东盟国家文献。这主要依据"版权"（又名"著作权"）规定的文学、艺术、科学作品的作者对其作品享有的权利（包括财产权、人身权）❶所决定的。以东南亚为出生地或拥有东盟国家国籍的人所撰写的各类著述以及发布的各种信息，无论作者古今、无论学科范围，都界定为东盟国家文献信息。

（三）从文献信息出版地界定

出版地是指拥有版权的出版人和出版单位的所在地，地方出版物是指拥有版权的出版人和出版单位所在地的出版物❷。出版地可以作为东盟国家文献信息资源的划分标准之一，是因为出版人和出版单位往往带有鲜明的地方色彩。这些出版物从内容到形式都或多或少反映东盟国家的特点，集中反映了东盟这一区域的精神、文化状况。

（四）从文献信息的语言界定

东盟国家使用的官方语言有越南语、老挝语、高棉语、缅甸语、泰语、马来语、泰米尔语、他加禄语、印度尼西亚语等❸。凡是以东盟国家语言文字撰写或出版的各种知识载体，不论其论述哪种学科门类，也不论其文字是否仍在使用，都属于东盟国家文献的范畴。

这些划分标准几乎涵盖了全部东盟国家文献的范围，但在实际情况会出现以上标准交叉重合的现象，通过综合运用、具体分析才能准确把握东盟国家文献信息资源。

四、图书馆层面的东盟文献信息资源

文献信息资源广泛分散于图书馆、档案馆、政府部门、企业、新闻媒体、科研机构等实体空间中，东盟文献信息资源亦是如此。不同机构拥有的信息资源存

❶ 百度百科：版权 [EB/OL].[2015-7-15]http：//baike.baidu.com/view/13558.htm.
❷ 乔好勤. 地方文献的范围及其界定原则 [J]. 图书馆论坛，2007（6）：86-90，34.
❸ 李灿元，王红. 东南亚研究信息资源采访策略探讨 [J]. 图书馆界，2011（5）：42-43，52.

在较大差异，政府部门的信息资源具有国家重要基础性资源的特性；企业拥有大量专利、图纸、报告、档案、样本等资源；出版发行机构的信息资源主要以书籍、磁盘、光盘等出版物形式存在；广播电视新闻机构占有重要的新闻信息、报刊和影片资料；科研机构的科研资料、技术成果、研究报告等也是重要的信息资源。图书馆、档案馆则是各类信息资源的主要储存地，而经过图书馆收集、整理、保存的信息资源，提供给用户使用后就成为图书馆的馆藏。图书馆的东盟文献信息资源正是经图书馆选择、组织、加工、处理、有序化并大量积累起来的信息资源的一部分。

在图书馆拥有或可存取的文献信息资源中，内容涉及东盟国家的图书、期刊、报纸和电子资源等均可以视为广义的东盟馆藏。狭义的东盟馆藏往往被归入图书馆"特色资源"的范畴，指图书馆馆藏纸质东盟图书。这突出体现在资源的所有权和内容两个方面❶。一是东盟馆藏的所有权体现"独占性"，即本馆拥有、其他馆没有，或者本馆最完备，其他馆不完备。如：口述历史、古籍孤本、善本、学位论文、科研成果等。二是东盟馆藏的内容具有"专题性"，即对已有资源以某种知识体系进一步精细化分类整理，这需要较大的资金、技术支持，以及较为全面的专业知识为基础。厦门大学、暨南大学等具有学科优势和馆藏特色的图书馆在CALIS全国高校专题特色数据库子项目的资助下，建设了东南亚相关的特色数据库。这种获得较大资金支持的东盟信息资源建设使获得资助的图书馆在文献资源建设方面得到了较大的加强，也是国家支持他们加强特色资源建设并提供共享服务的重要举措。

我国公共、科研、高校三大图书馆系统均拥有一定数量的东盟馆藏。各类图书馆在自身定位和服务目标上存在差异，使得其东盟馆藏各有侧重。公共图书馆的东盟馆藏兼具社会教育、文化传播和休闲娱乐等功能，收藏的文献信息以大众娱乐、文化教育、旅游信息、美食美景等为主；科研系统图书馆的东盟馆藏是科研机构开展理论研究、决策参考的有力支撑，以学术信息和政治、法律、政府出版物等文献信息为主；高校图书馆是我国东盟信息资源建设的主力军，其占有的东盟馆藏具有面向教学、科研的特性，体现学校的办学特色和学科、专业特点❷。高校图书馆东盟文献信息资源的主要服务对象是高校的师生员工，资源内容具有

---

❶ 朱本军，聂华．下一代图书馆系统与服务研究[M]．北京：北京大学出版社，2012：162-163．

❷ 苏瑞竹，张颖．东盟信息资源共建共享策略研究[J]．图书馆建设，2013（9）：38-42．

学术相关性、资源权威性、学科专深性等特点，主要分布于校级图书馆、专业分馆、学院及二级科研单位下设资料室等。此外，高校图书馆的东盟馆藏还应该包括一些语言类读物，以便大学生学习东盟语言作参考。

第二节 东盟文献信息资源的特征

一、东盟国家文献信息资源的类型

（一）从载体类型看

东盟文献信息资源主要有：书写文献、印刷文献、缩微文献、音像文献、机读文献等类型❶。

（二）从语种构成看

东盟文献信息资源包括汉语、英语、东盟各国语种，以及早期的殖民主义宗主国语言（法语、荷兰语）和其他研究东南亚的国家（俄语、日语）使用其本国语言出版的文献等相关文献信息。本书研究的东盟文献信息资源的建设主要是英语、马来语、泰语、越南语、老挝语、他加禄语、印尼语、高棉语、缅甸语、汉语语种文献信息，当然，其他语种（法语、荷兰语、俄语、日语、西班牙语）的信息资源建设由于数量少，基本上可以当成特藏中的特藏来建设。

（三）从学科分类看

东盟文献信息资源涵盖了《中国图书馆图书分类法》的22个基本大类。以高校图书馆为例，与高校学科、专业需求相适应的有I文学、H语言、K历史地理、G文科教体、F经济、D政治法律等类别，这些文献信息资源较为丰富。

（四）从时间跨度看

东盟文献信息资源中除了每年新增的图书、连续出版物、特种文献及电子资源外，不乏珍贵的古籍孤本、善本。中国古代典籍是世界上最早对东南亚进行记载的史料文献之一，其内容涵盖东南亚各国的自然地理、人文地理和社会经济状况，中国与东南亚国家之间的经济文化交流、使者往来，以及当地政治制度和邻国的关系。正史、官书、实录、丛书等古籍均是研究东南亚各国历史、地理、民族、经贸、宗教与文化发展的"无价之宝"❷，特别是在东南亚史学研究中发挥着不可

---

❶ 苏瑞竹，张颖．东盟文献信息资源建设初探 [J]．广西师范学院学报（哲学社会科学版），2012，33（3）：152-156．

❷ 梁志明，李一平．中国东南亚史学研究的进展与评估 [J]．世界历史，2011（2）：120-127．

替代的重要作用。这些数量巨大、记载分散、内容全面而详尽的古籍，有相当部分保存于图书馆中。东盟文献信息资源的时间跨度较大，具有较高的历史价值。

（五）从收藏形式看

东盟文献信息资源可分为实体馆藏和虚拟馆藏两类。实体馆藏包括纸质文献和电子信息资源，以图书、期刊、数据光盘为代表；虚拟馆藏不仅包括通过购买、租用等方式获得虚拟资源的使用权，还涵盖收集、整理出来的网上免费资源以及与其他信息机构共享而获得的资源❶。

二、东盟文献信息资源的特征

东盟国家地处辽阔的东南亚区域，不同国家、民族在发展过程中形成了各具特色的政治、经贸、历史、文化，这些信息经过整理、加工便形成东盟文献信息资源。它是一切有关东盟的资料总和，可以是描述东盟国家经济发展状况、反映区域自然情况或对某一个方面进行研究等。东盟文献信息资源是研究东南亚区域发展状况、自然条件、民风民俗等的重要情报来源，同时是图书馆特色馆藏的重要组成部分。相较于一般文献，东盟文献信息资源具有以下特点。

（一）文献信息归属的地域性

不同地域的自然形态和人文习俗构筑了不同特色的地域文化。东盟不仅是东南亚的一个国际组织，也是一个相对明晰的地理概念。东盟文献信息资源最基本的、最本质的特点之一就是它的地域性。通过将文献的内容和形式限定在一定的地域范围内，从而将东盟文献信息从一般文献信息资源中区分出来。其内容纵向横贯古今，横向涉及社会各个方面，既反映了东盟各国的特色，又体现了时代发展的历程。

（二）文献信息内容的广泛性

东盟国家文献的内容系统全面，涉及各个学科领域。它包含了东盟各国的自然、社会基本情况，从不同角度、层面反映了东南亚地区政治、经济、文化、历史、地理、军事、宗教、风俗和民族关系等自然和人文状态。它可以是体现不同历史时期东南亚社会发展基本情况和特点的历史文献信息，也可以是反映东盟各国当下的政治、经济、文化、社会生活、教科文体等现状的现代文献信息。这些丰富、详实的东盟文献信息资源能从总体上反映东盟国家的概貌，对于系统了解、科学分析和研究东盟各国具有不可替代的作用。

---

❶ 苏瑞竹，张颖.东盟文献信息资源建设初探[J].广西师范学院学报（哲学社会科学版），2012，33（3）：152-156.

(三)文献信息文种的丰富性

东盟本身就是由不同的国家组成的一个组织,其信息资源也是来自不同成员国的信息内容。由于东盟组织内部成员国的本土语言不仅有官方用语,同时还有来源于原殖民国家的官方语言,还会有各个国家本土语言编辑的文本信息、网络信息、图片信息,以及不同类型不同种类的信息资源。由于不同国家使用的是不同种类的语言,因此在东盟文献信息资源建设中,收集到的内容文种也是多种多样的。

东盟国家文献的文种类型十分丰富,常见的文种如下:

1. 东盟国家语言

东盟各国几乎都拥有自己的语言和文字,并且还有不少东南亚民族的方言。这些用东盟各国语言出版的文献大多属于原始的第一手资料,所表现的大部分信息和内容具有相对的客观性,对研究东盟国家具有很高的参考价值,是其他资料所不能比拟的。

2. 中文文献

中国与东南亚山水相连,华人更是遍布东南亚国家,国内不乏有关东盟的研究和著述,因此中文出版的东盟文献数量颇丰。常见的有国内研究机构的著述和出版物以及东盟国家出版的中文出版物,如马来西亚、新加坡和泰国均出版有大量的中文文献。

3. 英文文献

英语是最大的国际通用语言,大量的学术著作均采用英文出版。马来西亚、新加坡、菲律宾等东盟国家将英语确立为本国的官方语言之一,以英文出版的东盟文献便于传播东南亚发展的缩影与积淀,体现本地区经济文化发展的历史渊源。因此英文文献在东盟文献信息资源中占有很大的比重。

4. 日文、俄文等文献

除普遍使用英文的英美国家外,日本、俄罗斯、韩国等周边国家也产出了不少使用其本国语言出版的东盟文献。

5. 法语、荷兰语和西班牙语文献

16世纪后,法国、荷兰和西班牙等西方国家对东南亚多个国家实行了殖民统治,这使得东盟文献中有相当一部分是使用殖民主义宗主国语言文献,具有较为重要的史料价值和学术价值。

（四）文献信息载体的多样性

东盟国家文献信息资源的内容包罗万象，其文献载体的形式也多种多样。

1. 传统材料文献

传统材料载体文献，如甲骨文、青铜铭文、金石、简牍、帛书等。在东盟国家，用缅甸文、泰文等拼写的巴利文贝叶经就是突出代表，东盟古籍中不乏孤本、善本、珍本，具有很高的文物价值。

2. 纸质文献

纸质文献，包括印刷品、写本、抄本、书画等。具体可细分为图书、期刊、报纸等正式出版物，会议论文、学位论文、政府出版物、科技报告、标准、专利等灰色文献，以及手稿、手抄本、书信、图集、图片等原始文献。

3. 电子文献

电子文献是以数码方式将文字、图像、图形、声音等多种形式的信息存储在磁、光、电等介质上，通过计算机或具有类似功能的电子设备阅读使用的新型知识和信息载体❶。电子文献有缩微胶片、幻灯片、软盘、磁盘、磁带、光盘、网上文献等，包括：电子图书、电子期刊、电子报纸、联机或网络数据库、多媒体等产品形式。

（五）文献信息来源的分散性

东盟文献的地域来源较为分散，它可以来自东南亚国家、欧美国家、中日俄等周边不同的国家，不同国家的文献获取途径各不相同，由于出版发行、版权保护等制度上的差异，导致东盟文献搜集整理难度大幅增加。目前，东盟成员国的发展情况不均匀，对于目前发展较好的几个国家来讲，信息资源分布比较集中。不同的国家对于信息的建设也都有不同的侧重点，这主要根据国家的国情和发展状况，不同的国情需要对信息的需求不同，因此信息资源建设的重点也就不同，其分布也会有变化。就国家内部而言，各个地区的发展程度不同，其信息的分布随之不同。一般情况下，一个国家的首都和经济发展中心是一个国家信息分布最为密集的地方，而国家的边疆或者离首都和经济发展中心越远的地方，其信息密集度越薄弱。由于东盟成员国的发展情况各不相同，其信息的分布也是各不相同。同时，东盟文献载体的多样性，也使得文献获取来源相对分散。有公开出版发行的印刷文献，有非正式出版的灰色文献，也有分散在个人或组织中的手稿、书信、

---

❶ 张玉珍.在竞争中共同发展——论电子文献与纸质文献的关系 [J].中国图书馆学报，2003（1）：51-54.

书画等，在搜集过程中很难全面覆盖。

第三节 东盟信息资源的作用和功能

一、东盟信息资源的作用

（一）促进各国之间信息往来

多语种信息资源包含的范围较为广泛，其内容丰富多样。有关各个国家的信息资源可供不同用户使用，帮助用户更好地找到自己需求的信息内容，用户也会根据自己的了解对信息进行不同程度的解读，在传播过程中促进了各个国家信息的往来。东盟本身是很多国家组成的一个政治、经济共同体，需要共赢共建，不同语种的资料信息对于了解不同国家来说是最为直接的。对于用户来讲，原始语种信息资源可以更直观、更清楚地了解到该国的现状，对不同国家的不同语种的信息资源进行系统建设，不仅可以促进决策者的决策制定，更重要的是可以促进不同国家之间的信息往来。

（二）增强各国之间相互了解

多语种信息资源为了解其他国家的文化、生活、政治、经济以及跟我们生活相关的方方面面信息提供一个很好的数据来源，并且通过数据内容的收集与整合也对不同国家更好地了解。例如，旅游类的信息对于用户来说不仅需要对名胜古迹景点进行了解，还需要对国家的交通、气候、文化、经济状况、社会环境等信息进行了解。旅游业不仅是中国—东盟自由贸易区建设和发展的重要产业，同时也促进了中国与东盟国家人民之间的相互了解，成为促进双方国家友谊的重要途径。中国与东盟各国都是多民族国家，具有丰富、多样、独特的文化资源以及特有的民俗风情，因此，在旅游的同时，也促进了各国之间文化的交流。用户对旅游的需求可以促进双方国家在环境、社会和文化、经济等方面的可持续发展，还能促进各个国家之间各个民族官方和民间层面的文化交流，并通过文化交流，促进各民族的相互了解、心灵的沟通和对不同文化的欣赏和理解。东盟文献信息资源从各个方面都能促进各国民众与国家层面的了解，为双方国家公共合作发展带来很大的优势。

（三）为政治外交提供决策依据

政府、政党及军队的信息资源属于意识形态的上层建筑，一方面对社会意识形态具有重要导向作用，另一方面对国防外交也起到重要的导向作用，这些信息资源的政治外交功能表现在几个方面：一是为政治外交建设、政治外交变革提供理论基础；二是为指导日常政治外交活动提供行为规范；三是为梳理历史发展提供政治借鉴；四是为预测规划社会发展的未来提供科学依据。保证国家政权稳固、社会稳定、经济发展和各项事业顺利进行，避免发生思想上的无所遵循、价值观念上的扭曲和社会秩序上的混乱。东盟国家的信息资源为中国与东盟之间的外交及合作提供科学依据，对于中国—东盟的全方位使用具有特别重大的意义。一方面，远可根据文献记载挖掘中国—东盟睦邻友好的历史渊源，近则总结近期开展外交取得的成效，从而拉近双方的距离，促进合作；另一方面根据历史记载，挖掘中国—东盟民间宗教信仰的相似性以及语言上的相通性，弘扬情怀，促进双方的政治外交。

（四）方便各国学者学习研究

内容丰富的文献信息资源，可以为学者提供较为全面的数据信息，为学者了解各个国家的研究现状提供充分的资源，满足不同学科的学者在研究中对信息的需求。在世界范围内的学科发展也存在着差异，在东盟国家之中，学科发展同样存在差异。不同学科的学者对于学科信息的需求不同，各个学科之间的交流也建立在信息的基础上，了解不同国家之间的发展状况，更加有利于学科建设及其发展。原始资料和原始数据对于研究者来说具有重大意义，通过对原始资料的分析与利用，为学者研究问题带来很大帮助。而东盟国家之间，不同学科的发展存在着不同的差异，对不同国家的学科资源进行完整搜集整理，不仅仅对我国来说是必要措施，对于其他东盟国家来说同样具有很大的意义。

二、东盟国家文献信息资源的功能

文献信息的功能是文献信息资源能够满足社会和人主体需要的一种价值属性。东盟文献信息作为一种重要的信息资源，由于记载了东盟国家自然和人文方面的各种信息，往往具有情报价值、科学价值、商品价值、经济价值、社会价值、版本价值等。通过对东盟文献信息资源的挖掘和利用，可以为政府、企业、科研机构等提供第一手的信息。特别是一些内容详实、来源可靠的东盟文献，还具备现实的情报价值和长远的史料价值。它既有信息资源的一般共性，又具有不同于其他国家信息资源的特殊功能。东盟文献信息资源具有的多种功能主要体现在以下方面❶：

---

❶ 王涛.略论社科信息资源的功能和作用[J].情报资料工作，2014（S1）：189-190.

（一）认识东盟国家知识功能

文献信息资源作为社会和人类思维活动的科学认知记录体系，记载、存储了人们认识社会、探索社会发展规律的一切活动和形成的知识体系，人们只有通过对这些信息和知识的学习和传播才能使自身及其他社会成员不断深化对社会的认识。信息资源所提供的社会认识可以帮助人们拓宽视野、提高认识能力，在更大的范围内认识社会现象和完善知识体系，并使人类对社会的认识不断得到深化。

而东盟国家的文献信息资源则是记载了这些国家的历史、文化发展的文明，是存储东盟国家信息知识的重要载体。它具有保存东盟国家科学文化知识、积累社会经验和前人成果的功能。东盟文献中所包含的东盟国家自然地理、生产与经济、历史与政治、文化艺术等方面的信息，通过各种介质得以保存并传承，是了解与研究东盟国家不可或缺的宝贵资料。

通过阅读、研究和吸收东盟信息资源的知识体系，能使我们认识东盟各国的历史沿革和发展状况，能了解东盟国家的风土人情、山川美景、政治制度、经济发展、科技进步等，拓宽我们对东盟国家认识的视野，充分认识东盟国家的社会现象。

（二）促进经贸合作功能

经济贸易是社会发展进步的根基，信息资源中的经济贸易信息作为社会经济贸易活动中的重要经济因素，具有深厚的经济贸易功能。现代的经济贸易在整个社会中形成了高度信息化和科学化的动态系统，信息成为经济贸易的驱动力，在现实中发挥着物质、能源所不具备的重要作用。可见，现代经济贸易的竞争是基于信息的竞争。对于中国—东盟的经济贸易而言，东盟国家的信息资源包含这些国家及其他国家经贸人士及研究者对东盟经贸发展的预测、论证和研究，这些研究成果是具有明显智力创造和知识特点的综合研究信息，是我国开展中国东盟经济贸易、决定中国—东盟经济贸易合作发展方向和未来命运兴衰的关键因素，没有这些研究成果作为决策依据，进入东盟市场就如瞎子摸象，难具竞争力。因此，东盟多语种信息资源具有促进经贸合作的功能。

（三）参考决策功能

现代社会管理需要科学的决策，这离不开对文献信息资源的参考借鉴。东盟文献信息资源包含东盟国家诸多方面的信息和前人的研究成果，可以为决策和规划提供可靠的参考。决策部门通过对东盟文献信息资源的收集、整理、分析，借助科学方法对事物发展趋势、后果和影响等因素进行综合分析、推理，并获得辅助决策的参考信息。依据实际情况的需要和所掌握的情报，能够及时制定出更加科学、更加合理的与东盟相关的政策、方针、计划，从而创造更大的社会效益和经济效益。

（四）东盟教育研究功能

东盟文献信息资源保存了东盟国家所创造的全部知识，对学习研究者而言，这些知识可以推动他们更深入地了解东盟的历史、文化及现状，促进他们不断地学习、理解、掌握、运用这些知识，提高学习的成效和科学研究水平。此外，东盟多语种信息资源的教育功能还更多地侧重于人们的语言学习教育、历史文化教育和经济贸易教育，激发学习者和研究者追求更理想的学习和更深入的研究，以自己对东盟全方位的了解（包括语言、历史、文化、政治、经贸和旅游等）来解决中—东盟合作中存在的问题，为中国—东盟的合作建立和发展相对稳定的社会环境。文献是社会教育不可缺少的重要工具和手段，是连接教育者和受教育者之间的媒介。东盟文献能够为教学科研提供充足的信息，支持科教事业的发展。东盟文献的学术研究功能还体现在为科学研究提供信息资源保障。科研创新必须立足于相关领域的研究基础，东盟文献之中不乏具有较高学术价值的参考资料，是研究人员寻找选题、激发灵感、掌握动态、开展研究的有效支撑。

（五）文化信息交流传播功能

文献是传播文化、交流思想的有效工具，特别在网络环境下文献的传播和交流越发便利。由于交流是信息工作，也是信息本质，所以，东盟多语种信息资源的交流功能是借助于各语种传递各国知识的活动过程，运动是信息的基本属性，东盟多语种信息资源只有在传递和交流中才能发挥其社会功能和效益。东盟多语种信息资源只有通过有序交流，才能在社会实践中得到应用，才能发挥科学的功能，而信息需求者也才能在有序化的交流中获得新知。东盟文献这种物化的信息资源为知识的跨时空传递与交流创造了可能，例如：时间维度上，古籍是现代人了解东南亚历史状况的有效工具，而东盟国家的社会现状同样可以借助文献传递给后世；空间维度上，轻便、易于阅读的纸质文献和便于复制与共享的电子文献，为知识广泛传播交流奠定了坚实的物质基础。在囊括十余个成员国的东盟，不同国家和地域的人们可以通过文献传播文化，促进思想交流和社会的融合发展。

（六）休闲娱乐功能

娱乐是人与文献的一种情感关系。人们对文献的需求是多方位、多层次的，除了在文献中获取信息外，同时也获得了艺术享受、美的欣赏❶。东盟文献信息资源中以文化生活为题材的作品数量众多，如文学、美学、音乐、体育、服饰、娱乐、旅游、社交等。这类文献知识性和趣味性并重，具有良好的休闲娱乐功能。特别是数字化、网络化的东盟文献，其内容和形式不局限于简单的文字和图像，音频、视频、超链接等多媒体均可呈现在文献信息资源中，具有强大的娱乐功能。

第四节　东盟国家文献出版发行状况

　　文献的出版发行和图书馆的文献信息资源建设是社会文献交流过程中的重要环节，各类出版社以及发行商是图书馆文献信息资源的主要卖主，也是图书馆生存结构链中的重要一环。处于图书馆采购工作上游环节的出版发行活动，与图书馆文献信息资源采购之间联系紧密。文献出版发行对图书馆采购活动的影响主要体现在以下几个方面：第一，出版发行渠道直接影响图书馆采购方式；第二，出版文献的载体类型影响图书馆采购文献的结构；第三，出版发行的市场规模影响图书馆对采购客体的选择等。图书馆界虽早已认识到出版发行与文献信息资源采购的密切联系，但目前的相关研究都仅限于对国内出版发行现状的分析，以及图书馆对国内文献信息资源的采购工作上，在外文文献采购研究方面，鲜有人关注国外出版发行的相关信息。

　　随着2013年"一带一路"倡议的提出，中国与东盟建立了更为紧密的国际关系，在此背景下，东盟信息资源建设的重要性更为突出。图书馆作为人们获取东盟信息的重要平台，馆内有关东盟信息的馆藏（包括纸质资源与电子资源）也成为重点建设内容。东盟地域辽阔，人口众多，拥有一个巨大的出版发行市场，了解出版发行现状、总结其特点对国内图书馆东盟文献采购有一定的指导意义。

一、东盟出版发行现状

　　从出版发行业发展的综合情况来看，东盟十国中，出版发行行业发展水平较高的国家有新加坡、泰国以及马来西亚；一般水平的国家有越南、菲律宾、印度尼西亚与文莱；而较为落后的国家有柬埔寨、老挝与缅甸。

（一）发展水平较高的国家现状

1. 新加坡出版发行业发展现状简述

　　新加坡是"东盟十国出版中心"，图书市场的年销售额约2亿英镑。出版产

---

❶ 张玉珍. 文献载体演变对文献功能的影响[J]. 图书馆建设，2002（5）：39-41.

业是新加坡知识经济的支柱，既有本土出版社，也有很多跨国出版公司，具备很强的国际性。出版社数量超过700家。拥有国有控股的大型传媒集团，如新加坡报业控股集团，几乎垄断新加坡所有的报纸、期刊的出版与发行。目前，新加坡国内与出版发行业相关的组织机构主要有新加坡华文出版协会、新加坡印刷与媒体协会、新加坡图书出版商协会、新加坡书商和文具商协会以及新加坡国家图书发展委员会等。其中，新加坡出版商协会拥有67个成员，主要分为三类：第一类主要从事STM（科学、技术、医学类书籍）的学术出版活动，这些出版社支持新加坡的学术研究、科学研发工作等，政府每年花费GDP的3.5%来支持这类出版社的运营；第二类是教育出版社，主要负责教育类图书的出版；第三类是文学类出版社，它是新加坡创意经济的支柱，不仅负责文学类图书的出版，也培养文学作家。在数字出版方面，新加坡拥有一批先进企业，如新加坡电子书系统公司、世界科学出版公司、新加坡报业控股公司等，其发展水平居于亚洲前列[1][2][3]。

2. 泰国出版发行业现状简述

泰国出版发行业即使在1997年经济危机之际，国内其他类型企业走下坡路时，其市场依然持续走高[4]。泰国政府与社会也非常重视出版发行业的发展，1959年成立泰国出版商与书商协会，1993年成立泰国印刷行业联合会。国内每年都会举办大型的书展活动，如始于1973年的泰国国家书展（National Book Fair），为期13天；始于2003年的曼谷国际书展（Bangkok International Book fair），每年3月底在泰国首都曼谷的诗丽吉国家会议中心举行，为期5天。目前最大的四家出版集团分别为SE-SD、Amarin Publish、White Lotus Press以及Nanmeebooks，相关情况见表2-1。

表2-1　泰国四大出版集团

集团名称	年出版图书种数	年收入	出版物特色
SE-SD	>400	57亿泰铢	教育类、少儿读物类
Amarin Publish	>300	18亿泰铢	生活类、小说类
White Lotus Press	>400	9亿泰铢	社科类、外文类
Nanmeebook	>200	5亿泰铢	翻译类、小说类

[1] 李强. 国际化的新加坡出版业[N]. 中国新闻出版报，2006-03-21（4）.
[2] 赵晨. 新加坡全媒体出版物市场发展的现状与启示[J]. 产业与科技论坛，2016（7）：18-19.
[3] 陈少华，余俊峰. 2008亚洲数字出版的发展概况及趋势[J]. 出版广角，2009（4）：18-22.
[4] 傅西平. 泰国出版业一瞥[J]. 出版参考，2006（6）：31.

3. 马来西亚出版发行业现状简述

马来西亚的经济综合发展状况在东盟国家中仅次于新加坡，但其出版发行业却未能与经济发展同步，并持续走低。虽然马来西亚的出版发行业持续走低，但马来西亚的图书出版发行活动还是非常丰富的，特别是各种促销活动十分有名。如大灰狼图书销售公司、马来西亚海外华文书市、马来西亚书香世界中华书展、马来西亚吉隆坡国际书展等，吸引了世界各地的书商前往采购和参展，对繁荣世界图书市场起到了重要的作用。其中，吉隆坡国际书展（Kuala Lumpur International Book Fair）由马来西亚教育部主办，国家图书协会承办，创办于1981年，是马来西亚规模和影响力较大的国际书展之一，在吉隆坡国际书展中，除了展销马来西亚出版的图书外，还展销各国的畅销图书和经典典籍，尤其是与马来西亚相关的文献，以促进国家间的合作。如2019年的书展就推介了丝路书香出版工程丛书，向马来西亚民众推广中国的历史与文化，体现了中马两国在文学、文化、出版领域的密切合作❶。马来西亚一直积极翻译、出版中国书籍，有很多的马来典籍也正在翻译成中文，让中国的民众更加了解马来西亚。

另外，The Big Bad Wolf Book Sale 也是马来西亚最有特色的图书销售活动，它由马来西亚的 BookXcess 书店组织，以仓库清货的方式出售图书，所有买家都能享受75%～95%的折扣，受到了用户的广泛欢迎。

（二）发展水平一般的国家现状

1. 越南出版发行业现状

越南出版发行业虽然基础薄弱，但其发展前景较为乐观。从1952年10月10日胡志明主席签署决议，批准成立国家出版社开始，越南的出版社发展至今已超过60家，发行单位超过13000家，70%的出版商都通过Alezaa.com出售电子图书。越南政府也意识到出版发行业的重要性，其党中央于2004年在报告中明确指出："出版事业是党委、国家、人民的先进思想活动领域，是推动越南进步，繁荣民族本色文化的重要组成部分。"越南63个省的城市和城镇都有书店，书店数量超过12000家，大约90%的书店分布在城市，10%的书店分布在农村。河内市与胡志明市还会组织书展活动，如每两年举办一次的胡志明市书展。另外，还将越南农历新年定为胡志明市和河内市的图书节，并设立年度图书奖。

---

❶ 2019年吉隆坡国际书展推介"丝路书香出版工程"丛书. https://www.sohu.com/a/306795092_534796 2019-04-09

2. 菲律宾出版发行业现状

菲律宾出版发行业的发展有着悠久的历史，在西班牙殖民统治时期，就建立了第一家印刷所。殖民统治结束之后，1926年成立了第一家出版公司——菲律宾教育出版公司，自此菲律宾开始发展本民族的出版业 ❶。但整体来说，菲律宾出版发行业发展较为缓慢，虽然其出版商数量、出版图书的数量等都在逐年增加，但行业发展面临许多问题，例如菲律宾政府对出版发行业的支持力度不大、业界缺乏投资新技术的热情等。据菲律宾国家图书馆2014年的调查显示，目前菲律宾图书市场构成情况如图2-1所示。

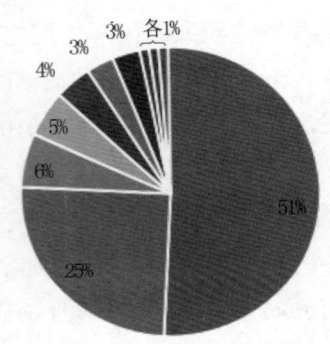

图2-1 菲律宾图书市场构成情况

数据来源：菲律宾国家图书馆

3. 印度尼西亚出版发行业现状

根据印尼出版协会历年的数据，全印尼每年出版图书约30000种，在711家活跃的出版商中，80%的出版社出版的图书在10～50种，17%的出版商出版数量在50～200种，剩下只有3%的出版商出版数量能超过200种以上。以上这些数字只统计了印尼出版协会成员的出版种数，一部分非协会出版商并没有统计在内。此外政府机构以及非出版机构的国有单位也出版图书，例如审计署、反贪委员会等政府部门。印尼出版社发展情况见表2-2。

表2-2 印度尼西亚出版社数量与出版情况

出版社	数量（个）	年均出版图书种类
大型出版社	20	4000
中型出版社	228	22800
小型出版社	463	6945

数据来源：印度尼西亚出版社协会

❶ 毛鹏. 菲律宾出版业访问散记 [J]. 出版工作, 1986（7）：60-62.

4. 文莱出版发行业现状

由于国土面积与国家人口等因素，文莱出版发行业的发展以及图书市场的扩大都受到了限制。但其经济文化水平较高，国民对图书的购买力能力较强，且文莱于2006年和2007年先后加入了东盟图书出版商协会（ABPA）、亚太出版商协会（APPA）❶，这都为文莱出版发行业的发展创造了有利条件。

（三）发展水平落后的国家现状

老挝、柬埔寨与缅甸三个国家的出版发行业相对落后。2014年老挝传媒与出版业的工作成果报告显示，老挝全国出版物共127种，出版发行基本是前店后厂的状况。2009年，老挝开始实施《出版法》，同年ISBN（国际标准图书编号）才可以通过在万象的国家图书馆进行申请和批准❷。

柬埔寨新闻出版印刷业由国家新闻部管理，现行的《新闻法》于1995年9月颁布。但柬埔寨很少有"真正的"出版商，政府也没有发展出版业的明确计划，绝大部分书商只凭卖书不足以谋生，几乎所有的书商都通过其他商品的销售来补充售书的微薄利润。

缅甸印刷和出版协会的成立日期不详，根据其2009年1月已召开第17届会员年会推算，该协会应该成立于1992年❸。缅甸政府为促进出版发行业的发展，从2012年6月起逐步放宽出版审查，至今已有近180种缅甸出版物免于事先批准，这些出版物主要包括艺术、知识、卫生、体育、儿童和技术六大类。

二、东盟出版发行特点

（一）教育出版发行

教育出版包括教科书、教辅读物、教育理论、教育研究及继续教育、家庭教育、社会教育等一般教育图书的出版❹。教育图书市场一直以来都是出版社竞相追逐的对象，其中，教科书是教育出版的主力军，其规模不仅与在校学生人数息息相关，也深受国家教育制度以及社会对教育的重视程度等各种因素的影响。东盟教育出版具有以下两大特点。

1. 市场规模大

东盟地域辽阔、人口众多是市场规模扩大的基础条件，在教育出版市场份额

---

❶ 王以俊. 文莱出版印刷信息二则 [J]. 印刷世界，2011（11）：63-64.
❷ 王以俊，罗伯特·库珀. 老挝《出版法》开始施行 [J]. 印刷世界，2010（1）：62.
❸ 王以俊. 缅甸和老挝的印刷行业组织 [J]. 印刷世界，2009（10）：63.
❹ 黄永华. 教育出版的现状、问题和思考 [J]. 中国编辑，2005（3）：39-42.

方面，2013年印尼教科书市场占整个市场的54.15%（见图2-2），由于政府文件占比仅为0.01%，在图中不显示。同时，印尼Gramedia书店销售调查结果显示，该书店在2014年销售的图书中，关于幼儿教育、学生教材资料以及参考书、工具书的销售量约占整个销售数量的40%。2015年马来西亚基础教育与高等教育出版物占市场的比重高达70%（图2-3）。东盟十国教育发展虽然水平各异，但各国政府均鼓励教育事业的发展，重视基础教育，如泰国2009年就开始为国民提供15年的免费教育，新加坡实行10年的义务教育制度，文莱国民享受12年的免费教育等，绝大部分家庭对教育的重视程度非常高，以新加坡为例，汇丰银行HSBC在针对不同国家、地区的家庭，在子女上大学方面的花费情况调查结果显示，2015年新加坡父母花在子女上大学的费用平均为15623美元，是全球平均费用的两倍，这些都是东盟教育出版市场发展的有利因素。

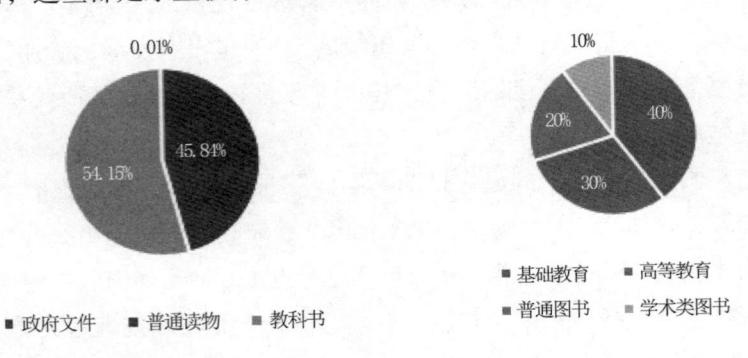

图2-2　印度尼西亚图书市场分布　　图2-3　马来西亚图书市场分布

2. 规范程度高

教育出版由于其特殊性质，各国相关部门对这类出版物的内容、质量、形式、发行渠道等都进行严格管理。以教科书的出版发行为例，大部分东盟国家的教科书出版均由教育部组织创作、编辑和生产，而商业出版商只能从事教辅材料的出版。虽然少数国家的教材也能由私营企业提供，例如，泰国的教材市场目前由三家出版集团所垄断：培生教育出版集团、新加坡国家控股集团和时代传媒集团；越南的教育出版社也负责教材的出版工作等，但出版的内容、形式必须严格遵守政府的相应规定与政策，不能随心所欲。东盟地区出版物质量虽然参差不齐，但在教育出版尤其是教材出版方面，均有严格标准，出版的教育图书规范程度明显高于其他类型出版物。

（二）数字出版发行

1. 东盟数字出版的特点

数字出版是指应用数字化技术从事的出版活动，通常包括电子书、电子杂志、手机阅读、数字音像、数字报纸等内容。其中电子书是目前数字出版的主要领域。数字出版的发展受信息技术、互联网及移动终端普及程度等因素的影响，东盟数字出版具有以下两大特点：

（1）地域发展不平衡。

在东盟地区，有数字出版水平位于亚洲前列的国家——新加坡，2006年，新加坡家庭互联网普及率达到了71%，手机的普及率高达112.8%。2015年已有90%的家庭接入宽带，学生在学校使用宽带的普及率达到100%，这些因素都助力于新加坡数字出版的发展。2016年，Communic Aisa、Enterprise IT以及Broadcast Asia会议集中在新加坡举办，足以看出其数字技术在世界范围内的影响力。马来西亚的出版商们虽然已经意识到数字出版所带来的商机与挑战，并且于2010年初步打开国内的电子书市场，但由于技术、印刷、仓储等各个方面准备尚不充分，数字出版的发展仍处于起步阶段。2015年越南电子书市场不足2%。东盟其他国家，如缅甸、柬埔寨、老挝，2015年的互联网普及程度分别为1%、6%、13%，这样的网络环境给数字出版的发展造成了严重阻碍。目前，东盟十国中，新加坡与马来西亚数字出版水平较高，其他国家与之差距很大。

（2）发展前景广阔。

虽然各种数据显示东盟电子书市场还处于初级阶段，但许多国家的出版商已经抢占先机，如泰国的Ookbee电子书店已垄断了88%的泰国电子书市场，并且拥有六千种泰文电子书和255万用户，截至2013年，已售出超过600万份电子书，其中6~35岁的年轻人占到客户群的43%；越南目前有超过70%的出版商通过Alezaa.com出售电子图书，为了推动电子书的发展，越南的电子书价格仅为纸质书籍的30%；马来西亚有超过40家出版商将出版的书籍转换为电子书的形式出售。由于智能手机在东盟国家的大规模普及，互联网意识的加强，信息全球化等因素的影响，各国都已经意识到数字出版的重要性，东盟数字出版行业发展前景广阔。

2. 东盟国家数字出版发行机构

新加坡世界科技出版公司（World Scientific Publishing Company）是当今亚太

地区规模最大的英文科技出版公司，也是世界主要科技出版公司之一，专职出版高科技书刊，内容涉及数学、物理/非线性科学、化学/材料科学/纳米技术、计算机科学、工程学、环境科学、医学&医疗保健、生命科学、商业和金融经济、大众科学、社会科学和亚洲研究等各学科领域。电子书与纸本图书实现同步出版。

2019年在全国计算机在线服务的鼓励下，新加坡在线技术联盟OTC成立了电子出版社。而由世界科技出版公司和新加坡国立大学合作社（NUS Co-op）承办的Bookhaven书店，位于新加坡国立大学的Stephen Riady中心，占地约370平方米，而且拥有单独销售电子版图书的区域。在那里，顾客可以用平板电脑进行电子版图书的购买和付款。

泰国的Ookbee电子书店成立于2012年，最初是在泰国成立的一家公司，专注于在东南亚发展电子书商店，业务遍及泰国、越南、菲律宾和马来西亚，在该地区拥有超过500万客户。大多数电子书来自知名的出版商或专业的独立作者，因此，这些电子书归类为"专业生成的内容"。当社交媒体对人们的生活方式越来越有影响力时，Ookbee看到了一个机会来创建平台，以迎合具有共同兴趣的人群，例如小说迷、漫画爱好者、音乐爱好者等，以适应用户生成的内容（UGC），并在内容创作者及其粉丝之间建立可持续的经济。2017年1月，泰国数字内容平台Ookbee宣布和中国互联网巨头腾讯公司达成合作关系，双方将共同成立一家全新的数字内容公司Ookbee U，他们将专注于提供由用户生成的原创内容，并且积极打造成一家全方位的线上媒体公司。泰国的Ookbee电子书店网站见图2-4。

图2-4 泰国的Ookbee电子书店网站

MPH（Malaysa Publishing House）是马来西亚排名第一的在线书店，也是马来西亚久负盛名的图书零售公司，图书种类丰富，包括 Harper Collins、Random House、时代华纳、Lonely Planet、Simon & Schuster 等知名出版公司的图书，它还销售最新的 DVD 和 VCD。书店销售超过 100 万本书籍，最高折扣为 50%。MPH 连锁店还销售电子书、礼品、文具、玩具、IT 和多媒体等（图 2-5）。

图2-5 马来西亚电子书店MPH网页

Wattpad 是一款将作家与读者集中于一个平台的电子书。目前 Wattpad 有网页版和移动应用程序版本，该电子书上的作者已经超过 200 万。Wattpad 印尼已经和该地最大的出版商之一 Bentangle Pustaka 合作为读者提供新鲜作品。Wattpad 在印尼的知名度相对较高，在随机调查中将近 71% 的受访者知道 Wattpad 电子书，将近 31% 的受访者几乎每天都访问 Wattpad 电子书，说明该网站上的电子书深受大众欢迎。这个网站的电子书是免费，属于一个读者和作者的社区。

（三）专业及学术出版发行

专业及学术出版服务于每一个时代的社会精英，它承载了传播思想和传承文明的功能，满足了人们对于原创性、前沿性知识的消费需求，处于整个出版产业链的顶端。它主要包括专业著作与学术期刊出版两大部分内容。专业及学术出版不仅能促进学术繁荣，也在很大程度上决定了国家出版业的发展。东盟地区专业及学术出版有以下两大特点：

1. 进口图书占比大

由于东盟国家,除泰国外都曾遭受西方国家的殖民统治,因此该地区的双语教育发展历程都较为久远。随着东盟国家的独立,各国政府迫切希望消除殖民影响,纷纷确立本国国语为第一语言,但英语作为国际通用语以及东盟的工作语言,也受到各国政府的重视。因此,各国教育政策和语言政策,都致力于发展本国语和英语的双语教育。在学术及专业出版方面,新加坡目前约有60%的出版物为英美进口出版物,其中,美国版本在学术出版物中占到了70%~80%。东盟大部分地区科学技术较为落后,在科学与技术类专业图书方面,大多使用翻译版本或进口图书。

2. 学术互动、出版合作日趋密切

东盟经济共同体的形成,使东盟由较为松散的以进行经济合作为主体的地区联盟,转变为关系更为密切的一体化区域组织。东盟国家关系的密切发展,增加了其学术互动与出版合作的机会。从中国—东盟关系来看,由于中国"一带一路"倡议的提出,"加强学术交流合作,推动中国与东盟各国互利共赢"这一理念目前已得到各国的认可与支持,如由广西社会科学界联合会、广西国际文化交流中心、广西民族大学主办的"中国—东盟民族文化论坛"已成功召开两届,并得到柬埔寨、老挝、缅甸、马来西亚、泰国、越南、澳大利亚、印度等各个国家的支持。东盟各国之间以及东盟对外的学术交流互动的日趋频繁,使国际出版合作成为专业及学术出版发展的一大趋势。

三、我国东盟文献进口规定

(一)东盟出版物的进口条件及机构

1. 出版物进口条件

从本质属性上说,出版物是一种商品,但同时又具有一定的特殊性。出版物进口所需条件与一般商品的进口所需条件基本相同。主要条件归纳为三个方面。第一,出版物的价格。出版物定价的形式主要分为固定价格、优惠定价和价格币制三种。其中,固定价格指的是在新书出版前就由出版社核定并印刷在书籍上的定价。预定优惠价格是指出版社在新书目录上标明的在某个期限前订购图书的优惠价。而在币制方面,大部分国外出版社都采用本国的币制,东盟出版的原版图书都是采用东盟国家的货币制度。第二,交易折扣。主要包括正常折扣、数量折扣、特殊折扣以及无折扣。其中,需要说明的是无折扣一般是指国外出版社有些为学术团体或者政府出版物的出版，他们不以营利为目的，发行的出版物一般包括科技文献、政府报告、会议录汇编等，这些出版社会在其折扣表中标明无折扣。第三，付款与交货。最普遍使用的付款方式包括信用证、付款交单、预付款与专户记账四种。在出版物的国际贸易中，专户记账的方式最为普遍，它是指卖方将商品出口后，将单据以及账户信息寄给买方，再按约定的日期进行结算。进出口公司进口文献的结算一般以美元进行，而图书馆则以人民币来向图书进出口公司支付货款，此种方式属于"赊账交易"，取决于进口商的信誉与实力。由于东盟国家的出版发行业普遍不发达，一般说来进出口公司大多以现结的方式实行银货两讫。进出口公司则根据美元汇率的波动情况与图书馆进行结算，以赚取差价，图书馆也可在这方面精打细算、节约资金。但是，近些年来网络的普及以及各种新兴付款方式的出现使得买卖双方通过网络或支付宝等第三方支付平台结算的形式越来越普遍。交货方式主要有邮运、航运、海运以及快件专递。其中，邮运适用于出版物订购数量较少的情况，一般在几十本左右；航运适用于出版物需求较为急切的情况；海运适用于大量的订货，如需运几百箱图书的情况，航运成本就太大了；快件专递一般用于急需的图书，或者是看样订货的样本资料等。

2. 中国出版物进口公司

根据我国《出版物管理条例》的规定，国内如需进口东盟国家的出版物，只得从国家规定的具有出版物进口许可的单位进口。除法定单位之外，任何个人与单位都不得从事出版物进口业务。目前，我国获得批准允许进口出版物的单位共有43家，如中国图书进出口（集团）总公司（含中国图书进出口（集团）总公司大连分公司）、中国国际图书贸易总公司、中国人文科学发展公司、北京市图书进出口有限公司、河南出版对外贸易公司、吉林省文化出版对外贸易公司等。这43家进出口单位以三大中央公司——中国国际图书贸易总公司、中国图书进出口集团和中国出版对外贸易总公司为主。其中，东盟期刊的进口业务主要由中国图书进出口集团负责，集团成立于1949年，由国家科委领导，前身是国际书店的进口处。其官方网站数据显示，目前已进口的东盟期刊有3065种，其中，越南期刊共512种，但关于进口的东盟图书信息还不可查询。需订购东盟国家报刊的图书馆可上中国图书进出口集团官网查询报刊目录，官网上的目录相当全。各国报刊和数如表2-3所示。

表2-3 2020年中国图书进出口集团可订购东盟国家期刊列表

国家	系统收录总品种数	可订购品种数
菲律宾	226	88
印度尼西亚	228	104
文莱	10	5
马来西亚	509	367
缅甸	38	7
泰国	379	173
老挝	20	6
柬埔寨	19	6
新加坡	1124	757
越南	512	437

目前，国内主要负责东盟文献进口业务的公司是中国图书进出口公司深圳分公司，该公司经营业务主要有：图书、报刊、文献资料、音像制品、多媒体光盘等文化信息产品的进出口、出版及印刷业务，并在公司本部设有书刊和CD展厅。公司为各级党政机关、大专院校、科研单位、各大星级宾馆酒店及来华外籍人员、港澳台投资者等提供港澳台和国外出版的各语种报纸、期刊和图书资料的收订与发行服务。

（二）东盟出版物进口的相关规定

1.《中华人民共和国海关进出境印刷品及音像制品监管办法》

我国的《中华人民共和国海关进出境印刷品及音像制品监管办法》于2007年起施行，规定了对出入境印刷及音像品的有关细则。并且在第三条明确规定进出口印刷品的个人或企业负责人均须向中国海关依法申报，对个人入境使用的印刷品的数量也做出了明细规定。在我国，只有获得有关主管部门批准或指定，且依法办理相关手续，才可进行印刷品的进口工作。对于境外赠送的印刷品，该监管办法也做出了明细规定。首先，获赠方须向海关出具赠送方的相关文件证明。其次，超过100册的赠送行为，除提交相关文件外，还须提供主管部门的批准文件。东盟文献的进出口也必须按照这个办法执行。

2.《出版物进口备案管理办法》

为规范出版物进口备案行为，加强出版物进口管理，有关印刷品进出口的管理办法的出台近些年来呼声很高。因此，我国颁布了《出版物进口备案管理办法》，并于2017年3月1日起正式施行。该办法对进口的图书、报纸、期刊、音像制品（成品）及电子出版物（成品）、数字文献数据库等的备案办法做出了明确规定。如进口东盟的出版物，进口单位在进口出版物前，须向省级以上政府部门依法申请备案。申请备案时，需提交备案申请和出版物进口经营单位出具的审查意见。报送备案时须按照实际情况申报。进口报纸期刊也须按照有关办法进行，获得有关部门审批。进口单位应按时报送审批文件，再由海关按时核查后提送至国家新闻出版广电总局。

3.《订户订购进口出版物管理办法》

目前，我国最新的《订户订购进口出版物管理办法》已于 2011 年 3 月 17 日起实施。该条例旨在满足外资企业、国内外籍人士、港澳台人士等对进口出版物的需求，并同时加强相关管理。该管理办法对出版物进口领域的相关概念均做出了详细定义。对于出版物的划分，该办法将进口出版物分为限定发行范围的和非限定范围的两种。对于限定范围的出版物，实行个人订购、专门供应的方式。对于非限定范围内的期刊报纸等，实行个人订购与市场销售结合的方式。而对于非限定范围的图书，则实行市场销售。这两类进口出版物的种类均须依据新闻出版署相关规定。在我国，除经过主管部门批准的单位之外，其他个人与单位都无权从事出版物进口工作。具有进口许可的单位在委托其他单位代为征订或配送出版物时，也须获得有关主管部门批准许可。图书馆在招标采购的时候一定要注意招有资质的商家，否则购买的东盟文献不仅不合法，而且有可能出现意识形态的问题。

第三章 国内外文献信息资源保障体系建设的理论与实践

第一节 理论研究综述

一、我国东盟文献信息资源建设的研究

我国的东盟文献信息资源随着科技发展而日益丰富，网络信息技术加速了信息的传播和知识的扩散，促使我国东盟文献信息资源的载体形式日趋多样，出现了传统的实体馆藏资源、数字化和网络化的虚拟馆藏等资源并存的现状。由于东盟文献信息资源建设实践的开展，我国图书馆界对东盟文献信息资源建设的研究也逐步增多。理论研究成果包括东盟文献信息资源建设存在的问题和对策、文献保障机制的制定与实施，以及文献信息资源利用与服务等方面内容。

（一）实体馆藏资源研究

实体馆藏资源主要包括纸质文献和电子信息资源。图书、期刊是我国东盟文献信息资源的主要组成部分，目前针对图书、期刊的采访和编目等研究的成果较为丰富。

我国对东盟文献信息资源的需求和研究以人文社会科学为主，自然科学文献比例较小。特别是属于专题收藏的东南亚研究资料具有全面而专深的特点，其涉及文种广泛，并且不同文种资料的获取途径差异较大。这要求图书馆必须把握采访特点，制定合理、灵活的采访策略，为东南亚研究和教学提供坚实的文献信息资源保障。

我国部分图书馆的东盟文献信息资料库建设已初具规模，但东盟文献资源配置不均衡、经费投入不足、资源收集渠道不畅、数字化程度不高、图书情报工作者业务能力和服务意识不高等问题都制约着我国东盟特色文献资源的发展。因此，构建完备的东盟文献信息资源体系，需要拓宽采访途径、加强与读者沟通、

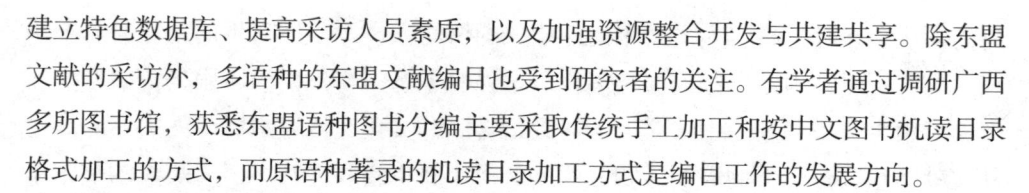

建立特色数据库、提高采访人员素质，以及加强资源整合开发与共建共享。除东盟文献的采访外，多语种的东盟文献编目也受到研究者的关注。有学者通过调研广西多所图书馆，获悉东盟语种图书分编主要采取传统手工加工和按中文图书机读目录格式加工的方式，而原语种著录的机读目录加工方式是编目工作的发展方向。

（二）虚拟馆藏资源研究

虚拟馆藏是我国东盟文献信息资源的重要组成部分，它包括通过购买、租用等方式获得国内外虚拟资源的所有权和使用权，收集、整理的网上免费资源形成的数据库，以及与其他信息机构共享而获得的资源。

近年来，网络信息呈几何级数的爆炸式增长，东盟相关的网络信息资源也不断丰富。图书馆应对网络中的东盟信息资源进行有效筛选、加工并序化，使之成为东盟文献资源库，切实提高资源质量和利用率。数据库引进方面，由于东盟各国的文献出版发行渠道较少，数字化及整合程度不高，缺少成熟的数据库可供引进。自建数据库方面，一些地方图书馆进行了许多积极的尝试，如广西民族大学图书馆依托方正 Apabi 数字资源平台建设的"东盟文献信息资源数据库""亚非语言原版文献资料书目及全文数据库"；广西壮族自治区图书馆制作的"东南亚研究论文库""东南亚风情资源库""中国东盟博览会"等地方特色资源；以及获得 CALIS 专题特色数据库子项目资助的"东南亚及闽台研究数据库"（厦门大学）"华侨华人文献信息专题数据库"（暨南大学）等较有代表性。

当下，我国图书馆的东盟文献信息资源建设由于受到思想观念陈旧、管理体制不完善、经费投入不足、建设标准不统一等因素制约，导致东盟文献信息资源建设质量不高，数字化、网络化的相关资源未能充分开发利用的现象较为普遍。因此，不少学者提出通过建设特色数据库来实现对已有东盟文献信息资源的整合开发。"东盟文献特色数据库"的建设顺应了区域经济社会发展的需要、有助于提升图书馆的影响力，是文献信息资源共享的坚实基础。在加大采集力度、整合网上资源、共建共享特色数据库的同时，还应注意知识产权保护、标准化建设、检索系统开发、数据库更新与维护等问题。

二、东盟文献信息资源服务与共享研究

服务是图书馆文献信息资源建设的出发点和归宿，丰富的文献是做好信息服务工作的基础。在开展东盟文献信息服务方面，高校图书馆已有不少有益的尝试。在高校图书馆用户中，对东盟文献信息资源及服务有所需求的主要是东盟相关学

科的学生、教师、科研人员及东南亚国家的留学人员等。针对不同用户的需求特征，应有针对性地制定相应服务策略、增强服务意识、提供优质服务，如东盟国家的留学生在华利用图书馆时可能遇到语言和跨文化交流等障碍，图书馆应针对其文献信息服务工作的需要做相应改进。唐小新将物联网技术引入高校图书馆东盟文献信息资源个性化服务当中，提出搭建一个基于物联网的高校图书馆东盟信息资源个性化服务平台的设想，以实现集成多种资源、提供跨语言、跨数据库的一站式高校图书馆东盟信息资源个性化服务。

面对现代社会学术的繁荣，各种载体形式的信息资源的激增，电子出版的蓬勃发展等因素和信息读者需求的多样性、及时性，任何一个文献信息机构都没有能力将有关东盟国家的文献信息资源收集齐全并全面地为信息读者提供服务。同时，图书馆无法依靠分散、独立的文献资源来满足不断增长的读者服务需求。因此，合作与共享便成为保障我国东盟文献信息服务顺利开展的重要途径。阮小妹认为具有地缘、人文优势的广西高校图书馆可以采取人员互访、相互培训、交换、共享文献信息，开展学术交流等方式，积极探索与东盟国家高校图书馆间的交流合作。这不仅促进了中国—东盟高等教育合作的顺利开展，推动高校图书馆自身的建设和发展，更有助于为用户提供优质高效的东盟文献信息资源服务。

三、东盟文献信息资源保障体系研究

（一）文献信息资源保障概述

"文献资源保障"根据《中国大百科全书》（图书馆学情报学档案学卷）中的定义："通常把一个国家、地区或机构供给文献资料，满足文献情报需求以支持经济建设、社会发展和科学研究的能力称为文献资源保障。"用数量来表示对这种保障水平就称为保障率。随着数字化、网络化的全面发展，信息资源建设活动的不断深入促使"文献资源保障"的概念丰富发展，一方面从数量和完备性角度强调对文献的拥有；另一方面是以满足用户信息需求为目的的保障建设，这更符合新信息环境下按需分配的资源建设及共享理念。

东盟文献信息资源涵盖东南亚各国政治、经济、文化、社会等内容，其中包含的大量东南亚语种文献，不仅是我国外文文献信息资源的有机组成部分，也是非通用语种资源建设的一个子集。因此，学习借鉴外文、非通用语种文献保障体系的相关研究成果，对我国东盟文献信息资源保障体系的建设大有裨益。

（二）文献信息资源保障的内涵分析

我国早在20世纪50年代就有关于文献信息资源共建共享问题的探索，但对信息资源保障的研究主要集中在20世纪90年代以后，从传统的藏书建设与资源布局的协调研究，逐步过渡到新网络技术环境下的系统性或区域性的信息资源保障体系研究。

文献信息资源保障体系作为一个系统工程，必须以信息资源的建设为基础，通过资源协同共享等途径实现。在文献信息数量激增、用户需求复杂而广泛以及网络信息技术普及应用的背景下，文献信息保障体系建设的意义在于其顺应国家资源建设的发展战略、适应用户需求的变化、有助于改善我国图书情报事业落后及发展不平衡的状况。在我国信息资源保障体系构建的过程中，应当遵循适合国情、便于获取、渐进发展且适度超前、讲求效益的原则。在组织、法律政策、多方资金投入、利益平衡机制、技术及基础设施、人才保障机制的支持下，以国家信息资源网络为主导、集中与分散管理相结合、多元化的过渡性模式在我国信息资源保障体系建设中极具现实可行性。

宏观层面全国性的文献信息资源保障体系，如高校图书馆系统的"中国高等教育文献保障系统（CALIS）""中国高等教育数字化图书馆（CADLIS）"以及"中国高校人文社会科学文献中心（CASHL）"，中科院图书馆系统的"国家科技图书文献中心（NSTL）"，公共图书馆系统的"文化信息资源共享工程"等项目的蓬勃发展，促使我国文献保障体系研究不断深入。相关研究成果从单个文献体系的建设、管理和目标的介绍及探讨，逐渐转向实践经验的总结和综合性的比较研究。此外，跨越公共、高校、科研三大系统的"上海市文献资源共建共享协作网"，广东珠江三角洲地区文献信息资源的整体优化建设项目，以及"北京高校图书馆联合体"、"江苏省高等学校文献信息保障系统（JALIS）"等区域性系统内的信息资源协作网的成功运作，为我国信息资源共建共享打下坚实的基础。

微观层面文献信息资源保障体现在某一机构、单位、学科等文献信息保障的具体方面。此类研究主要是对图书馆实际工作的探讨和实践经验的总结，且主要集中于高校图书馆，如面向某一高校、某一学科的文献信息资源保障建设的经验总结或构建思考，以及针对中小型高校图书馆的信息过载与文献保障问题的探讨。

（三）我国外文文献信息资源保障体系的研究

在我国对外交流合作不断加强的背景下，外文文献信息资源的建设及共享问题正逐渐引起国内图书情报界的关注。由于外文文献的特殊性，我国公共、高校、科研三大图书馆系统中并非所有机构都参与东盟文献信息资源的建设。目前，此类研究多见于市级以上的公共图书馆和高校图书馆。

1. 公共图书馆系统

中国国家图书馆作为我国最大的公共图书馆，致力于构建一个能反映当代世界各国发展水平的大型外文文献资源，利用自身优势在全国分工馆藏建设中协助落后地区参与全国文献保障体系等方面成效显著。其拥有丰富而全面的西文、日文、俄文馆藏，与全国五百余家文献信息提供单位开展馆际互借，发挥着外文文献传递枢纽的作用。国图采用购买、国际交换、接收捐赠、托存、缴送等手段，积极构建能反映当代世界各国发展水平的大型外文文献资源库。

公共图书馆承担着社会教育、文化传播和休闲娱乐等功能，为更好满足用户日益增长的国际信息需求，外文文献资源逐步被纳入馆藏建设的范畴中。中山图书馆的何燕结合公共图书馆工作实际，从制定馆藏发展政策、建立采访评估机制、调研读者需求与出版发行情况、调整藏书结构、加强馆际合作、提高人员素质及开展国际采访交流等方面探讨了外文图书采访的对策。

2. 高校图书馆系统

高校图书馆加强外文图书采访工作的意义在于满足高校学科建设与科研发展的需要、充分发挥图书馆的信息情报职能。高校语言教学和科研、地区研究和文献保障体系建设的需要都凸显了图书馆外文图书建设的重要性，但现阶段我国高校图书馆非通用语种（即小语种）图书建设中普遍存在缺乏系统建设、书目收集困难、采购渠道不畅、采编人才短缺、联合编目薄弱、共建共享程度不高等共性问题。已有学者针对以上问题探讨了相应解决对策，具体包括：高校图书馆应在调研基础上制订系统建设规划；整合书商书目信息与图书馆采购资源建立协调采购平台；大力拓展非正式采购渠道；通过共建小语种采编人才库和学科专家库克服语言障碍；统一编目标准和规范，提高共享服务效益。

"高校文科图书引进项目"和"中国高校人文社会科学文献中心（CASHL）"在开展外文资源合理布局与保障实践等方面已取得一定成就。然而，我国高校图书馆人文社科外文图书、期刊、电子资源普遍存在购买力不足、缺藏严重等问题，依然制约着我国国家层面的文献资源共建共享。"高校人文社科外文文献资源的布局与保障"项目的研究学者分别从图书、期刊、电子资源等不同文献类型的角度,分析了我国高校人文社科外文文献的收藏情况,提出了国家宏观建设的保障策略。总结外文文献信息资源保障建设的经验,可概括为:以明确的资源建设目标为指导,在调查现有资源的基础上宏观布局、统筹协调,通过分工建设实现资源的全面收藏,进而促进外文文献资源与服务的共享。

(四)我国东盟文献信息资源保障体系的研究

图书馆东盟文献的建设和开发质量与文献信息资源现状、馆员配备、数字化质量密切相关。鉴于当前我国各类图书馆投入东盟文献信息资源建设的资金较少,单一图书馆无法独立承担东盟文献信息资源的保障任务,因此,从资源整体规划、分工建设的角度出发,依托CALIS、CASHL等成熟的保障体系是促进我国东盟文献信息资源共建共享的可行路径。赖于民等依据中国(云南)—东盟数据信息资源建设的实践,提出应在政策法规、专项资金、人才队伍的支持下统筹规划,形成政府引导、企业机构参与、全社会协调互动的信息资源共建共享格局。

在东盟文献信息资源建设的基础上,不少学者提出了构建信息交流中心、信息服务平台的设想。构建中国—东盟区域性信息交流中心是加强中国与东盟联系的重要基础,在提升国民经济和社会信息化水平,推动中国和东盟政治文化交流与经贸往来方面发挥着举足轻重的作用。在东盟文献信息资源建设的基础上,寇有观、杜文宏等分别提出了构建信息交流中心、信息服务平台的设想和措施。区域性信息交流中心的建设应以信息化指标体系为指导,明确定位、整合资源,推进信息化应用体系及政策法规和标准规范等方面的建设与完善。潘琦将中国—东盟信息交流中心的功能定位在国家层面上。此外,通过构建东盟信息服务平台,形成完善的东盟技术标准信息资源库,实现国内企业、科研机构的资源共享,推动中国—东盟自由贸易区、泛北部湾经济合作区的经济合作水平及双边贸易的发展等方面的研究也取得了一定进展。

第二节 实践进展

一、东盟文献信息资源布局

(一)我国图书馆东盟文献信息资源现状

由于我国与东盟国家在各领域友好交流合作的不断深入,用户对东盟文献的需求与日俱增,我国各类信息机构纷纷开展了不同程度的东盟文献信息资源保障建设。东盟文献信息资源保障体系的建设，涵盖从国家、区域宏观层面统筹协调和建设规划，以及以某一机构、学科为视角微观层面的资源建设与配置。建设的内容不仅包括东盟各国（东南亚语种）原版文献信息资源，也涵盖中文及其他语种（英文、日文、俄文等）的东盟相关文献信息资源。其中，东盟原版文献信息资源的共知、共建、共享是图书馆东盟文献保障体系建设的核心。

早期的东盟文献信息资源建设是伴随我国科研机构从事东南亚研究所需的文献资料的收集整理工作产生的，拥有东南亚研究传统的福建、广东、广西、云南地区的图书馆情报机构在长期发展中积累了丰富的东盟文献信息资源建设实践经验。延续东南亚研究的传统，研究型资料在东盟文献信息资源的建设中占很大比重。毗邻东南亚的我国广西、云南两省区凭借自身区位优势，扩大对东盟开放、推进大湄公河次区域合作、泛珠三角、北部湾经济区合作，图书馆也紧跟社会发展和区域合作的需要，逐步建立了各具本馆特色的东盟文献信息资源体系。

现阶段，已有不少公共图书馆、高校图书馆、科研机构图书馆依据自身服务对象、类型、职能的不同建设各具特色的东盟馆藏。但不同机构缺乏协调沟通，少有针对东盟文献信息资源的共建共享合作，这不利于我国东盟文献信息资源的保障和优化配置。

（二）我国图书馆东盟文献信息资源布局特点

目前，我国的东盟相关研究主要集中在人文社会科学领域，而人文社会科学的研究水平往往受到文献信息资源的权威性、完备性的影响和制约。宏观掌握我国图书馆东盟文献信息资源的布局，有助于全面了解东盟文献信息资源的建设现状，为共享和利用打下基础。现将其特点概括如下：

1. 东盟文献信息资源分布广泛，各系统的资源建设各有侧重

我国现有的东盟文献信息资源广泛分布于公共、科研、高校三大图书馆系统内。公共图书馆的东盟文献信息资源建设兼具社会教育、文化传播和休闲娱乐等功能，一般由资金、人才、技术基础较好的省级公共图书馆承担。例如：广西壮族自治区图书馆设立了东盟文献阅览室，建设了丰富的中外文图书、期刊、报纸资源。其中，中国—东盟博览会的展会资料是极具代表性的特色馆藏。该馆依托全国文化信息共享工程平台建设了"东南亚研究论文库""东南亚风情资源库""中国东盟博览会"等独具地方特色、东盟特色的数字化资源，不仅保存了大量涵盖东盟经贸投资、旅游文化和广西地方发展的文献信息，还为读者营造了一个方便

获取、利用的资源环境。中国国家图书馆承担着为国家机关、科研教育单位和社会公众采选外国出版物，建设一个能反映世界各方面水平的丰富外文馆藏的职责。国图长期与越南、新加坡等东盟各国的国家图书馆保持着友好往来，通过订购、代购、接收捐赠、国际交换等方式积累了丰富的东盟文献信息资源，在东盟文献保障体系中发挥着举足轻重的作用。

科研系统图书馆是科研机构重要的信息资料来源，是开展理论研究、决策参考的有力支撑。中国社会科学院东南亚研究所、广西社科院东南亚研究所、云南社科院东南亚研究所等十多家东南亚研究的专业学术团体，不仅各自拥有大量东盟文献信息资源，其颇具影响力的研究成果也是东盟文献信息资源的重要组成部分。

高校图书馆是我国东盟文献信息资源建设的主力军，其占有的东盟文献具有面向教学、科研的特性，体现学校的办学特色和专业特点。高校图书馆、学院及二级科研单位下设的资料室均可视为高校图书馆的资源范畴。厦门大学、暨南大学、中山大学、北京大学等重点院校均设立了东南亚研究机构，校图书馆和资料室在长期积累中形成了一定规模的东盟文献信息资源。北京外国语大学、广东外语外贸大学、洛阳解放军外国语学院等开展东南亚语言教学、研究的外语院校图书馆，在东盟信息资源（特别是东盟语种文献）资源建设方面也自成体系。此外，具有地缘优势的广西、云南等地的高校图书馆紧跟区域形势、学校发展和人才培养的需要，也逐步建立了各具本馆特色的东盟文献信息资源。

2. 高校图书馆发展存在差异，教学科研需求是关键因素

由于东盟文献信息资源具有语种繁多、内容庞杂和用户具有专指性等特点，并非所有高校图书馆都适合进行东盟文献信息资源的建设。高校的东盟相关学科教学需求和东南亚研究项目的多少及发展程度，往往决定着图书馆东盟文献信息资源建设水平。满足专业教学的需求是图书馆的一项基础性工作，开设东盟相关课程的专业包括：政治学与国际关系、法学、商学、文学、民族与社会学、小语种等，图书馆必须具备有针对性的东盟文献信息资源的学科保障建设；同时，大批专家学者和硕士、博士研究生从事的东盟相关科研项目，涉及东南亚的历史、文化、族群、语言、经济、政治等诸多领域，图书馆还需建设兼具全面和专深特点的东盟文献信息资源以满足研究需要。

许多开展东南亚相关教学、科研的重点院校，凭借较好的设施、资金、技术、人才等条件，较早开展了东盟文献信息资源建设，并在国家宏观布局中承担某一领域重要文献信息资源的集中建设任务，是国家东盟文献信息资源保障的重要组成部分。最具有代表性的是厦门大学东南亚研究中心图书馆和厦门大学图书馆。

地方高校与重点大学相比，无论在资金支持、人才资源，还是学校定位上都存在相当大的差距。地方高校承担着为区域经济、社会发展提供人才保障和科技支撑的两大任务，高校图书馆建设切合实际需求的东盟文献信息资源是辅助教学及科研活动顺利开展的必要前提。地方高校图书馆的东盟文献信息资源建设较为灵活、分散，具体表现为各馆依据自身重点学科、特色学科的发展和建设规划，较有针对性地进行东盟文献信息资源的保障建设。

二、东盟文献信息资源共享进展

东盟文献信息资源的共建共享实践，是在信息技术高速发展、信息资源数量激增、用户需求复杂广泛的背景下产生的。随着图书馆等信息机构的收藏能力及服务水平与用户需求差距的日益扩大，许多图书馆采取各种合作、协调手段，积极探索优势互补、利益互惠的信息资源建设和服务合作，促进信息资源在时效、区域、部门、数量上的更合理分布及更大效用的发挥，以实现信息资源共知、共建和共享的目标，最大限度地满足用户需求，常见的表现形式有图书馆联盟、图书馆信息集群、信息资源保障系统等。

（一）我国图书馆东盟文献信息资源共享进展

1. 尚无东盟信息资源的专项合作，各系统均有共享实践

目前，我国尚未开展针对东盟文献信息资源的合作建设。东盟文献信息资源作为我国战略信息资源的一个子集，已被纳入国家信息资源共享体系之中。高校图书馆系统的中国高等教育文献保障系统（CALIS）、中国高校人文社会科学文献中心（CASHL），科研图书馆系统的国家科技图书文献中心（NSTL），公共图书馆系统的全国文化信息资源共享工程等国家级项目，都不同程度地开展了东盟文献信息资源的共享工作。其中，CALIS 的全国高校专题特色数据库子项目资助具有学科优势和文献资源特色的厦门大学、暨南大学等高校图书馆开展了东南亚相关特色数据库的建设。通过统一系统框架下的信息共享和交换机制，确保具有东盟特色的数据库资源被广泛传播利用。此外，我国的"全国外语院校图书馆联盟"依托 CALIS 建设了"全国外语院校图书馆联盟门户"，并推出了外语院校联盟 CALIS 共享域传递服务，包括东盟文献资料在内的大量外语信息资源得以在联盟成员中共享。

这些已开展的一些大型项目中虽然涵盖东盟文献信息资源建设的相关内容，但由于东盟文献的用户群体小，在经费投入有限的情况下东盟文献信息资源建设往往处于劣势地位，图书馆对其合理布局与保障建设关注度不够。这更凸显了进行东盟文献信息资源保障建设、资源共享的重要性，而已开展的保障建设项目的共知、共建与共享效果还有待进一步发挥。

2. 跨系统的协调合作初步开展，但东盟文献信息资源共享基础薄弱

我国"上海市文献资源共建共享协作网""广东省文献资源共建共享协作网"等区域内跨系统图书馆的共享，促进了区域内优势资源的整合和规模效益的发挥。广西科技文献共享与服务平台，集合广西科技情报研究所、广西壮族自治区图书馆、广西大学图书馆等跨越科研、公共、高校三大图书馆系统的文献信息资源，通过与国家科技图书文献中心的互联互通，为用户提供诸如东盟科技资讯、东盟技术标准等科技文献信息资源。但广西壮族自治区图书馆丰富的纸本和数字化资源、广西社会科学院东南亚研究所图书馆的东盟相关中外文图书、报刊等大量人文社科类的东盟文献信息资源却还未在区域共享活动中发挥应有作用。

广西高校图书馆虽然开展了较为广泛的东盟文献信息资源建设，但基本属于各自为政的发展状态，各馆间鲜有围绕东盟文献信息资源的交流合作。有关东盟文献信息资源共建共享也仅停留在理论探讨层面，缺少现实可行的操作方案。由广西教育厅组织、广西大学图书馆牵头实施的广西高校网络图书馆建设项目还未能很好地实现信息资源共建共享的目标。此外，广西各高校馆间已有的共享工作开展得并不理想，馆际互借、文献传递等传统合作项目不够普及，馆际互借基本停留在需要到馆进行自我操作阶段，难以适应网络化、数字化、整体化发展的时代要求，更无法满足用户日益激增的多样化、个性化东盟信息需求。

3. 东盟文献信息资源建设统筹规划不足，资源匮乏、结构失衡并存

东盟文献信息资源语种构成复杂，中文、英文、东南亚各国语言，以及法、荷、日、俄文的文献兼有，传统纸质文献和数字化、网络化资源并存。要制定全面、系统的东盟文献信息资源建设规划颇具难度，这导致馆藏数量不足、资源结构不合理等问题出现。以广西民族大学图书馆为例，其东盟馆藏以图书资料为主，期刊、科技报告、档案及数字出版物等较少；内容集中在语言、文化、政治等方面，科技、军事等方面资料相对不足；中文、英文译本等国内出版物居多，原版文献除越南语、泰语较丰富外，其余国家的原版文献较缺乏，中外文对照读物也

相对不足。此外，许多地方高校图书馆的东盟纸质文献增长迅速而电子资源建设薄弱、特色不突出、开发程度低的现象也较为普遍。

高校文科图书引进项目、CASHL虽开展了一系列富有成效的人文社会科学外文文献信息资源的建设工作，但已建设的外文资源体系中英语占绝大多数，非通用语种（包括东南亚语种）的文献资源稀缺。CALIS在东盟信息资集中建设等方面取得了显著成效，厦门大学承建的"东南亚及闽台研究数据库"、暨南大学承建的"华侨华人文献信息专题数据库"、汕头大学承建的"海外华人经济文献数据库"，这些专题特色库分别集合了福建、广东高校有关东盟教学、科研的优势资源，但却未能将两地资源进行有效整合，对毗邻东南亚的广西、云南等地区所占有的丰富东盟文献信息更没有给予足够重视。

4. 东盟文献信息资源与服务利用率不高，共知、共建力度较低

共知、共建是东盟文献信息资源共享的必要前提和有力保障。集中揭示多馆藏书特点及分布情况的联合目录是用户检索、发现、获取东盟文献信息资源的重要途径。然而，许多地方高校图书馆未参建CALIS联合目录数据库，用户无法全面查询东盟文献的馆藏信息。CALIS现有的联合编目基本上不包含东南亚语种，导致大量珍贵的外文原版文献书目信息难以获取。由于东盟文献信息资源整合程度不高，鲜有成熟的数据库可以引进，面向东盟学科的电子资源集团采购还未开展。自建特色数据库共享方面，除CALIS专题特色数据库资源可以通过其中心网站检索获取外，广西民族大学等地方高校自建的东盟特色数据库的访问都受到IP限制。此外，北京大学等高校的东南亚研究机构资料室，未对馆藏的东盟文献信息资源进行编目，一般仅供内部读者使用。这都极大限制了东盟文献信息资源的传播与共享。

目前，虽然已有许多共享项目都能为用户提供馆际借阅、文献传递、代查代索、联合参考咨询等服务，但是文献传递、馆际互借等费用较高，服务申请程序烦琐、耗时较长，宣传推广力度不足，资源与服务使用率不高等问题均制约着图书馆东盟文献信息资源合作发展。许多东盟文献信息资源的潜在用户并未被纳入图书馆资源共享体系之中，共建共享效益未能充分发挥。

（二）外国图书馆东盟文献信息资源共享实践

1. 外国图书馆文献信息资源共享历程

外国文献信息资源保障体系建设始于19世纪的图书馆馆际互借活动，旨在

合作发展馆藏和实现信息资源共享。20世纪中期以后，许多国家在文献协调采购、联合编目等方面都取得显著成效。以美国为例，1942年制定"法明顿计划"对全国的藏书补充进行协调合作，建立完善的外文书目及藏书体系；之后实施的"国家采购和编目计划（NPAC）"在全国合作采访和书目控制方面都取得积极的成效。与此同时，图书馆联盟也逐渐发展，联机计算机图书馆中心（OCLC）、研究图书馆网络（RLIN）、西部图书馆网络（WLN）在馆际互借和联合编目上的协作，彻底改变了图书馆孤立发展和完全依懒政府投入的状况，俄亥俄州图书馆与信息合作网（OhioLINK）更是网络时代图书馆间高效协作、创新服务的典范。不同于美国信息资源保障的集中与分散相结合模式，加拿大的文献信息网络采取分散管理的模式；英国的文献信息资源布局是集中型模式；俄罗斯则推行"地区—系统—全国"的三级保障体制，法国、日本、韩国等国在借鉴美国成功经验的基础上，相继制订了符合本国实际的信息资源共享政策。

国际性的信息资源共享必须建立在各国文献共享的基础上。北欧四国（瑞典、丹麦、挪威、芬兰）推行合作采集外文图书的斯堪地那维亚计划（SP），以及由东南亚国家图书馆和文献中心联合体（NLDCSAE）主持，新加坡、马来西亚、泰国等国间开展的文献合作采访都推动了国际文献资源共享。此外，国际图联（IFLA）的三大核心计划：世界书目控制（UBC）、国际机读目录（IM）、世界出版物共享（UAP）致力于构建全球性的信息网络，通过国际通用的规范和机读目录标准，确保书目数据的高效传递及准确获取，有助于建立全球性的文献信息资源保障体系。

2. 外国图书馆东盟文献信息资源共享实例

菲律宾、越南、印度尼西亚、马来西亚和新加坡等东盟国家都拥有图书馆联盟，这些联盟均体现了东盟国家鲜明而独特的社会背景。东盟图书馆联盟既有国际图联、国际图书馆联盟等世界性的图书馆联盟的分支联盟，又有基于本地区的跨国图书馆联盟，如东南亚图书馆员大会、东盟数字图书馆网络、东盟大学图书馆网络联机图书馆。各个联盟间的交流互动十分频繁，常见的活动有传统的书目资源共享、馆员知识交流大会，也有现代的电子资源集团采购、数字化资源传递与共享。

东盟国家内部由于社会经济、文化发展水平等因素影响，不同国家的图书馆事业和图书馆联盟发展水平差异较大，依据发展水平可划分成三类，分别是：

①图书馆事业和图书馆联盟较为发达的国家，如新加坡，经济、文化水平发达，图书馆拥有先进的管理设备及设施，拥有现代化的管理理念和管理方式，数字信息资源丰富，在国际上具有一定的影响力。②图书馆事业和图书馆联盟处于发展中的国家，如菲律宾、印度尼西亚、马来西亚、泰国、越南和文莱等，发展水平与中国相当，处于传统图书馆向现代图书馆转型时期。③图书馆事业和图书馆联盟发展比较落后的国家，如老挝、缅甸和柬埔寨等，经济、文化、教育等比较落后，图书馆藏书量少，管理模式落后，图书馆的现代化主要靠外部资金的资助才能实现。

三、东盟文献信息资源保障体系发展特点

我国图书馆的东盟文献信息资源建设实践是进行理论研究的基础和来源，而丰富的理论研究成果对图书馆开展东盟文献信息资源建设实践又具有积极的指导意义。随着东盟文献信息资源建设理论与实践的不断深入，我国东盟文献保障体系也将逐步形成、完善，在满足区域经济、文化建设对信息资源的需要，推动中国与东盟国家之间开展全方位、多层次、宽领域的合作与交流方面发挥更大的作用。

（一）资源建设实践增多，图书馆初步探索合作化发展道路

为满足用户不断增长的信息需求，我国图书馆的东盟文献信息资源建设实践也随之增多。以高校图书馆系统为例，厦门大学图书馆承接了"中国高等教育文献保障系统"特色数据库"东南亚研究"项目建设，并承建"中国高校人文社会科学文献中心"的东南亚研究的学科中心；厦门大学东南亚研究中心图书馆更是建设了国内高校中面积最大、东南亚研究领域图书种类最齐全、资料最丰富的馆藏资源。广西民族大学图书馆为服务学校教学科研的需要，重点建设了"东盟文献信息中心"、"诗琳通公主泰文资料中心"以及"越南语文献信息中心"，拥有泰语、越南语等东盟国家原版图书、报刊五万余册，并自建东盟文献信息资源数据库、亚非语言原版文献资料书目及全文等特色数据库，是目前国内东盟语原版文献数字资源的代表。不少广西、云南的地方高校图书馆也结合自身发展实际开展了相应的东盟文献信息资源建设。此外，借助CALIS、CASHL等信息资源共享平台，已有部分东盟文献信息资源通过馆际互借、文献传递和参考咨询等方式得以在不同图书馆间传播、共享，图书馆间的东盟文献信息资源与服务合作将是未来实践工作的重点内容。

（二）理论研究引起学界关注，研究的范围及层次有待扩大加深

近年来，如火如荼的东盟文献信息资源建设实践引起了专家学者的关注，相关的理论研究成果纷纷涌现。许多学者对东盟文献信息资源建设实践进行了较好总结，研究的主题也较为丰富，对图书馆今后的发展具有一定的参考价值。但有些研究仅停留在建设实践问题的介绍、分析和理论倡导层次，对宏观规划、保障建设等基础理论的研究十分薄弱，难以形成切实、可行的理论指导。不少研究是基于图书馆视角展开的，对用户的需求和信息行为没有给予充分关注，并且比较研究、实证研究等科学研究方法的运用还很少，这都有待在今后的研究中加强。

（三）理论指导实践，全面推动东盟文献保障体系发展

科学的理论对实践具有积极的指导作用，以共建共享推动我国图书馆东盟文献信息资源建设是众多专家学者的普遍共识。因此，我国东盟文献保障体系的建设可以从以下方面开展工作：一是建立实质性的东盟文献信息资源共建共享联盟，采取整体规划、协调建设的方式实现资源共享，如以各馆的服务对象为依据来确定本馆重点馆藏，其他信息需求则通过相互共享实现；二是由国家预算投入启动经费，建设各馆所需的基础馆藏，并借鉴 CASHL 的经验向基础好的图书馆注入可持续发展的经费，而获得国家资助的图书馆则应向其他图书馆提供东盟文献信息资源的共享服务；三是开展图书馆业务合作，如以联盟的名义开展东盟文献信息资源的集团采购、共享书目、联合编目等。

我国东盟文献信息资源保障体系作为一项连续而持久的系统工程，必须站在国家战略层面整体布局、有序规划及合理配置，促进跨机构、跨区域乃至全国范围的资源共享，才能真正实现东盟文献信息资源的战略保障。

四、东盟文献信息资源保障体系建设策略

我国图书馆事业的发展水平与信息资源的密集程度存在明显的地区、行业差异，全面开展跨区域、跨系统的东盟文献信息资源共享合作尚不具备现实可行性。而高校图书馆的东盟文献信息资源建设已经积累了较为丰富的经验和成果。因此，先行探索高校图书馆间东盟文献信息资源建设的合作策略，从学科及区域两个层面构建东盟学科联盟，是促进东盟文献信息资源共享和建设可持续发展的可行路径。

（一）明确东盟学科联盟的定位，立足学科、区域合作

东盟文献信息资源属于专题收藏，具有显著的专业特色、地方特色、类型特色及文种特色。学科、区域层面的东盟文献信息资源共享合作，是全国范围内东

盟文献信息资源保障体系建设的先导和基础。

东盟学科建设的共同或相似需求是沟通各高校图书馆东盟文献信息资源建设工作的出发点。东盟学科联盟可以积极借鉴我国现有的学科联盟共享丰富的理论与实践经验，明确自身发展定位。例如我国的"全国外语院校图书馆联盟"合作的重点是外文原版书联合采购、小语种图书合作编目以及文献共享等方面。分设在北京大学医学部和中国农业大学的 CALIS 医学中心、农业中心，侧重于组织医学、农业院校开展相应资源共享活动，协调文献信息及人力资源配置。而东盟学科联盟建设的目的是加强具有相近学科领域与资源特色的高校图书馆间的经验交流与合作，通过联合编目共享书目数据，开展协调采购和特色资源合作建设，收集保存各机构的研究成果，共建高质量的资源与服务平台，促进各机构间学术交流，让用户获得丰富的东盟文献信息资源和优质的学科服务。

同一区域内的图书馆具有相似的社会、经济、文化背景，容易达成合作的共识，地理上相近更便于馆际互借、人员培训、读者教育等合作的开展。广西高校图书馆可以在广西高校图书情报工作指导委员会组织下，协调各图书馆利用自主采购经费参与东盟文献信息资源共建，以联合目录、馆际互借、文献传递等方式实现共知共享，从局部推进东盟文献信息资源保障工作。同时，加强与广西壮族自治区图书馆、广西社会科学院东南亚研究所图书馆等机构的交流与合作，通过宏观布局、有序规划及合理配置，循序渐进地推动更大范围的东盟文献信息资源共享。

（二）建立健全管理运行机制，寻求政策、资金支持

完整深入的信息资源共建共享政策是信息资源共建共享活动合理、有序、有效开展的重要保障。东盟学科联盟可以依托国家保障体系，建立切实有效的管理运行机制。如在系统或行业主管部门的领导下，成立东盟学科联盟权威的组织协调机构，由项目管理中心和专项工作小组负责联盟的管理和运作。

东盟学科联盟可以借助网络将从事东盟相关领域教学、科研机构的图书馆联系起来，构建能够统一组织、保存、检索、获取各馆东盟特色信息资源的共享域，建立双向的交流机制，互通有无、优势互补。厦门大学的东盟文献信息资源侧重于政治经济、国际关系、历史宗教文化方面；北京外国语大学的东盟文献信息资源以东南亚语言文学为主，包括国际经济与贸易、外交、新闻等方面；广西民族大学的东盟文献信息资源涵盖语言文化、民族历史、政治经济、文学艺术等领域。

这些各具特色的资源均能通过东盟学科联盟共享域被更广泛的开发利用。

就广西而言，由于各馆东盟文献信息资源建设的基础、重视程度差异巨大，全面开展东盟文献信息资源共享还不成熟。因此，可以由学科实力雄厚、文献资源丰富、服务能力较好的广西民族大学图书馆作为区域共享的协作牵头单位，负责区域内各项东盟信息共享活动的开展和管理。此外，凭借广西与东南亚各国深厚的合作基础，东盟学科联盟可以探索与东盟国家高校图书馆开展国际交流合作，如文献交换与互赠、共享高校学位论文等原创研究成果。

我国高校图书馆的经费主要依靠政府投入和学校自主筹措，政府拨款的不连续或者中断都会使共建共享项目难以为继。厦门大学东南亚研究中心图书馆得到学校陈德仁基金会的拨款，"985""211"等工程的相应投入，以及苏氏东南亚研究中心的资料专款支持，多途径的资金来源为东盟文献信息资源建设提供了有力保障。广西高校图书馆也应积极拓宽经费来源，以东盟学科联盟名义多渠道争取政府、企业、基金会和个人的重视和支持。

（三）加强协调沟通，优化东盟文献信息资源合作建设方案

在广泛吸引东盟学科联盟成员的同时，还应重视协调沟通，充分了解各成员馆的真实需求。针对用户的不同类型、需求分层设计建设目标和任务，进一步优化建设方案，使每类成员馆都有可能从共享活动中受益，这是充分调动成员馆参与积极性的重要手段。由于各馆所拥有的资源和服务能力不一，承担的共建共享任务必然有所差异，这需要利益平衡机制确保各类图书馆的利益和需求得到满足。应当颁布相关章程对东盟学科联盟的合作方式、内容、管理、费用等方面做出具体规定，注重发挥图书馆自身地区和专业优势，形成布局合理、资源丰富的共建共享网络。同时，整合区域图书馆联盟的资源与服务基础，这样既节约了经费又能有效避免重复建设。

信息资源的合作建设通常包含联合编目、集团采购和特色数据库建设等方面。以中文、英文出版的东盟文献编目发展较为成熟，通过套录可以有效实现书目信息的共享，而小语种文献的联合编目进展缓慢。厦门大学东南亚研究中心图书馆收藏有荷兰文图书约1600册，印尼语图书约900册，这些珍贵的地区研究资料因缺乏相关编目人才，至今未能编目和提供共享。面对非通用语种图书编目的困境，可以借鉴"全国外语院校图书馆联盟"的经验，依托CALIS联合编目平台加强外文采编的分工合作，共享采编数据以减少外文原版图书的原编数量。

广西民族大学图书馆就通过聘请东南亚语种的国内教师、学生来推进外文原版图书的采编工作进度。

高校图书馆在自建东盟特色数据库前应做好充分的选题论证，避免重复建设，CALIS专题特色数据库均采用《我国数字图书馆标准规范研究》推荐的一系列标准，采用标准化、规范化的建库标准是东盟特色资数据库具有高质量和共享水平的重要保障。

（四）推进共享平台建设，完善东盟文献信息资源服务体系

除传统的馆际互借、文献传递，基于网络的数字化资源的传播也为东盟文献信息资源共享提供了新路径。我国一些大型信息保障项目能提供成熟的平台及系统工具，如CALIS基于Z39.50和ISO 10160/10161协议开发的馆际互借系统CALIS文献传递网能为用户提供馆际借阅、文献传递、代查代索等服务。东盟学科联盟可以依托CALIS的系统平台，建立统一的学科门户，也可借助e读或百链等资源发现系统，实现本地资源和共享体系的交互嵌入及一站式搜索，促进东盟文献信息资源的传播和共享。随着网络的发展及各图书馆合作协调能力的提高，共享范围从文献信息资源扩展到服务领域。联合参考咨询服务系统的应用，发挥了网络的传递和交互功能，通过整合各图书馆的资源、人才优势，使得专家知识、成功咨询案例、各类课题调研成果都成为了共享资源。厦门大学目前已承担CASHL东南亚研究的学科深度咨询工作。广西民族大学图书馆可以积极与厦大图书馆开展协调合作，共同参与东盟学科的联合参考咨询工作，为广西各项事业发展提供所需的东盟文献信息资源与服务。

东盟文献信息资源服务体系不仅包含面向读者的公共查询、馆际互借、文献传递、联合咨询、代查代检等服务，还包含面向成员馆的联合编目、资源建设协作、业务技术指导、馆员培训交流等活动。馆员培训增加了各成员馆之间的学习交流机会，有助于提高图书馆员的整体业务水平。广西高校图书馆可以在合作中学习东盟文献信息资源建设的优秀实践样板，通过定标比超逐步改变自身的落后局面。

（五）注重宣传推广，开展联盟资源与服务的评价反馈

高校图书馆间的东盟文献信息资源建设合作不仅体现在资源配置、服务共享等方面，宣传推广与反馈评价对东盟文献信息资源建设与学科联盟的可持续发展也起到了不可忽视的作用。

如何有效增加文献传递、馆际互借及联合虚拟参考咨询的使用量，切实提高东盟文献信息资源的共享效率是摆在各图书馆面前的一大课题。高校图书馆可以借助 QQ、微信公众号、博客等社交网络工具，以及图书馆网站、读者教育活动宣传东盟文献信息资源及服务，扩大东盟学科联盟的资源利用率和服务效果。对各成员馆文献传递、馆际互借等费用给予一定的补贴和减免，可以有效激发用户的使用热情。CASHL 于 2013 年推出了成立九周年全国优惠活动，用户不仅可以获取不同数量的免费期刊论文，在借阅馆藏图书部分章节和大型特藏缩微资料时还可享受 50% 补贴，使资源的使用量大幅度增加。

东盟文献信息资源建设是一个不断的积累过程，对东盟学科联盟建设与服务情况进行评价，是对前一阶段图书馆工作的总结回顾，也为以后制定东盟文献信息资源建设规划、选择与收集方针提供参考依据。东盟文献信息资源的数量、质量，满足用户需求的保障程度，以及图书馆的服务能力都是评价的重要内容。评估可以发现东盟文献信息资源共建共享中存在的问题，通过有针对性的制定实施改进策略，能够推动高校图书馆东盟文献信息资源建设规范化、可持续化发展。

第四章 东盟文献信息资源保障体系建设框架

第一节 东盟文献信息资源保障体系概述

一、文献信息资源保障体系

(一) 信息资源

信息资源是指经过人类选择、组织和加工处理的有序化的各种媒介信息的集合,它除信息内容本身外,还包括与其紧密相联的信息设备、信息人员、信息系统、信息网络等❶。信息资源包括了文献信息资源和数字化信息资源。

文献信息资源是指以文字、图形、符号、声频、视频等方式记录在各种载体上的知识和信息资源❷,简言之是指以文献为载体的信息资源。这类信息经过加工、整理,较为系统、准确、可靠,便于保存与利用。鉴于大量的网络信息资源只是纸质文献的数字化存在方式,都有对应的印刷型文献,从整体上说,文献信息资源是当前数量最大、利用率最高的信息资源,是社会信息资源的主要组成部分。文献信息资源包括以下类型:①刻写型文献是指以刻写和手工书写为手段,将知识信息内容记录在各种自然物质材料和纸张等不同载体上而形成的文献。如甲骨文献、金石文献、简策文献、缣帛文献,以及现代的笔记、手稿、书信等。刻写型文献中有许多珍贵和稀有的文献信息资源。②印刷型文献是以纸张为载体,以油印、石印、胶印等印刷技术记录信息和知识而形成的文献。如图书、连续出版物(期刊、报纸等)、研究报告、学位论文、专利、会议录、政府出版物等,是目前仍然占据主导地位的知识信息载体。③特种文献资料是指出版发行和获取途径都比较特殊的科技文献。特种文献介于图书和期刊之间,出版形式和周

---
❶ 魏现辉. 文献信息资源整合与优化配置初探 [J]. 科技致富向导,2011(23):216,225.
❷ 符绍宏. 信息检索 [M]. 北京:高等教育出版社,2004:7.

期不固定，但具有重要的科技参考价值。有些特殊文献并不公开出版，而只限于某一机构或学术群体内部使用，因此，也被成为"灰色文献"。常见的特种文献包括科技报告、专利文献、标准文献、会议文献、学位论文、政府出版物、产品资料等，参考价值高，是科研工作者的重要信息源。④缩微型文献，主要指缩微资料，它是以感光材料为载体，利用摄影技术将手写和印刷型文献缩摄，形成新的文献，包括缩微胶片、缩微胶卷、缩微卡片等。⑤视听型文献，主要是指视听材料，又称声像文献。它是以电磁材料为载体，借助特殊的机械装置，将声音和图像记录下来的一种动态型文献。文献信息资源的概念是逐步发展的，如今其内涵扩展涵盖了整个信息资源，即文献信息资源发展为信息资源，因此，"文献信息资源"也就是我们现在所说的"信息资源"。

数字化信息资源是以数字化形式将文字、图像、声音、动画等信息存储于光、磁等非纸质载体中，以光、电信号形式传播，并通过计算机及其外部设备再现出来的信息资源，包括网络信息资源和单机信息资源。

（二）文献信息资源保障体系

文献资源保障体系是指一个国家或一个地区范围内，联合各类信息资源中心，根据统一的规范，协调进行信息资源的收集、整理、存储、开发和利用，以满足社会对信息资源需求的体系❶。文献信息资源保障体系中的"保障体系"，大致可从三个角度理解❷：第一，保障的前提是"拥有"，这是最基本的。凡是与战略性新兴产业发展有关的信息资源应尽量配全，需要时在我国就能找到。第二，保障是一种能力。参与保障体系的主体须拥有能够满足战略性新兴产业信息需求的能力。凡是具有保障能力的单位都应积极参与共建这个体系，包括各类型图书馆（高校图书馆、科研院所图书馆、公共图书馆等）及科技信息所、信息中心、科技企业等。第三，所谓的"体系"，是一种在"拥有"及明确参与主体基础上对信息资源进行合理有效配置后的有序系统。从保障范围看，既可以面向全国也可以面向某一省市；从保障内容看，既可以是涵盖全部产业的完整的保障体系，也可以只保障全部产业中某几个或一个的有针对性的体系。它的核心理念是"节约高效"，即花最少的经费满足最多用户的信息需求。因此，文献信息资源保障体系应是建设成为以用户需求为中心的文献信息资源系统和

---

❶ 储节旺.文化产业信息保障体系研究[J].情报理论与实践，2013(2):1-6.
❷ 叶继元，谢欢.存量与增量：中国战略性新兴产业信息资源保障体系的宏观思考[J].图书馆论坛，2015,35(1):1-7.

文献信息服务网络。

文献信息保障的构建有宏观和微观两个层面❶,示意图见图4-1。宏观层面有区域性、系统性文献信息保障：区域性如某一地区、某一省市，系统性如高校系统、科研系统等，多个文献信息机构合作建立文献信息资源共享体系，为较大范围内的用户提供文献信息保障；微型层面如某一机构、某一单位，甚至某一学科的文献信息保障，每一个独立的文献信息机构面向本机构服务对象提供文献信息保障，并以此作为参与宏观层面的文献信息保障体系共建共享建设的基础。

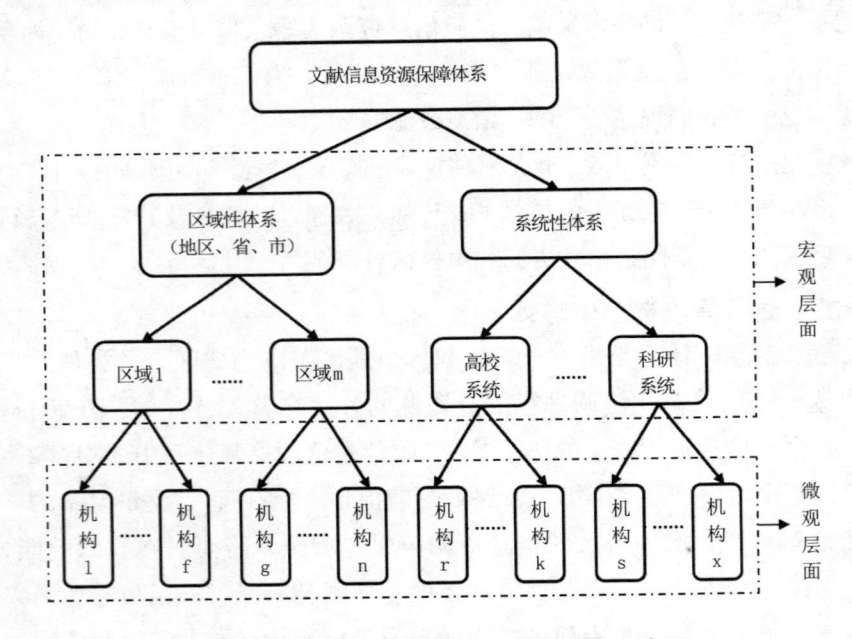

图4-1 文献信息资源保障体系构建层面示意图

文献信息保障体系是一个多维的复杂结构形式，通过对已有研究成果的整理和分析，归纳出文献信息保障体系的构成主要包括以下几个方面。①结构形式：文献信息资源保障体系以层次结构科学、空间布局合理的资源网络为物质基础，以文献信息资源共享和信息资源整合为实现目标，以纵向和横向联合为组织形式，以计算机、通信网络为技术手段，以最大限度满足用户信息需求为最终目标❷；②系统构成：由管理协调系统、文献信息资源系统、资源开发与服务系统、资源共享系统等子系统构成❸；③要素构成：由高素质的人员、丰富的文献资源、

---

❶ 杨曙红.重点学科文献信息保障评价指标体系研究[D].保定：河北大学,2010:5.
❷ 罗爱静.中国生物医学信息资源保障体系建设的战略研究[D].长沙：中南大学,2006:2.
❸ 杨曙红.重点学科文献信息保障评价指标体系研究[D].保定：河北大学,2010:9.

配套的硬件设备、先进的技术、有效的服务机制、权威的调控机制等要素构成❶。文献信息资源保障体系构成示意图见图4-2。

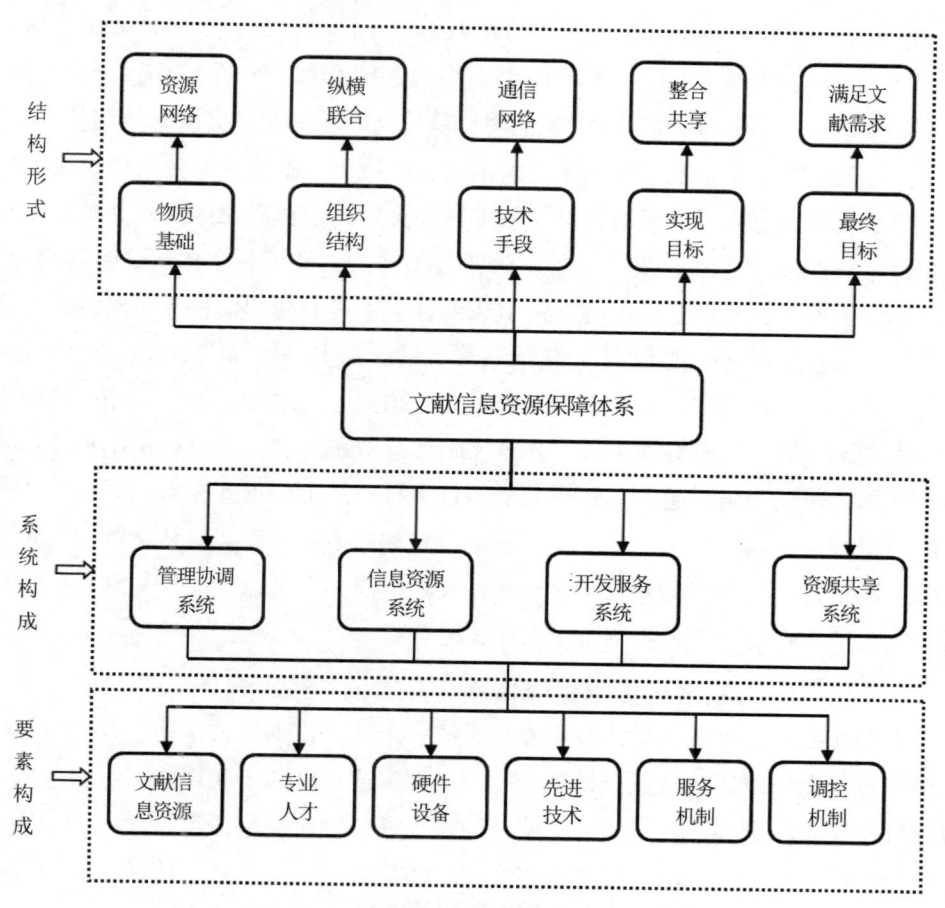

图4-2 文献信息资源保障体系构成示意图

二、东盟文献信息资源保障体系

（一）东盟文献与东盟文献信息资源

东盟文献是指记录东盟信息的一切载体，内容涵盖东盟各国的政治、经济、文化、历史等社会科学与自然科学，载体形式分为纸张文献、缩微文献、电子文献、音像文献。根据东盟文献内容的性质，可以分为学术型与非学术型。学术型的东盟文献是指有关东盟研究的学术专著、学术期刊、研究报告等。而非学术型

---

❶ 宋春智.高校图书馆知识服务保障体系研究[D].哈尔滨：黑龙江大学,2008:36-38.

的东盟文献是指通俗读物、行业出版物等除学术型以外的东盟文献。

东盟文献信息资源是信息资源的子集,具有信息资源的共性和自身特性,但目前尚无统一的定义,主要涵盖东盟各国政治、经济、科技、军事、文化、社会等内容,以及这些国家与国际间的地区关系、地方文化、教育、历史、宗教和民族等众多方面有价值的信息。它的概念可以从广义和狭义两个方面来理解❶:广义上泛指记录东盟国家概况和涉及东盟国家内容的所有文献信息集合;而狭义上指由东盟成员国国家通过非通用语种出版发行的文献,也称对象国原版文献。东盟文献信息资源涵盖范围广泛,涵盖东南亚各国政治、经济、文化、社会等内容,不仅是中国外文文献信息资源的有机组成部分,也是非通用语种资源建设的一个子集❷。东盟文献信息载体多样,包括书写文献、印刷文献、缩微文献、音像文献、机读文献等,语种丰富,主要有中文、英文、东盟各国语种,以及早期的殖民主义宗主国语言等。从语种上来分,东盟文献信息资源主要为对象国小语种非通用语种文献,包括泰语、越南语、马来语等近十种;从出版形式来看,可分为印刷版图书资料、报刊资料、电子文献、视听资料和网络数据库等;从文献内容角度可分为语言教育类、概况介绍类、研究性文献以及相关会议记录资料和一些通过非正式渠道发行的家谱、年鉴、个人文集等资料。

(二)东盟文献信息资源保障体系

东盟文献信息资源保障体系目前尚无统一定义,依据有关论述,我们可以把东盟文献信息资源保障体系概括为:是一个国家或地区为了实现能在一定范围内发挥社会文献需求保障功能,依据统一规范,通过国家或地区范围内各类型的信息机构协调合作而建立的一个集东盟文献的收集、贮存、揭示、传递、利用等诸多功能于一体的社会系统。它是我国文献信息资源保障体系的组成部分,也是我国外文保障系统的重要构成部分。东盟文献信息资源保障体系的建设涵盖了从国家、区域宏观层面统筹协调和建设规划,以及以某一机构、学科为视角微观层面的资源建设与配置;建设的内容不仅包括东盟各国(东南亚语种)原版文献信息资源,也涵盖中文及其他语种(英文、日文、俄文等)的东盟相关文献信息资源。东盟文献保障体系在我国文献保障体系中的位置见图4-3。

---

❶ 郭亚祥.东盟文献信息资源政府采购研究[D].南宁:广西民族大学,2014:11.
❷ 张颖,苏瑞竹.中国图书馆东盟信息资源建设现状及趋势[J].农业图书情报学刊,2014,26(7):5-9.

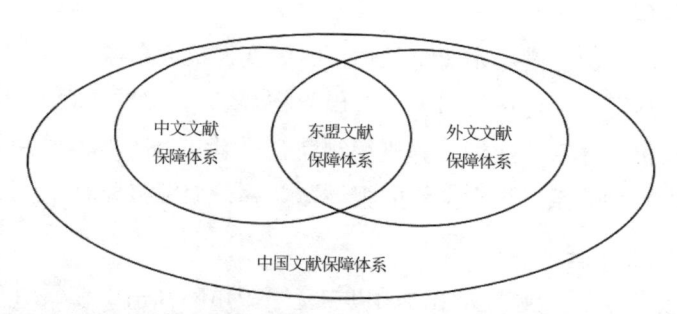

图4-3　东盟文献保障体系在我国文献保障体系中的位置示意图

第二节　东盟文献信息资源保障体系建设的目标

文献信息资源保障体系是以用户需求为中心的文献信息资源系统和文献信息服务网络，它的最终目标是最大限度地满足用户最广泛的文献需求。综合我国东盟文献信息资源建设的研究与实践、外文及小语种文献资源保障建设的经验，我们把"一带一路"倡议的东盟文献信息资源保障体系建设的目标概括为总体目标和具体目标。

一、总体目标

在国家信息主管部门的统一领导下，紧紧围绕"一带一路"倡议目标，按照"整体规划、分工合作、共建共享、整体发展、联合保障"的建设方针，积极借鉴发达国家的经验及我国的成功范例，通过协调合作构建东盟文献信息资源体系，依托已经建成的国家信息基础设施和CALIS、CASHL项目，实现东盟文献信息资源的共建、共知、共享，构建"一带一路"倡议信息支撑平台，全方位为用户提供高质量的、系统的东盟文献信息资源，最大限度满足用户的东盟文献信息需求。

二、具体目标

（一）文献收集和积累

在文献收集与积累方面，各级各类文献情报机构分工协调，进行文献资源总体布局，整体规划文献资源建设，在各个层次上开展东盟文献的收集，实现东盟文献资源在学科上和地区间的合理配置，避免重复和遗漏，建立特色藏书体系，提高整体东盟文献资源的完备程度和文献满足率，完整无缺地保存具有潜在科学和文化价值的东盟文献。

（二）书目控制

在书目控制方面，健全东盟出版物呈缴制度，扩大东盟文献信息网罗度，完善国家书目，尽可能"详尽无遗"、"有出版物必录"。实现在版编目和集中编目，建立联合目录报导体系，运用计算机编制联合目录和生产出联合目录数据库。建立和完善检索刊物体系，扩大文献的报导覆盖率，缩短报导时差。

（三）馆际互借

在馆际互借方面，建立协作协调机构来组织馆际互借工作，对全国的馆际互借工作进行全面规划，制订统一的馆际互借规则，保证馆际互借形成有序运行的系统，实现馆际互借的系统化、网络化，实现信息的远程实时传递。扩大馆际互借的规模和范围，积极开发国际互借，促使文献资源更加广泛地利用，以现代技术装备馆际互借网络。

（四）文献传递

在文献传递方面，借助数据库技术和远程通信技术的发展，加强联机检索和网络检索，逐步扩大联机检索的范围和规模，并与国家多个主要信息系统互连，实现一站式统一检索，实现协同文献传递。

第三节 东盟文献信息资源保障体系建设的战略意义和实际意义

一、东盟文献信息资源保障建设的战略意义

东南亚地区是多民族、多文化、多宗教的区域，东盟各国悬殊的国情、不同的民族、宗教信仰和语言文化导致人文环境的多样性。东南亚各国与同处亚太的中国山水相连，在文化传统、经贸往来、地缘政治等方面长期相互影响。当今世界，文献信息资源的收集、存储、积累、开发和利用水平从不同侧面反映了一个国家科技创新能力、知识储备能力和信息占有能力。文献信息资源作为社会赖以生存和发展的重要战略资源之一，在中国与东盟各国的交往中发挥着不可忽视的作用。

随着中国与东盟国家多领域合作的不断深入，东盟文献信息资源作为重要的国家战略资源在国际政治、军事、经贸、文化、教育交往中的作用日益凸显。在知识经济时代的激烈竞争中研究东盟文献信息资源的建设及利用具有重大而深远的意义。

（一）国家安全信息保障的需要

东南亚地区连接太平洋和印度洋，不但拥有丰富的海洋资源，还是中国海上运输的重要通道。东盟作为中国周边环境的重要组成部分，对中国周边安全环境的影响巨大。

为谋求自身的安全与稳定、发展与东盟各国的睦邻友好合作关系，我国必须加强东盟文献信息资源建设，充分挖掘和利用各种情报信息为决策服务，推动区域的和平、安全、繁荣与稳定，为中国的和平发展营造相对安全稳定的外部环境。因此，东盟文献信息资源建设对保障国家军事安全、维护中国周边地区的稳定、促进中国和平发展有重要的战略意义。

（二）国家经济信息保障的需要

东盟国家与同处亚太的中国山水相连，在地缘政治、经济贸易、科技文化等方面长期相互影响。国家地缘战略的制定与实施是一个长期、动态的过程，决策者必须准确及时地利用各种信息进行战略性决策与规划，这离不开东盟文献信息资源的有力支撑。此外，信息资源是一种有效联结物质生产和知识生产的生产要素，通过增加信息资源在生产实践中的比重，可以在一定程度上降低物耗、能耗，减少对自然环境的污染和破坏，促进企业转变生产、经营、竞争方式，对经济增长有积极的贡献作用。

边境地区稳定的根本在于社会经济的发展。只有经济发展了，各民族地区才能共同繁荣，才能有巩固的民族团结和稳定平安的沿边区域[1]。目前，中国与东盟国家开展了广泛的区域经济合作，特别是中国—东盟自由贸易区的建立为实现区域经济一体化打下坚实基础，依托东盟文献信息资源所制定的地缘政策，有助于我国在激烈的国际经济竞争中谋求和维护区内经济利益。

（三）国家外语战略发展的需要

语言不仅是人类最重要的交际工具和思维载体，也是维护生存和发展的有力武器。在经济全球化时代，国家间交往日益频繁，相互依存度逐渐提高。近年来我国的外语需求不断增大，特别是非通用语言"小语种热"持续升温，例如：地处中国—东盟自贸区的广西，与东盟国家的交流合作十分广泛，对东盟国家的语言人才需求迫切；云南边境保卫和缉毒工作，需要精通越南语（京语）、泰语（傣语）、老挝语、缅甸语等小语种的相关人才。同时，由于我国边境线狭长、水陆

---

[1] 陈桂秋. 论中国边境旅游发展的战略意义 [J]. 华东经济管理, 2004(2):36-38.

接壤的邻国众多，导致国家周边安全存在诸多不稳定因素。在我国边境地区，一些民族因历史的变迁跨国而居，成为跨境民族，而他们的民族语言就成为跨境语言。从区域发展角度分析，中国与越南、老挝、缅甸等东盟国家间就拥有十余个跨境民族，跨境民族语言成为我国边境地区对外交流的重要渠道，同时也是巩固国防的天然屏障和重要力量。从文化角度分析，语言是一个民族重要的标志，保护语言、延缓语言的衰亡就是保护多元文化、延续人类的文明成果❶。

一个国家所掌握的外语总量在一定程度上能够反映该国获取外部信息的能力和国际战略空间范围❷。为实现国家外语的全面发展战略、满足情报能力和跨文化沟通能力培养的客观需要，必须进行东盟文献信息资源建设，以全面支撑对外交流、知识储备、东盟多语种人才培养工作。

（四）促进周边国家合作交流的需要

随着我国与东盟国家在各领域交流的不断深入，边境经济、贸易、文化、旅游、教育等领域的合作逐步增多，有效促进了中国与周边东盟国家间的共同发展。东盟文献信息资源在中国与东盟国家的交往中的作用日益凸显，它不仅满足了区域经济、文化建设的需要，还促进了中国与东盟国家之间政治、经贸、科教等方面的合作与交流，推动中华民族与相邻国家民族相互融合、和平发展，在维护民族文化多样性、保护世界文化遗产等方面意义也十分重大。因此，我国政府、企业、高校、科研及相关信息服务机构对东盟文献信息资源的需求与日俱增。

二、东盟文献信息资源建设的实际意义

文献信息资源已成为新时期社会发展不可或缺的关键资源，东盟文献信息资源的规划与建设是我国与东盟国家各项事业合作可持续发展的有力保障。随着信息资源的极大丰富，以及信息资源建设成本的不断提高，以当前的组织内部的东盟文献信息资源建设模式，已经难以满足新时期东盟文献信息资源的需求。因此，必须加强东盟多语种文献信息资源的采购，并依托互联网和信息技术，积极整合和利用组织内部和外部的各种资源，加大多馆协作的东盟多语种文献信息资源的共建共享，以支撑国家战略的需要。

图书馆是文献信息资源的重要提供者，面对日益多元化、复杂化、综合化的

---

❶ 罗自群. 论小语种的语言保护问题——以基诺语、怒苏语为例 [J]. 云南师范大学学报（哲学社会科学版）,2008(4):27-31.

❷ 赵蓉晖. 国家安全视域的中国外语规划 [J]. 云南师范大学学报（哲学社会科学版）,2010(2):12-16.

用户需求和愈发激烈的信息服务市场的竞争格局，图书馆必须明确自身的定位和作用，充分发挥在文献信息资源建设和开发利用中的核心作用。从战略层面、管理层面、操作层面和技术层面建立与其他机构之间的合作协调，共同进行东盟文献信息资源与服务的保障与供给。

（一）国家东盟文献信息资源的支撑

国家东盟文献信息资源是国家战略资源的重要组成部分，也是我国图书馆外文文献保障体系建设的内容之一。有学者提出，为满足国家经济、社会、文化与科学技术发展的外国文献信息需求，比较理想的资源配置比例是70%能在国内解决，其余30%通过国际互借、交换等手段从国外获得❶。目前，国内图书馆离70%的外国文献保障率目标还有较大差距。由于东盟文献信息资源的数量巨大、涉及国家和语种众多、载体形式多样，并且广泛分布于政府部门、企业、高校、科研机构和信息服务部门之中，在各建设主体加强东盟信息资源的建设及提供优质信息服务的基础上，通过协调跨系统、跨部门的组织机构开展东盟文献信息资源共建共享，有助于降低文献信息资源建设成本并能促进文献信息资源的优势互补。

图书馆应当建立全国范围的收藏分工与合作藏书，并与国家图书馆和科学院系统图书馆保持密切协作和共建共享，才能保证东盟多语种图书建设的连续性、完整性和系统性，为用户提供坚实的文献信息资源保障❷。

（二）中国—东盟合作的情报基础

信息资源作为知识创新的必备"生产要素"，具有增值性、可共享性、易传播性、时效性等特点，能代替物质资源、能源资源发挥经济催化作用，又可融入各项管理决策之中，减少国家创新活动的不确定性，对国家创新系统建设与运行有重要的保障作用❸。

以地处中国—东盟合作核心位置的广西南宁为例，随着中国—东盟自由贸易区的建设进程的不断推进以及广西北部湾经济区的开放发展，南宁市大力推进了中国—东盟区域性物流、商贸和加工制造"三基地"和区域性国际综合交通枢纽、金融及信息交流"三中心"的建设❹。南宁市服务业"十二五"规划中就曾明确提

---

❶ 朱晓兰.再谈国家图书馆东方语文图书采访工作[G].国家图书馆图书采选编目部.新形势下的图书馆采访工作.北京：北京图书馆出版社,2005:88-93.

❷ 李灿元,麦林,钟建法.高校图书馆小语种图书建设的问题与对策[J].图书馆建设,2011(9):18-20.

❸ 赵杨.国家创新系统中的信息资源协同配置研究[M].武汉：武汉大学出版社,2012:42.

❹ 南宁市人民政府新闻办公室.南宁概览2009[M].南宁：广西美术出版社,2009:1,8.

出建设区域性信息交流中心的发展思路，并积极鼓励社会各界对公共信息进行增值开发。"广西至东盟国家信息化高速公路扩容项目""中国—东盟科技合作与技术转移综合服务平台"等面向东盟的信息服务建设项目，在政策的引导下顺利开展❶。越来越多的公司企业、学术机构开始将目光投向中国—东盟这片广阔的发展区域，中国与东盟国家的交流与合作必将成为新一轮的区域经贸增长点。东盟文献信息资源中包含有丰富的情报资源，反映东盟国家的社会、市场等多方面信息，有助于我国政府、企业、科研机构等制订相应的战略计划，提升自身竞争力和更好参与国际竞争。

（三）中国—东盟研究的信息资源保障

我国从事中国—东盟研究的队伍主要由东南亚相关的研究机构和各大高校的研究人员组成。典型机构代表有：厦门大学东南亚研究中心、中山大学东南亚研究所、暨南大学东南亚研究所、广西民族大学东盟学院、广西大学中国—东盟研究院、云南社会科学院东南亚研究所、广西社会科学院东南亚研究所。经过长期的发展和积累，我国研究者对东南亚地区研究十分广泛，涉及历史、地理、文化、经济、政治、军事、外交、华人华侨等多个领域。

文献信息资源是进行学术研究的基础。东南亚研究资料属专题收藏，要求全面而专深，达到研究级收藏水平，能够满足课题研究和硕士、博士研究生培养的需要。东南亚研究专家和学者必须对其所关注的东南亚国家的基本国情有清楚的了解，对某一或某些学科领域有深入的研究。因此，东南亚研究资料收藏除了要着重搜集学术性研究论文和著作、有关背景性和对策性的研究报告以外，还包括研究生学位论文、会议录、论文集、政府重要文档、学术动态、参考工具书、数据库和其他对研究有用的信息❷。近年来，我国学者凭借所在大学或研究机构的网络订阅，已经能够阅读到许多世界知名社会科学类刊物上的文章❸。但区域研究对资料的时效性、准确性和系统性要求颇高，国内的研究机构相较于国外同类型研究机构，在文献数量与质量上都存在一定差距。地区研究的需要更凸显了东盟文献信息资源保障体系建设的重要性。

（四）东盟教学的信息资源支撑

学科的发展有自身的规律，但是任何一个学科或课程只有最大限度地满足国

---

❶ 张远新. 广西服务业发展报告2011[R]. 南宁：广西民族出版社,2011:88-92.
❷ 李灿元，王红. 东南亚研究信息资源采访策略探讨[J]. 图书馆界,2011(5):42-43,52.
❸ 黄朝翰，赖洪毅，张鹏. 中国东南亚研究面临的学术挑战[J]. 东南亚研究,2006(4):16-23.

家战略需求,才能获得更大的发展❶。我国新时期的对外发展战略极大促进了包括东盟国家语言在内的外语人才培养工作。外语学科的发展离不开丰富文献信息资源的支撑,特别是外文文献更是为学科建设与专业教学提供了第一手的素材。同时,东盟多语种文献信息资源建设与学科发展还是相互影响、相互促进的关系,成熟的学科往往会衍生更多的文献信息需求。

伴随外语专业人才需求量的增长和小语种学习热的兴起,近年来,外国语院校纷纷加强小语种专业建设力度和办学规模。教育部在全国设立的国家级非通用语种本科人才培养基地已达8个,还将继续在全国重点建设30个小语种教学点。教育部还批准设立了350多个中外合作办学机构和项目,以适应市场经济对实用型小语种人才的需求。外语院校小语种学科的建设和高校国际合作办学的蓬勃发展,必然需要图书馆提供更多语种、更多品种的文献支持及构建适应高校教学和科研发展需要的馆藏体系❷。东盟多语种文献信息资源服务体系正是在这样的需求背景下逐步建立起来的。

(五)东盟国家旅游的信息资源保障

旅游是"一带一路"民心相通的最佳途径,也是中国—东盟11大重点合作领域之一。近年来,中国—东盟旅游交流蓬勃发展、成绩斐然。目前,中国与东盟已互为重要旅游客源国和目的地。2018年,双方人员往来达到5700万人次,2018年最受中国游客欢迎的10大目的地国家有7个来自东盟国家。中国—东盟的旅游合作研究及政策制定需要东盟多语种文献信息资源的支撑,以及公民对于旅游目的地信息的需求,都说明了东盟信息资源建设的必要性,必须建设东盟国家的信息资源服务体系,才能保障旅游学界、业界及旅游者的信息需求。

第四节 东盟文献信息资源保障体系建设的必要性与可行性

一、东盟文献信息资源保障体系建设的必要性

(一)东盟信息需求急剧增加

"一带一路"背景下,人们对东盟文献信息资源需求急剧增加。一方面,是

---

❶ 蔡基刚.我国高校大学外语政策调整的范例及其战略意义[J].中国大学教学,2013(8):12-16.
❷ 李灿元,麦林,钟建法.高校图书馆小语种图书建设的问题与对策[J].图书馆建设,2011(9):18-20.

由于我国图书馆事业的快速发展、与东盟国家在各领域的友好交流合作进一步深入，人们主动了解和研究东盟各国的兴趣与日俱增；另一方面，是由于面临消除东盟国家对"一带一路"倡议疑虑的信息需求的增长。人们首先需要研究东盟国家的文化习俗、宗教禁忌、社交礼仪等文化信息，否则极易误解，难以赢得沿线国家的信任；其次要研究东道国发展的宏观信息，包括这些国家的诉求、资源优势、发展愿景、战略重点，特别要掌握其优势和风险；最后要研究东道国的产业政策、利税政策、货币政策、交易习惯等经济信息，以趋利避害，避免盲目投资。

（二）当前东盟文献信息资源储备明显不足

由于用户人群小、文献利用率低等原因，我国对政治、经济、文化及宗教情况极为复杂的东盟文献信息资源建设未予足够的重视，政策、资金支持不够，相关理论和学术研究都明显落后于实践，对有关东盟国家的基础性资料和实时动态的系统研究偏少，研究成果少，加之东盟文献的专题文献属性、数字化程度低、专业人才匮乏及东盟国家文化事业总体发展落后等原因，东盟文献信息资源量少，导致东盟文献信息资源储备不足，远远赶不上客观需要，对于学术界尤其是智库是一个挑战[1]。

（三）现有东盟文献信息保障严重乏力

由于我国文献信息资源保障体系建设起步较晚，基础相对薄弱，组织管理不够完善，加之条块分割的管理体制，不同系统、区域间信息资源的共建、共知、共享存在巨大障碍，导致我国文献信息资源整体保障乏力[2]。特别是作为非通用语种的东盟文献信息资源呈"小、杂、散"分布，信息产品严重滞后，录入、编目等手段与方式落后，现有文献保障体系的联合编目基本上不包含东南亚语种，且许多拥有丰富东盟文献馆藏的文献信息机构未成为保障体系的成员馆或未参建联合目录，导致大量东盟文献信息资源难以被获取。另外，由于现有文献保障体系中东盟语种翻译功能缺乏或不够完善，也影响了东盟文献信息资源的利用。多种原因导致现有文献保障体系无法有效满足人们的东盟文献信息需求，不能为"一带一路"倡议提供信息支撑。

二、东盟文献信息资源保障体系建设的可行性

近年来，随着我国经济、科技实力的快速增长和执政治国理念的不断更新，

---

[1] 乐天. 社会科学文献出版社打造"一带一路"数据库，为"一带一路"战略研究奠定重要基石[J]. 全国新书目，2015(10):7-8.
[2] 耿振英. 河北省科技信息保障体系研究[J]. 现代情报，2007(8):184-186.

我国已经拥有了构建东盟文献信息资源保障体系所需的相关基础及条件，具有可行性，具体表现在以下五方面。

（一）政府高度重视，拥有良好的发展环境

当前信息时代，谁掌握了信息谁就掌握了未来。党中央、国务院及各级政府越来越重视图书情报信息工作，各项政策、资金支持力度逐渐加大，这为文献信息保障体系建设提供了良好的发展环境。

（二）技术条件成熟，通信网络完备

经过多年经济、科技的快速发展和稳步推进的信息化建设，目前我国已经完全掌握和拥有了当今时代先进的通信技术和相对完备的通信网络，为保障体系建设提供了技术支撑。

（三）众多文献机构开展东盟文献信息资源建设，馆藏资源丰富

虽然未成体系，但我国已有许多文献机构较早开展了东盟文献信息资源建设，尤其是北京、福建、广东、广西等地的文献机构，东盟文献信息资源建设已取得较大成果，积累了丰富的文献资源。

（四）文献保障体系建设快速发展，实践经验丰富

近30年来我国陆续建设了CALIS、CASHL、TNSL及各省市等地区性文献保障体系，极大地促进了我国信息资源的共享和图书馆事业的发展，并且积累了大量的实践经验，提供了实践基础。

（五）人才培养力度加大，技术人才梯队形成

基于我国逐渐增强的经济基础，我国高等教育逐渐普及，越来越多的人得到了专业技术培训，为我国培养了一大批图书馆、计算机和通信技术人才，并在我国文献保障体系建设的实践中得到了锻炼，为保障体系建设提供人力支撑。

第五节　东盟文献信息资源保障体系建设的原则及建设框架

一、东盟文献信息资源保障体系建设的原则

（一）适应性原则

从实际出发是马克思主义的一条重要原则，也是我国建设社会主义各项事业

的一条重要指导原则。作为我国社会主义各项事业的组成部分,文献资源保障体系建设同样必须从我国国情出发,适应我国的体制,建设目标应与国家信息资源整体化建设总目标及"一带一路"倡议目标保持一致,这是最基本的原则。只有这样,文献资源保障体系建设才有坚实可靠的基础,才具有科学性和可行性,才能使文献资源保障系统充分发挥其整体功能。决不能超越国情,脱离体制,盲目追求规模和速度。

(二)整体性原则

构建东盟文献信息资源保障体系要在统一规划、统一布局和统一管理下进行整体化建设。一方面,东盟文献信息资源保障体系既是我国文献保障系统建设的组成部分,也是我国文化事业建设的一部分。因此,东盟信息保障体系要在我国文化事业及文献保障体系建设的整体中统一规划、布局;另一方面,东盟文献信息资源保障体系是一个图书馆联盟,由若干个成员组成,各成员的规模大小、隶属关系、信息资源基础等都不尽相同,因此各成员要有明确的分工,既要各司其职,也要发挥各自的特色,发挥整体效益和联合保障的优势。否则就将是盲目的、缺乏条理性,势必会导致资源的重复建设等一些严重问题的出现。

(三)需求性原则

构建东盟文献信息资源保障体系的根本目的就是为了最大限度地满足各级各类人员对东盟文献信息的需求,必须以服务用户、读者为最高原则,一切以需求为导向。在文献协调采购、馆际互借、建设数据库、开发联机检索服务等一定要弄清楚服务对象的实际需求,所要解决的实际问题及其可能性,并且要进行动态监测、调查、及时调整,满足人们不同时期、不同阶段的东盟文献需求,这样才可能寻求解决问题的方案。东盟文献信息资金建设和服务必须以"一带一路"建设的重点内容、服务的重点人群以及东盟各国的特点来开展,做到"重点保障,兼顾一般",使文献保障具有针对性。

(四)完备性、系统性原则

"一带一路"倡议是我国与东盟地区各国构建全方位、多层次、复合型的互联互通网络,实现更大范围、更高水平、更深层次的区域合作的目标,涉及的内容广泛而复杂,需要完备的文献信息资源支撑,全面收藏东盟文献信息资源意义重大。同时知识的连续性、相关性和系统性决定了文献的连续性、相关性和系统性，也决定了读者求知的连续性、相关性和系统性。一方面，保证重点学科和特色文献收藏的系统完整，内容上保持其内在的历史延续性，同时将该学科各个学派有代表性的文献收集齐全，以完整反映该学科的发展全貌。另一方面，还要合理确定各学科间、各载体类型间的构成比例，考虑学科间内在联系。

（五）共建共享原则

共建共享是国内外进行文献信息资源保障体系建设的经验总结和重要的指导原则。文献保障体系是一个庞大的图书馆联盟，它的建设是一项极其庞大复杂的社会系统工程，涉及众多的社会层面及机构，任何一家机构不可能独立完成，需要系统内的成员齐力共建，成果共享。"一带一路"背景下，东盟文献信息资源保障体系从地区角度看不仅事关中国，也事关东盟各国；建设的进度和程度不只取决于中方，还取决于东盟国家的认知和共同努力。共商、共享、共建既是"一带一路"建设所秉承的原则，也是东盟文献信息资源体系建设必须坚持的原则。通过共建共享，东盟文献信息资源实现合理配置，使用户的信息需求得到最大满足，也使东盟文献信息资源发挥最大效用。

（六）效益性原则

我国仍是一个发展中国家，地区、产业发展失衡，需要建设的项目很多，资金仍处于较为短缺的状态。东盟文献信息资源保障体系建设是一个人力、物力、财力消耗巨大的系统工程，必须坚持效益性原则，注意节约资金，避免重复购置、重复引进和建设。必须讲求实效，不断提高投入成本的使用效益和信息资源的利用率，实现信息资源优化配置并使其不断增值。要通过建立科学合理的综合测评指标体系，定期对信息资源保障体系运行状况进行评估监测。结合建设的目标，在开展前、进行中、完成后都要进行包括社会效益、经济效益等的评估，处理好经济效益和社会效益的关系。

（七）协调性、规范性发展原则

文献信息资源保障体系建设各种关系深度交错、纷繁复杂，必须做好协调工作，统一规划，分步、分期开展；必须要走共建共享之路，不搞小而全，注意系统之间、地区之间、全国乃至全球的协作性原则。系统建设过程中要尽可能做到标准规范：统一配备服务软件，统一标准规范，统一管理和服务方法。在遵照国际标准或国家标准的前提下，实现在数据著录格式、数据库建设规则、信息交换协议、馆际互借传递规则、成本核算方法等诸多方面的统一,促进信息资源共建、共知和共享,实现系统的平衡有序运行。

二、东盟文献信息资源保障体系的建设框架

(一)我国文献信息资源保障体系尚未形成统一的标准及规范

近年来,我国对建设文献信息资源保障体系的研究和实践都显著增加,理论上取得了较大的进展,也积累了丰富的实践经验,构建了CALIS、CASHL、NSTL、SIRN、JALIS等较为成功的文献保障体系,大幅提高了我国文献保障的能力。但在总体上我国的文献保障体系研究和实践的起步较晚,理论体系仍不够完整、系统和成熟,实践中又面临着系统内及区域间发展严重失衡、条块分割管理体制等短期难以克服的困难,目前有关信息资源保障体系建设的研究仍处于众说纷纭的状态和比较抽象的层面。因此,我国文献信息资源保障体系仍难以形成统一的标准及规范,建设中仍面临着很大的现实困难。这也是我国现有的文献保障体系保障能力较弱,距离文献信息资源丰富、各种类型完备、知识内容符合需要、信息组织科学合理、服务利用快捷便利的建设和服务的理想状态还有较大差距的主要原因。

(二)东盟文献信息资源保障体系的建设框架

文献信息资源保障体系是一个通过文献信息资源建设,为了实现能在一定范围内发挥社会文献需求保障功能而建立起来的文献信息资源实体系统,包括文献信息资源的建设子系统和文献信息服务子系统,它的最终目标是建成一个网络环境下的文献资源建设和文献信息服务的系统❶。为了切实增强实际操作的可行性,本书主要从文献信息资源保障体系的"高素质的人员、丰富的文献资源、配套的硬件设备、先进的技术、有效的服务机制、权威的调控机制"等构成要素层面探讨东盟文献信息资源的构建方法,基于对保障体系的"三个角度"的理解❷,把这些要素分别归纳为资源保障、服务保障、机制保障三个方面构建东盟文献信息资源保障体系的建设框架,示意图见图4-4。

---

❶ 刘万顺.建设湖北公安文献保障体系探讨[D].武汉:华中师范大学,2004:4.
❷ 叶继元,谢欢.存量与增量:中国战略性新兴产业信息资源保障体系的宏观思考[J].图书馆论坛,2015,35(1):1-7.

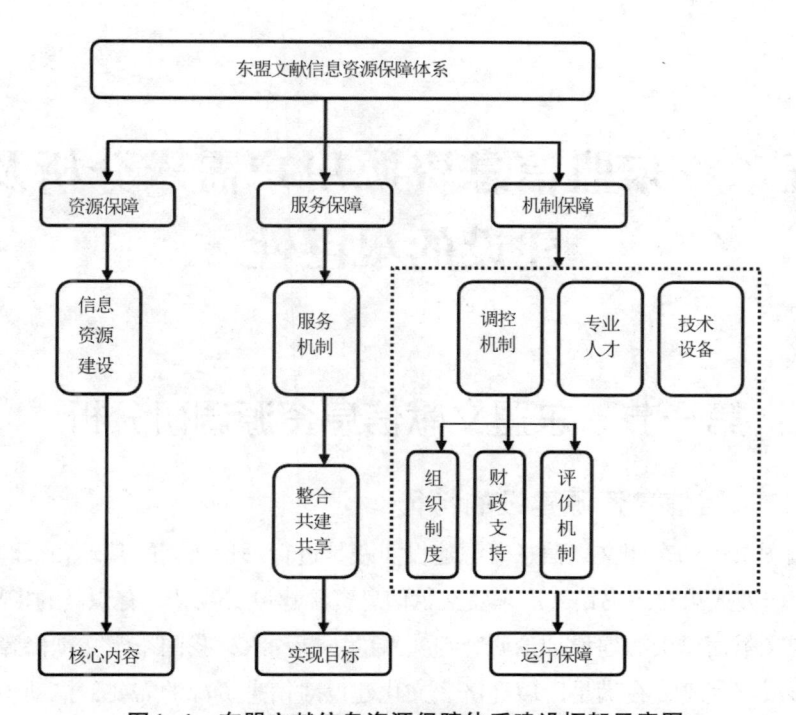

图4-4 东盟文献信息资源保障体系建设框架示意图

第五章　东盟信息资源用户需求分析及其建设的艰巨性

第一节　东盟文献信息资源调研分析

一、东盟信息资源建设的特征

我国图书馆的东盟文献信息资源建设实践是进行理论研究的基础和来源，而丰富的理论研究成果对图书馆开展东盟文献信息资源建设实践又具有积极的指导意义。随着东盟文献信息资源建设理论研究与实践的不断深入，我国东盟文献保障体系也将逐步形成、完善，在满足区域经济、文化建设对信息资源的需要，推动中国与东盟国家之间开展全方位、多层次、宽领域的合作与交流方面发挥更大的作用。

（一）东盟文献信息资源建设增多，图书馆初步探索合作发展道路

为满足用户不断增长的信息需求，我国图书馆的东盟文献信息资源建设实践也随之增多。以高校图书馆系统为例，厦门大学图书馆承接建设了"中国高等教育文献保障系统"特色数据库"东南亚研究"项目，建成了"中国高校人文社会科学文献中心"的东南亚研究的学科中心[1]；厦门大学东南亚研究中心图书馆更是建设了国内高校中面积最大、东南亚研究领域图书种类最齐全、资料最丰富的馆藏资源。广西民族大学图书馆为满足学校教学科研的需要，重点建设了"东盟文献信息中心"、"诗琳通公主泰文资料中心"以及"越南语文献信息中心"，拥有泰语、越南语等东盟国家原版图书、报刊五万余册，并自建东盟文献信息资源数据库、亚非语言原版文献资料书目及全文等特色数据库，是目前国内东盟语原版文献数字资源的代表[2]。不少广西、云南的地方高校图书馆也结合自身发展实际开

---

[1] 陈小慧. 地区研究文献资源建设的特点与分析——以厦门大学东南亚及我国台湾研究中心为例[J]. 图书馆工作与研究，2008（9）：53-55.
[2] 苏瑞竹，张颖. 东盟文献信息资源建设初探[J]. 广西师范学院学报（哲学社会科学版），2012，33（3）：152-156.

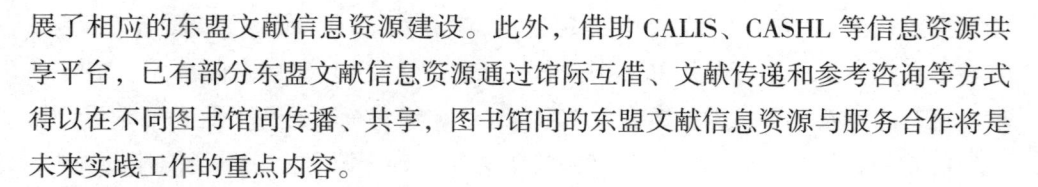

展了相应的东盟文献信息资源建设。此外，借助 CALIS、CASHL 等信息资源共享平台，已有部分东盟文献信息资源通过馆际互借、文献传递和参考咨询等方式得以在不同图书馆间传播、共享，图书馆间的东盟文献信息资源与服务合作将是未来实践工作的重点内容。

（二）理论研究逐步引起关注，研究范围层次有待扩大加深

近年来，如火如荼的东盟文献信息资源建设实践引起了专家学者的关注，相关的理论研究成果纷纷涌现。许多学者对东盟文献信息资源建设实践进行了较好的总结，研究的主题也较为丰富，对图书馆今后的发展具有一定的参考价值。但有些研究仅停留在建设实践问题的介绍、分析和理论倡导层次，对宏观规划、保障建设等基础理论的研究十分薄弱，难以形成切实可行的理论指导。不少研究是基于图书馆视角展开的，对用户的需求和信息行为没有给予充分关注，并且比较研究、实证研究等科学研究方法的运用还很少，这都有待在今后的研究中加强。

（三）理论指导图书馆建设实践，推动东盟文献保障体系发展

科学的理论对实践具有积极的指导作用，以共建共享推动我国图书馆东盟文献信息资源建设是众多专家学者的普遍共识。因此，我国东盟文献保障体系的建设可以从以下方面开展工作：一是建立实质性的东盟文献信息资源共建共享联盟，采取整体规划、协调建设的方式实现资源共享，如以各馆的服务对象为依据来确定本馆重点馆藏，其他信息需求则通过相互共享实现；二是由国家预算投入启动经费，建设各馆所需的基础馆藏，并借鉴 CASHL 的经验向基础好的图书馆注入可持续发展的经费，而获得国家资助的图书馆则应向其他图书馆提供东盟文献信息资源的共享服务；三是开展图书馆业务合作，如以联盟的名义开展东盟文献信息资源的集团采购、共享书目、联合编目等。

我国东盟文献信息资源保障体系作为一项连续而持久的系统工程，必须站在国家战略层面整体布局、有序规划及合理配置，促进跨机构、跨区域乃至全国范围的资源共享，才能真正实现东盟文献信息资源的战略保障。

二、东盟文献信息资源建设存在的问题

（一）馆藏资源数量、结构不合理

东盟文献信息资源具有全面而专深的特点，且以人文社会科学为主，自然科学文献比例较小。其涉及文种广泛，包括：英文资料；中文资料；东南亚国家民族语言资料（越语、老挝语、高棉语、缅语、泰语、马来语、泰米尔语、他加禄语、

印度尼西亚语）；早期的殖民主义宗主国语言（法语、荷兰语、西班牙语）资料；其他研究东南亚的国家使用其本国语言（日文、俄文）出版的文献。由于东盟文献信息资源涉及的语言种类繁多、内容庞杂，在经费有限的情况下往往得不到图书馆的重视，图书馆也较少制定有关东盟文献信息资源全面、系统的建设规划，从而导致东盟文献信息资的馆藏数量不足、资源结构不合理等问题出现。

以广西民族大学图书馆为例，图书馆中有关东盟文献信息资源的馆藏以图书资料为主，期刊、科技报告、产品信息、档案及电子出版物等资料缺乏；馆藏内容集中于语言、文化、政治、历史、地理等方面，政治、军事、科技、法律、经济等方面资料相对不足；文献文种多为中文、英文译本，原版文献除越南和泰国较丰富外，其他东盟国家的原版文献建设力度还十分薄弱。

（二）文献信息资源采访渠道不畅，资源建设人才储备不足

厦门大学图书馆的李灿元等指出，丰富的书目源、顺畅的采购渠道对做好采访工作至关重要。但目前小语种图书书目源和采购渠道都不理想。不但国内举办的各种外文书展上难觅小语种图书的踪影，而且正式采购渠道也不够顺畅的现象普遍存在。

东盟文献信息资源的建设中，不同文种资料获取途径差异较大。英文、中文、日文和俄文这类资料，由于书商能定期编制出版书目和提供 MARC 数据，通过书商书目进行采购较为便利；东南亚国家以其民族语言出版的文献，由于采购规模小、投入高而收益小，以及某些国家出版业不够规范，没有 ISBN 号和内容介绍等原因，给书商代理采购带来较大困难，从而导致了东盟文献信息资源建设困难的现象。同时，缺乏精通东南亚语言的采编工作人员，不仅直接制约着东盟文献信息资源的建设工作，还影响到图书馆充分利用有限的经费及提高信息的查全率等方面。

（三）用户需求调研缺失，资源利用率较低

图书馆在东盟文献信息资源的建设中对用户需求和阅读状况缺乏深入调研，"重数量，轻质量"的信息资源建设现象不容忽视。文献品种单一、陈旧，缺乏精而全的东盟文献信息资源同样制约着用户的利用。例如，广西壮族自治区图书馆于 2004 年成立了东盟文献阅览室，成立初期许多文献是从其他阅览室调配而来，未能切实根据用户需求建设馆藏，从而导致文献质量得不到保证，相当部分小语种图书无人问津。

许多图书馆受到技术、人力等因素制约，未能根据用户需求对现有馆藏进行必要的整合与开发，导致许多资源无法得到进一步的利用，进而影响服务的深度。

现有资源与用户需求不相符合必将造成资源的浪费,甚至有的以巨额购置的文献资料、数据库由于缺乏宣传或利用不便等原因,出现资源闲置的现象,严重影响了资源的效益。

(四)共建共享程度不高 未建成东盟文献信息资源保障体系

建立联机联合编目数据库是开展馆际互借、文献传递、实现东盟文献信息资源共建共享的基础。目前,我国尚未制定有关东盟国家语种的图书编目的统一标准,缺少编目细则和规范做法来指导东盟文献信息资源建设的实际工作。因此,图书馆东盟文献的联机联合编目工作一直十分薄弱。同时,技术的不成熟造成同一编目平台对不同语种字符集的兼容性较差,相关软硬件配置还不能完全适应东盟文献信息资源建设的需要等问题,也使得东盟文献信息资源的共建工作受阻。

特色信息资源是实现资源共享的前提和保证。但由于现阶段信息机构之间缺乏合作与采购协调,容易导致东盟文献信息资源的重复采购和建设,影响具有本机构特色的信息资源的形成。已建设的资源存在浪费与缺漏并存的矛盾现象,信息资源配置分散而低效使得共建共享程度不高。

三、东盟信息资源建设的影响因素

(一)语种多,供应商少

信息资源供应商直接影响了图书馆信息资源建设策略和发展方向。东盟信息资源包含多种语言,涉及文种广泛,包括南亚国家民族语言资料以及中、英、日、俄、荷、西语等文种资料。因此,信息资源的采购所涉及的供应商较多且复杂。东盟多语种信息资源供应市场是一个相对小众且泛在的市场,不仅包括东盟各国传统出版商、数据库供应商和中间商等,而且所有能够被图书馆利用来向用户提供服务的资源系统我们都可以称作是图书馆资源的"供应商"。现代图书馆的馆藏体系是由实体馆藏和虚拟馆藏两部分组成的。实体馆藏的获取方式很灵活,可以通过直接或在线采购、参加各种图书展览会、与出版商协作等方式来采购图书。出版市场和信息内容商近年来发展很快,虽然出版商出版的内容仍然在科技文献的服务上占据主导地位,但随着开放获取模式的出现,改变了图书馆信息资源建设理念,它要求图书馆改变传统的以文献收藏为主的观念而代之以文献存取为主的观念,通过图书馆联盟、共建共享等方式扩大资源的可获取范围,实现资源利用从本馆收藏向无墙图书馆过渡。

图书馆的虚拟资源大部分是由信息服务提供商和数据库商提供的。但随着网络技术的迅速发展，供货商借助互联网成功摆脱对图书馆的依赖，部分供应商还通过与信息媒体或商业化信息伙伴联合提升了讨价还价的能力。如"中国知网"就通过与国内主要杂志社的合作取得了这些杂志发表的论文转载权，这就使得很多高端用户不需要依靠图书馆就可以获得最新的期刊论文。数据库商凭借各自鲜明的特点以及错位发展的策略使得图书馆在选择时完全处于被动，讨价还价的余地很小，数字资源的建设成本很高，并且随着信息提供商的不断提价和对信息提供商的依赖，图书馆的信息资源建设投入尽管逐渐增加，但相对信息资源购置量却逐年"缩水"。从资源的存储方面来看，数字资源的出现使图书馆从"拥有"变为"存取"，按照目前很多电子资源的订购方式，一旦不继续订购，图书馆即将一无所有，这将使图书馆有失去"记忆单位"功能的危险。

供应市场的变化使图书馆选择资源的渠道发生了根本性的变化，丰富的供应者和多样的供应方式为图书馆的信息资源建设提供了资源基础。图书馆应加强与供应商之间的合作关系，提高资源采购质量，降低采购成本，从而达到实现双赢的目的。

（二）供应商的影响力、活力、能力

供货商的自身实力在业界的影响力直接影响了采购方的采购，这种影响力体现在以下几个方面。一是企业信誉及历来表现，包括货物本身：也就是提供所需的东盟文献信息资源的质量与数目是否准确、全面、及时，包装是否完整等，是否具备持续、稳定地提供相关服务能力；二是经营作风、管理水平、口碑等，这个可以通过与其他图书馆的采访人员交流获得，也可通过供应商的一些荣誉证书发现，选择满意的供应商，是完成采购任务的基础。由于国内具备进出口文献信息资源的供应商不多，具有资质的供应商不一定愿意或者说积极开拓东盟文献信息资源的供应，因此，还要考虑供应商的活力和能力，这是多语种东盟信息资源建设的影响的外部因素。图书馆要加强与供应商的沟通，提高他们采购东盟多语种文献资源的积极性，利用图书馆（尤其是高校图书馆）掌握的东盟语种人才（志愿者）的优势，帮助供应商与东盟国家出版发行机构建立良好的合作关系，增强供应商提供东盟文献信息资源的活力和能力。如深圳图书进出口公司通过广西民族大学在东盟国家留学的教师与东盟国家高校图书馆取得联系，并达成了广西民族大学购买其学位论文的协议，同时将相关论文向其他需要的高校图书馆推广。

（三）用户

东盟多语种信息资源建设的影响因素还有用户。用户决定了图书馆信息资

源建设的内容和服务方向。图书馆的宗旨是为"用户至上",用户的需求是驱动资源建设的原动力,最大限度地满足用户的需求是图书馆信息资源建设的最终目的,也是图书馆文献信息资源的价值体现。由于掌握东盟语种的用户比较少,能阅读和应用东盟多语种信息资源的用户不多,尤其是东盟国家本地的语种,国内用户能掌握的极少,因此,东盟信息资源的利用率就比较低,以至于图书馆在经费有限的情况下鲜于购买此类文献,使得东盟多语种信息资源的建设尚显不足。

在当前信息技术环境下,图书馆东盟多语种信息资源建设不仅要注重纸质文献的采购和建设,而且要注重电子资源的采购和建设,建设智慧型的东盟多语种文献信息服务平台,使用户可以通过一站式检索就可以随时随地查得所需要的信息,既可以获得相关信息的出处,同时可以直接获得信息全文;通过平台自带的词典自助翻译来理解所检索到的信息;通过智能化检索使智能搜索引擎能够理解用户以自然语言表达的需求,同时能够给出最切合问题的答案;通过信息共享使用户可以即时获取信息、快速解决问题;通过信息挖掘,从大量文献中进行信息挖掘,发现新的信息,进行科研创新;通过个性化设置,使系统能根据用户的学科背景、性别、兴趣爱好、工作环境的不同而呈现不同的检索结果。

(四)东盟多语种信息产品或服务的替代方式

东盟多语种信息产品或服务的替代方式对东盟信息资源价值实现产生冲击,这也是东盟多语种信息资源建设的影响因素之一。从图书馆所具有的社会功能来看,要满足用户类似的需求,还有许多其他可以替代的方式和途径。

"三网融合改变了人们获取信息的方式。谷歌、百度等功能强大的搜索引擎以其简便、快捷、及时的优势对图书馆的传统服务产生了很大冲击。各种门户网站、搜索引擎、电视网络特别是有线电视网络、手机信息网络等都成了图书馆的替代品。人们可以从互联网获取有关东盟的信息资源,虽然难度比较大(由语言问题、搜寻工具掌握问题、网络访问受限问题所致)。网络技术的快速发展,带来了互联网信息生产和消费行为的迅速拓展、互联网信息量的急剧增长、信息资源日益丰富,但是相对而言,国内门户所生产和提供的东盟多语种信息资源十分有限。同时电子阅读器、PSP等阅读终端的技术升级和不断普及,丰富了网络信息的传播载体,将网络信息应用推送到更大范围的用户群(亚马逊)。对东盟信息资源的获取也从到馆查阅报刊、图书,变为利用网络、手机等搜索相关信息,通过订阅东盟免费的报刊获取信息。图书馆也因此建设相关导航系统来满足用户的需求。

出版商组建数字仓库、建立互动网站已蔚然成风，他们通过网络直接面向终端用户，摆脱了对图书馆的依赖，同时和图书馆竞争用户群，分流了图书馆的用户，使图书馆的用户群大幅度减少。

第二节　东盟文献信息资源用户使用现状及满意度调研

本次调查全部以纸质版问卷的形式发放，采用了非概率抽样中"方便抽样"的方法，分别在图书馆、东盟博览会及有关东盟研究的学术会议等场景随机发放。问卷设计的主要思路为：首先对被调查的个人信息进行调查，以区分不同的用户群体；其次对于用户对东盟信息资源与服务的使用现状及评价进行调查以分析图书馆东盟信息资源与服务工作的不足；最后对用户东盟信息资源和服务的需求进行调查以寻求改进的方向。问卷共分为两个部分：说明部分及主体部分，说明部分对东盟信息资源、东盟馆藏及东盟信息服务这三个名词进行了解释；问卷主体由个人信息、用户的东盟信息资源需求、用户获取与使用东盟信息资源的行为、用户对东盟信息资源与服务的感知与期望四部分组成。具体指标如表5-1所示。

表5-1　问卷调查指标

一级指标	二级指标
个人信息	性别
	年龄
	居住地
	受教育程度
	职业
	所从事/学习的学科门类
	职称
	对外语掌握程度
用户的东盟信息资源需求	是否有需求
	需求的主要原因
	需要的资源内容
	需要资源的类型和属性
用户获取与使用东盟信息资源的行为	获取渠道
	利用图书馆馆藏和服务的方式
	较少使用东盟信息资源与服务的原因
用户对东盟信息资源与服务的感知与评价	对现有资源与服务的评价与期望
	希望获得的东盟信息服务
	倾向的服务方式
	认为有必要的服务项目

第一部分是对东盟信息资源与服务用户个人信息的调查，包括性别、年龄、职业、所在地区及外语水平等，考虑到英语水平的数量程度各不相同，因此采用李克特五级量表结构，设置 1→5 表示一点不懂→非常熟练。

第二部分是对东盟信息资源与服务用户需求的调查，首先是调查否有此方面的需求，其次是调查需求的原因及内容。

第三部分是对目前用户获取与使用东盟信息资源行为的调查，分别对用户的获取渠道、利用方式，以及较少使用的原因进行了调查。

第四部分是在关于用户对东盟信息资源与服务的感知与评价的调查，该项调查也采用了李克特五级量表，设置 1→5 表示极不满意→非常满意，除此之外，还对用户未来所期待的服务内容、服务方式等方面展开了调查。

本次调查共回收问卷 626 份，有效问卷 614 份，其中 124 份问卷明确表示不需要东盟信息资源与服务，本研究将在其余的 490 份问卷中进行分析。

一、使用现状调查

本研究对东盟信息资源及服务用户使用现状的调研数据进行统计，使用频率结果如表 5-2 所示。由表 5-2 可知，几乎每一种类型的资源"经常使用"这一维度的数值都是最低，"标准文献"最不常被使用，"不用"频率高达 31.54%，其次是"会议论文""硕博士论文""政府出版物""学术类期刊"和"字/词典、年鉴"，"不用"频率均高达 20% 以上。"休闲类图书"和"休闲类期刊"等"偶尔使用"频率较高，分别为 42.06% 和 35.49%。"学术类图书"在三个使用频率上分布较为均匀。这说明，用户对于东盟信息资源及服务的使用频率整体不高，休闲类图书及期刊是用户较为常用的东盟信息资源。

用户较少使用图书馆东盟信息资源与服务的主要原因整体数据统计如表 5-3 所示。由表 5-3 可知，分别有 59.67% 和 47.18% 的用户认为"馆藏资源部不能满足需求"及"限制条件多，使用不方便"，有 6.94% 的用户认为"不满意图书馆员服务"及 9.71% 的用户认为"馆内标识项不明确"。这说明，馆藏资源部不能满足需求"及"限制条件多，使用不方便"是影响用户使用东盟信息资源与服务的最大障碍。

表5-2　东盟信息资源使用频率统计　　　　　　　　　　　　　　单位：%

东盟信息资源类型	使用频率		
	不用	偶尔使用	经常使用
学术类图书	18.40	15.77	15.77
休闲类图书	2.63	42.06	3.94
学术类期刊	23.66	17.09	7.89
休闲类期刊	7.89	35.49	3.94
报纸	19.71	23.66	6.57
字/词典、年鉴	21.03	21.03	9.20
会议论文	26.29	19.71	2.63
博硕士论文	26.29	14.46	9.20
专利文献	18.40	24.97	5.26
标准文献	31.54	17.09	5.26
政府出版物	24.97	19.71	5.26

表5-3　较少使用图书馆东盟信息资源与服务的主要原因统计　　　单位：%

资源不能满足需求	设施不能满足需求	图书馆开馆时间短	使用不方便	服务不满意	馆内标识不明确	乱架或上架不及时	不了解检索技巧
59.67	29.14	15.27	47.18	6.94	9.71	15.27	20.82

二、用户满意度调查

本研究对东盟信息资源与服务的用户满意度进行了调查，统计数据如表5-4所示。由表5-4可知，东盟馆藏"及时更新"的满意度最低，不满意率达19.71%，"权威可靠""结构合理"和"内容满足需求"满意率较高，分别为86.74%、84.11%和85.43%，关于东盟馆藏获取各维度的评价满意度较为平均，各项均维持在74%~81%。这说明，用户对于东盟信息资源与服务整体评价较高，认为图书馆东盟信息资源能够基本满足需求且较为权威可靠，但馆藏资源更新不及时是目前影响用户满意度最大的问题。

表5-4　用户满意度统计　　　　　　　　　　　　　　　　　　单位：%

项目评价	满意	不满意
东盟馆藏质量		
权威可靠	86.74	2.63
数量丰富	77.54	11.83
更新及时	69.66	19.71

续表

项目评价	满意	不满意
结构合理	84.11	5.26
内容满足需求	85.43	3.94
东盟馆藏获取		
检索便利	78.86	10.51
印刷文献借阅便利	76.23	11.83
数字资源获取便利	74.91	11.83
资源推送合理	76.23	11.83
配套设施满足需求	80.17	9.20

三、调查数据分析

（一）用户对东盟信息资源与服务的使用方面

从调查数据可知，用户对于图书馆东盟信息资源的使用频率较低，且不同类型的资源使用频率不同。用户偶尔会使用的资源是娱乐休闲为目的资源，如休闲类图书、休闲类期刊和报纸等；专业性较强的资源很少会被使用，如会议论文、博硕论文和标准文献等。可见，用户对东盟信息资源与服务的使用方面的不满意主要是各馆文献信息资源的收藏不够多，国内也未建成东盟文献信息资源的保障体系。

（二）用户对东盟信息资源与服务的评价方面

用户对东盟信息资源与服务的评价整体满意度呈中等偏上状态，有两个比较明显的特点：①资源获取的评价低于资源质量；②资源更新及时性评价最低。资源获取的评价较低说明用户很有可能是因为获取渠道较少、获取成本（时间、经济）较高等原因对东盟信息资源与服务产生不满。资源更新及时性评价最低说明用户在一定程度上十分重视新的东盟信息资源，而且用户很有可能是在一直关注某些资源，引起用户不满的原因可能是更新较慢或不持续。

第三节　东盟信息资源用户需求分析

一、整体需求分析

本研究对于东盟信息资源及服务用户的需求分为 6 个维度进行分析：载体需求、语种需求、时间跨度、所需东盟信息资源的内容、希望获得哪些信息服务以及更倾向于哪种服务方式。

载体需求、语种需求及时间跨度三方面的数据统计如表 5-5 所示。由表 5-5 可知，多数用户的"载体需求"是纸本和电子二者都要，除"字/词典、年鉴"的"载体需求"为 29.37%，其余东盟信息资源类型的"载体需求"分布在 40%~46%，远高于"纸本"和"电子"，"电子"载体需求整体略高于"纸本"。在"纸本"这一需求维度下，用户对于"休闲类图书"的"纸本"需求较高，达 19.43%，高于其"电子"载体的需求。在"电子"这一需求维度下，用户对于"字/词典、年鉴"的"电子"需求较高，达 24.98%，接近其"二者都要"载体需求的 26.37%。可以说明，用户对于"纸本"与"电子"这两种载体没有十分明显的偏好，更倾向于"二者都要"。用户阅读"休闲类图书"等娱乐信息时更偏爱"纸本"载体，使用"字/词典、年鉴"等工具书是更偏爱"电子"载体。关于语种需求，多数用户更倾向于中外文都需要，"休闲类图书"与"休闲类期刊"的"中文"需求较高。关于时间跨度的需求，用户对"学术类图书"、"休闲类图书"、"学术类期刊"、"会议论文"及"博硕士论文"5 种信息资源的时间需求以"5 年内"为主，对于"休闲类期刊"和"报纸"用户更倾向于选择"当年"的资源。

用户所需东盟信息资源内容的统计如表 5-6 所示。由表 5-6 可知，选择"商业贸易"的用户占 56.90%，其次是"科技农业"和"旅游文化"，均占 43.02%，"语言学习"和"政治军事"分别占 33.31% 和 26.37%。可以说明，"商业贸易"是东盟信息资源用户最需要的信息内容，"语言学习"和"政治军事"的需求较少。

用户希望获得哪些信息服务的统计如表 5-7 所示。由表 5-7 可知，有 64.53% 的用户选择了"信息搜集和代译"服务，其次是"文献传递"、"举办相关讲座"及"信息聚类和推送"，用户选择统计分别为 49.96%、45.80% 和 41.63%，只有 8.33% 的用户需要"定题跟踪服务"。可以说明，"信息搜集和代译"在东盟信息资源与服务的提供中是用户需求最强烈的。

用户更倾向于哪种服务方式的统计如表 5-8 所示。由表 5-8 可知，选择"网上咨询（实时 QQ 对话、BBS 留言板、FAQ 等）"的用户最多，高达 52.04%，其次为"移动 APP 服务"、"信息服务平台"及"网络社群"，分别为 49.96%、49.96% 及 41.63%，选择"到馆面对面咨询"、"专业人员现场提供服务"和"E-mail"的用户相对较少。可以说明，用户更倾向于通过互联网的方式获得东盟信息资源及服务，线下的服务方式用的越来越少。

表5-5 整体用户需求统计　　　　　　　　　　　　　　　　单位：%

东盟信息资源类型	载体需求			语种需求			时间跨度			
	纸本	电子	二者都要	中文	外文	二者都要	当年	5年内	5~10年	10年以上
学术类图书	16.65	16.65	56.90	9.20	3.94	24.97	6.94	48.57	19.43	8.33
休闲类图书	19.43	12.49	63.84	19.71	0.00	24.97	22.20	36.08	18.04	9.71
学术类期刊	6.94	16.65	47.18	10.51	6.57	21.03	19.43	33.31	13.88	1.39
休闲类期刊	9.71	20.82	49.96	19.71	0.00	21.03	36.08	29.14	5.55	1.39
报纸	9.71	16.65	45.80	14.46	0.00	22.34	36.08	9.71	9.71	4.16
字/词典、年鉴	8.33	24.98	26.37	9.20	0.00	22.34	5.55	23.59	16.65	9.71
会议论文	6.94	22.20	59.67	7.89	7.89	19.71	19.43	33.31	11.10	4.16
博硕士论文	6.94	22.20	41.63	5.26	2.63	22.34	12.49	33.31	9.71	6.94
专利文献	12.49	20.82	41.63	6.57	0.00	19.71	9.71	29.14	9.71	5.55
标准文献	16.65	22.20	40.24	6.57	0.00	17.09	6.94	26.37	8.33	5.55
政府出版物	12.49	12.49	49.96	9.20	2.63	14.46	23.59	24.98	13.88	5.55

表5-6 整体用户所需要的信息内容统计　　　　　　　　　单位：%

政治军事	科技农业	商业贸易	旅游文化	语言学习
26.37	43.02	56.90	43.02	33.31

表5-7 整体用户希望获得哪些信息服务统计　　　　　　　单位：%

新书通报、报刊导读	文献传递	信息搜集和代译	信息聚类和推送	参考咨询	定题跟踪服务	专利分析服务	竞争情报服务	出具研究报告	举办相关讲座
31.22	49.96	64.53	41.63	35.39	8.33	29.14	31.22	20.82	45.80

表5-8 用户更倾向于哪种服务方式统计　　　　　　　　　单位：%

到馆面对面咨询	专业人员现场提供服务	电子邮件	移动APP服务	网上咨询（实时QQ对话、BBS留言板、FAQ等）	信息服务平台	网络社群
37.47	37.47	37.47	49.96	52.04	49.96	41.63

二、不同用户群体的需求分析

（一）政府部门用户需求调查

本研究选取政府部门用户的标准为在"您的职业"一栏中勾选了"公务员"选项的用户，共7份问卷信息。政府部门用户所需要的信息内容统计数据如表5-9所示，由表5-9可知政府部门用户最需要的东盟信息资源为"旅游文化"和"语言学习"，数据分别为71.43%和42.86%。用户希望获得哪些信息服务的统计数据如表5-10所示，由表5-10可知，政府部门用户最希望获得的信息服务为"信息搜集和代译"，用户选择高达57.14%。还有42.86%选择了"新书通报、报刊导读"和"举办相关讲座","参考咨询"和"竞争情报服务"则没有用户选择。

表5-9 政府部门用户所需要的信息内容统计　　　　　　　　　　单位：%

政治军事	科技农业	商业贸易	旅游文化	语言学习
14.29	0.00	14.29	71.43	42.86

表5-10 政府部门用户希望获得哪些信息服务统计　　　　　　　单位：%

新书通报、报刊导读	文献传递	信息搜集和代译	信息聚类和推送	参考咨询	定题跟踪服务	专利分析服务	竞争情报服务	出具研究报告	举办相关讲座
42.86	14.29	57.14	28.57	0.00	14.29	14.29	0.00	14.29	42.86

（二）科学研究用户需求调查

本研究选取科学研究用户的标准为在"您的职业"一栏中勾选了"专业技术人员（医生、律师、科研人员等）、教师"选项以及年龄在 18 岁以上的"学生"，共 72 份问卷信息。科学研究用户所需要的信息内容统计数据如表 5-11 所示，由表 5-11 可知，科学研究用户最需要的东盟信息资源分布较为平均，其中需求最大的为"商业贸易"，选择率高达 49.54%，其次是"科技农业"和"旅游文化"，选择率为 41.17% 和 39.01%，"语言学习"和"政治军事"的选择率较少，分别为 27.18% 和 18.36%。用户希望获得哪些信息服务的统计数据如表 5-12 所示，由表 5-12 可知，43.90% 科学研究用户希望获得"信息搜集和代译"的服务，还有 39.67%% 选择了"举办相关讲座"，这二者是科研用户最希望获得的服务。"专利分析服务"和"竞争情报服务"是科研用户需求较少的两项服务。

表5-11 科学研究用户所需要的信息内容统计　　　　　　　　　单位：%

政治军事	科技农业	商业贸易	旅游文化	语言学习
18.36	41.17	49.54	39.01	27.18

表5-12 科学研究用户希望获得哪些信息服务统计　　　　　　　单位：%

新书通报、报刊导读	文献传递	信息搜集和代译	信息聚类和推送	参考咨询	定题跟踪服务	专利分析服务	竞争情报服务	出具研究报告	举办相关讲座
22.68	14.29	43.90	24.11	12.01	19.24	7.89	2.31	22.52	39.67

（三）企事业单位用户需求调查

本研究选取科学研究用户的标准为在"您的职业"一栏中勾选了"事业单位人员"及"公司企业人员"，共 96 份问卷。企事业单位用户所需要的信息内容统计数据如表 5-13 所示，由表 5-13 可知企事业单位用户需求最大的为"商业贸易"，选择率高达93.75%，其次是"旅游文化"和"科技农业"，选择率为52.08%和43.75%，"语言学习"和"政治军事"的选择率较少，分别为29.17%和22.92%。用户希望获得哪些信息服务的统计数据如表5-14所示，由表5-14可知，44.80%的企事业单位用户希望获得"信息搜集和代译"的服务，还有38.77%的用户选择了"信息聚类和推送"，这二者是科研用户最希望获得的服务。"专利分析服务"和"竞争情报服务"的需求也相对较多。"定题跟踪服务"和"定题跟踪服务"的需求量相对较少。

表5-13　企事业单位用户所需要的信息内容统计　　　　　单位：%

政治军事	科技农业	商业贸易	旅游文化	语言学习
22.92	43.75	93.75	52.08	29.17

表5-14　企事业单位用户希望获得哪些信息服务统计　　　单位：%

新书通报、报刊导读	文献传递	信息搜集和代译	信息聚类和推送	参考咨询	定题跟踪服务	专利分析服务	竞争情报服务	定题跟踪服务	举办相关讲座
11.44	15.48	44.80	38.77	19.14	3.81	21.07	25.21	8.03	19.80

（四）语言学习用户需求调查

本研究选取科学研究用户的标准为在"所需东盟信息资源的内容"一栏中勾选了"语言学习"，共152份问卷。其中80份问卷在一定程度上掌握除英语外其余东盟小语种，其中泰语、越南语相对较多，有48份问卷在一定程度上掌握泰语，有40份问卷在一定程度上掌握越南语，有16份问卷在一定程度上掌握大于等于两种小语种。

本研究调查了语言学习用户对于东盟信息资源的语种需求，如表5-15所示。由表5-15可知语言学习用户除"政府出版物"之外，极少单纯需要"外文"类型信息资源，对于"二者都要"类型需求较大，数据分布在32%～48%，对于"休闲类图书"和"休闲类期刊"的中文需求量较大。

表5-15　语言学习用户语种需求统计　　　　　单位：%

东盟信息资源类型	语种需求		
	中文	外文	二者都要
学术类图书	17.5	0	47.5
休闲类图书	37.5	0	47.5
学术类期刊	20	0	40
休闲类期刊	37.5	0	40
报纸	11	0	42.5
字/词典、年鉴	17.5	0	42.5

续表

东盟信息资源类型	语种需求		
	中文	外文	二者都要
会议论文	15	0	37.5
博硕士论文	10	0	42.5
专利文献	12.5	0	37.5
标准文献	12.5	0	32.5
政府出版物	17.5	5	27.5

三、用户需求特点

（一）用户整体需求特点

1. 多样性

主要体现在载体、语种、信息服务与服务方式4个方面。①载体。用户对于东盟信息资源的载体更倾向于纸本和电子共同获取，但不同信息资源类型需求略有不同，对于需要深入阅读的东盟信息资源（如图书、期刊、报纸、论文等）大多数用户认为必须二者兼有，但对于用于查询参考的工具书（如字/词典、年鉴）有部分用户认为电子版资源即可，认为必须纸本与电子二者兼有的用户较少。②语种。多数用户对于资源语种的需求也是二者兼有，仅需要外文的用户极少，说明用户依旧是习惯阅读中文信息资源，但仍渴望获得外文文献。③信息服务。东盟信息资源用户对各种信息服务的需求主要分布在20%～50%，每一项信息服务都有较多用户选择，需求量最大的服务是信息搜集和代译，这说明用户需求具有多样性，且用户需要图书馆帮助收集和整合东盟信息资源。④服务方式。东盟信息资源用户对各类服务方式的需求较为平均，说明并没有特别受到欢迎的服务方式，用户相对而言更喜欢通过网络的服务方式，如移动APP服务、网上咨询、信息服务平台等。

2. 广泛性

主要体现在对于信息资源内容的需求。关于信息资源内容的需求，需求量最大的是商业贸易相关资源，最小的是政治军事相关资源，说明东盟信息资源用户更关心我国与东盟之间的商贸合作往来，对于政治与军事的关心较少。用户对于5种东盟信息内容均有需求且需求量相差不大说明用户对于东盟信息资源内容的需求是具有广泛性的。

3. 时效性

主要体现在时间跨度的需求上。东盟信息资源用户对于资源时间的需求大多

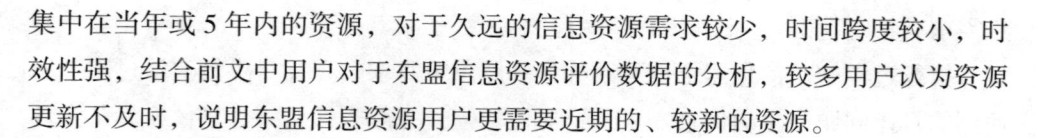

集中在当年或 5 年内的资源，对于久远的信息资源需求较少，时间跨度较小，时效性强，结合前文中用户对于东盟信息资源评价数据的分析，较多用户认为资源更新不及时，说明东盟信息资源用户更需要近期的、较新的资源。

（二）不同类型用户需求特点

用户的职业、社会背景不同导致了用户所处信息环境的不同，所需求的信息内容与服务方式也各有不同。本研究划分了政府部门用户、科学研究用户、企事业单位用户及语言学习用户 4 种东盟信息资源用户的类型，并对其需求特点分别进行了总结。

1. 政府部门用户

与整体需求特点相比，政府部门用户在信息内容和信息服务两方面的需求都相对狭窄。在信息内容需求方面，旅游文化、语言学习是其主要的两大需求，对于政治军事、科技农业、商业贸易信息的需求较少；在信息服务方面，政府部门用户对于文献传递、参考咨询及竞争情报服务的需求较少，服务需求相对集中于新书通报和报刊导读、信息搜集和代译及举办讲座方面。

政府部门的需求主要为决策提供依据。根据决策人员的层次来划分，可将决策分为三个层次：由高层领导层组成的高层决策、由中层领导组成的中层决策和由群众组成的基层决策，根据其性质来分类也可以被分为战略决策、战术决策和执行决策。

高层领导层信息需求是政府部门以及各个单位最高决策者在制定内部的战略性决策过程中对信息的需求，关系到一个企业或者一个组织甚至一个国家的全局发展和长远发展的重大问题，可重复性非常低。这个需求层次对信息需求涉及的范围非常广，且根据需求信息制定出来的决策影响较大，对相关信息资源和信息服务的要求最高，也是最难满足的一个层次，是当前政府以及单位内部对需求信息内容价值要求最高的信息需求层次。对于政府来说越是需求高的信息需求对国家命运的影响越大，就越应该重视对这类需求信息的建设。

中层决策者信息需求针对日常事物管理过程中出现的特定问题进行决策，并且是可以重复的，那么信息的需求也具有重复获取的性质。中层决策信息需求是根据基层的实际情况对掌握到的信息内容再根据高层决策的内容相结合产生的信息需求。相对于基层决策，中层决策可以基层决策和高层决策的综合来制定可以满足双方的决策。对于战术信息需求较为容易满足，可重复性较强，并且对于信息需求有特定范围。

执行过程中对信息需求也可以称为基层决策需求，是针对决策实施过程中所遇到的具体问题产生的信息需求，针对性较强，一般是针对某件事情或者某个环节制定决策所用到的信息。无论是哪个层次的信息需求，其目的和重要程度都是不相同的，通过对需求信息的分析制定出相对应的检索策略，并完成检索过程获得需求信息及应用，才能真正发挥信息资源的价值。

与东盟合作的各种决策均存在高、中、低层次的决策者，也存在着不同层次的决策信息支撑需求。

2. 科学研究用户

与整体需求特点相比，科学研究用户在信息内容需求上与整体一致，均较为广泛，在信息服务方面的需求较为狭窄。科学研究用户在信息服务方面需求信息搜集和代译以及举办相关讲座较多，其余需求较少。

3. 企事业单位用户

与整体需求特点相比，企事业单位用户在信息内容需求上倾向明显，商业贸易信息资源需求量极大，在信息服务方面的需求与整体较为一致，呈现多样性的特点。

企业对东盟信息的需求中竞争情报占有较大的比重，竞争情报主要包括：竞争对手、市场情况、政策法规。大多数情况下，竞争情报一般运用在贸易中，竞争对手指的是与自己在同一商业领域做相同行业并且具有竞争关系的企业。竞争对手的情报主要包括：概要、事件、关系。

概要信息是指对竞争对手描述的基本信息，用来描述和概括竞争对手的基本情况。概要信息是对竞争对手或者企业基本情况的描述，一般包括企业名称、法人代表姓名、企业性质、员工人数、主要经营范围等基础类信息，这类信息一般可以通过网络查找获取到。

事件是指与竞争对手相关的各种事件，一般按照时间排序，可以反映出竞争对手相关事件的发展动态信息。大多数有关竞争对手的事件会被放在企业网站上，可以根据网站页面中有关"新闻"或"最新动态"等栏目查找到竞争对手的相关事件。这些信息对企业事件的描述，会根据事件的不断发生而不断更新，时效性较强。从对竞争对手的事件和竞争企业最新状态的分析，例如，新产品的研发、企业领导人员的变动等信息中可以获得竞争情报，为企业的运营决策提供依据。

关系指竞争对手与其他企业所存在的各种联系。例如，企业的供应商、投资者、经销商等。竞争对手与供应商、投资者、经销商之间的关系不能从现有的信息直接得出，通常隐藏在大量信息中，需要对双方发生的事件进行分析，了解到双方企业一直在进行的活动变化，从中获得两者之间的关系。对于获取竞争对手产业链的关系信息，对于企业的发展是有很大帮助的。有时候一条关系链信息就可以打败竞争对手，所以在企业竞争中要对自己企业内部信息进行严格的保密。

除此之外，还需要对竞争环境和政策法规有一定的了解。企业竞争环境对于企业的影响大于竞争对手带来的威胁，对于竞争环境的把握如果正确将会给企业带来好的发展前景。竞争环境包括政府局势环境和商业环境。政府局势环境指国家政治、经济、政策、法律等整个社会的外部环境。政府局势环境对企业的发展具有大方向性的影响；商业环境是指市场需求、新技术的产生、客户群体的变化和潜在的商业机遇等，及时了解商业环境动态，为企业发展指明方向，也给企业带来更多的发展机遇。正确的掌握和利用外部环境的变化，能使企业迅速发展。

4. 语言学习用户

有近一半语言学习用户在一定程度上掌握东盟小语种，对于不同类型的东盟信息资源的语种需求具有一致性，除了休闲娱乐类的资源，多数用户对于各类资源均需要两种语种的文献。

语言学习的主要目的是为了更好使用不同的语言来进行各个方面的交流，学习内容包括三个层次：第一是语言文化因素，其本质特征是隐含性，其隐含在汉字、词汇和语用功能等。语言系统中，其中隐含着民族观念和民族特征。随着国家"一带一路"倡议的提出和实施，以及中国—东盟自由贸易区的建成，我国需要更多掌握东盟语言的人才，而越来越多的高校也开设了东盟语言专业，学习东盟语言专业的人越来越多，辅修或者业余学习东盟语言的人也越来越多。要学好语言就必须对目的语国家基本国情进行了解，这是学习者学习和交际所必须的内容。周小兵认为，语言类教学中的基本国情应包括人口和民族，政治、经济、社会制度，文学艺术，历史演变等。第二是专业性的文化知识，主要是语言专业的外国留学生和对其他国家文化研究学者还需要继续学习，对于所学语言的母语国家的了解越多，越能更好地掌握在语言学习中的语境以及语义的掌握，为语言类的专业学者提供更具有学术性和系统性的语言背景资源，只有在深入了解所学语言的母语国家的文化习俗,才能更好地把握其语言的学习❶。因此,东盟文献信息的用户中语言学习者也是非常重要的部分。第三是个性化的知识,主要是对东盟各国有更多需要的已经有母语国语言背景的研究学习者,他们对所学语言的母语国家已经有了比较多的了解,更想深入研究母语国的某一个方面而获取社会价值或者经济价值,如哲学思想、宗教信仰、文学研究、民俗文化等,只有深入研究这些个性化的知识,才能满足这些有个性需求的研究学习者。

5. 旅游用户

目前,我国大众生活质量提高,旅游成了大多数人选择的娱乐方式,近年来,我国公民去东南亚国家旅游成为热门的娱乐项目。应该大力发展我国与东盟国家之间的旅游业,在满足大众娱乐需求的同时,也可以促进双方国家文化的了解和经济的相互促进。

旅游中的大众娱乐方式有很多形式,例如,读书、看电影和歌舞表演、音乐欣赏、参与民族特色文化活动,了解风土民情等。当前,旅游正逐渐成为新的娱乐增长点,以上的娱乐项目均可从旅游中得到更深的享受。在网络发达的时代,这些娱乐可获取的途径比较多。但是对于国外网站的娱乐信息大众获取的途径较少,需要更专业的机构进一步地搜集整理国外的娱乐信息资源和旅游信息资源,以便更多用户能接触到这些娱乐信息,增加对旅游地历史文化的了解。

四、东盟文献信息资源需求的特点

文献采集以文献需求为驱动。通过对当前各类用户对不同类型文献需求的分析,可以明了图书馆在东盟信息资源采集时应从哪些方面来考虑,从而确定东盟文献采集的内容。

(一)高校用户以文化教育类文献资源为主

人才培养、科学研究、社会服务、文化传承创新是我国新时期高等教育的四大功能。高校在"一带一路"倡议中重要的使命就是人才培养培训和开展人文交流,为"五通"提供两方面支撑:①促进民心相通;②为其他"四通"提供各种技术和小语种人才支撑,"一带一路"决定了教育具有举足轻重的地位,发挥着基础性、全局性、先导性的作用。作为我国东盟信息资源建设的主力军和专业情报信息中心,高校图书馆用户主要是东盟相关学科的学生、教师、科研人员及东

---

❶ 周小兵,谢爽,徐霄鹰. 基于国际汉语教材语料库的中华文化项目表开发[J]. 华文教学与研究,2019(1):50-58,73.

南亚国家的留学生，其文献信息资源建设主要面向教学、科研，紧紧围绕学校的性质、学科设置、用户需求展开。高校的职能、使命及用户人群的特点，决定了高校图书馆文献信息资源采集应以文化教育类文献为主。由于经费和技术力量的不足，图书馆现有藏书数量少，文献资源单一，更新缓慢情况比较普遍，远远不能满足用户需求，离"特色的学科信息资源达到完整级水平，一些科研能力较强的学科达到研究级水平"还有较大距离。

（二）科研机构用户以科技及研究类文献为主

东南亚是我国科研机构（含高校）当下重要的研究方向。在"一带一路"倡议中，科研机构的主要使命是加强对沿线国家的历史、政治体制、法律、科技、文化、民族、经济、旅游、外交、能源等进行全方位的研究，为实现"五通"提供必要的知识储备，通过开展针对性研究对现状提出一些对策和战略构想，为政府决策部门提供重要的参考意见。科研机构文献信息资源的用户主要是各类专门从事研究的科技人员，需求的文献主要是反映全球科学技术的最新成就和发展趋势的"高、精、深"科技文献，具有很强的专业性，文献采集的系统性和连续性较强。长期以来，科研机构图书馆非常重视东盟文献信息资源建设，早期的东盟信息资源建设就是伴随着国家科研机构从事东南亚研究所需文献资料的收集整理工作而产生，目前这些图书馆已拥有较为丰富的东盟文献信息资源，成为东盟信息资源的重要组成部分和科研机构开展研究的信息资料来源。目前，由于采集渠道受限，科研机构图书馆拥有的东盟科技文献较少，缺乏系统性和连续性，科研层次较低，供科研需要的重要会议文献、学位论文、技术标准和科技报告等文献非常匮乏。这可能也是造成目前我国科研机构对东南亚的研究主要是理论性研究，侧重于学科上的学术研究而非决策性研究的重要原因。

（三）党政机关用户以政策、法律性文献为主

"一带一路"倡议是党中央主动应对全球形势深刻变化、统筹国际国内两个大局做出的重大决策，是涉及国内、国际及地区双多边关系建设的一项长期、复杂的系统工程。推行"一带一路"，政策沟通是关键，法律保障是前提，而要进行政策沟通、构建法律保障必须充分发挥好党政机关的作用，始终坚持中央统筹主导，中央与地方通盘布局、协调推进。同时要与相关国家就"一带一路"倡议进行交流、协商，在国家层面上实现与沿线地区和国家政策和法律的对接。东盟国家的制度模式差异大，国情禀赋各异，发展水平不平衡，民族宗教文化多样，"一

带一路"倡议的推进面临着诸多潜在风险。我国各级政府为"一带一路"倡议实施提供法治保障方面仍然存在许多问题，政策法规跟不上经济发展的速度，政策与法律相左、不同政策之间打架、原则要求与具体政策不协调等问题一直没有得到解决，一些法规和政策严重滞后。作为策划者、组织者和保障者，我国党政机关非常迫切需要获取沿线国家和地区有关政治经济形势、政策法规、营商环境、投资案例、宏观数据、国别风险等报告和信息，深度剖析"一带一路"沿线国家和地区的潜在机遇与挑战，把中国的需求与沿线各国的发展需求有效对接起来，为经贸合作保驾护航。因此，需要大量的有关东盟各国的政策、法律性文献支持。

（四）企业用户以经贸信息为主

经贸合作是"一带一路"倡议合作的基石，贸易畅通是"五通"的核心。实施"一带一路"倡议，政府引导，企业主导，必须充分发挥各类企业的主体作用。企业对政治问题、其他大的战略问题考虑不多，其工作重心一是研究与开发，二是市场开拓、策划、营销和售后服务。相应地，企业用户主要需要两类信息：①经贸类信息，主要信息源是报告（含预印本、会议预印资料与报告、技术报告等）、博硕士论文集、会议论文集、技术规范与标准、非商业性翻译、书目、技术与商业文件、非商业出版的官方文件（含政府报告与文件），以及竞争情报资源；②竞争和合作者信息、市场变动信息、企业内部信息及行业、管理、社会环境、政策法规信息。两类信息中，以经贸信息为主，其中标准文献对中小企业的发展起着关键的作用，是企业用户需要的核心文献之一。当前，企业主要通过互联网、交际网络、会展、行业技术交流等途径获取信息，利用过图书馆的企业不到20%。企业等经贸组织对文献信息资源建设长期重视不够，文献资源严重不足，不同规模的企业都很难自行满足需求。

第四节 东盟文献信息资源建设的艰巨性

我国东盟国家小语种文献的系统建设一直面临经费障碍、语言障碍、渠道障碍、人才障碍、编目障碍和共享障碍等诸多问题，信息资源建设任务重、难度大。"一带一路"倡议背景下我国国情及东盟的地区特点使东盟文献信息资源采集比一般的文献信息资源采集更为艰巨，也决定了东盟信息资源建设的艰巨性。

一、基础薄弱，缺乏统一规划

由于用户人群少、利用率低等，东盟文献信息资源建设长期得不到应有的重视，缺乏政策支持，投入严重不足，开展课题研究少，鲜见可利用的系统成果。目前仍处于起步阶段，基础十分薄弱。同时未建立专门的管理协调机构及各种有效的协调机制，缺乏统一规划，当前东盟文献信息资源建设仍处于各自为政的无序状态，重复建设突出，建设成效差。由于我国条块分割的管理体制，这种状况难以短期克服，导致东盟文献信息资源建设反复在低层次水平重复开展，质量无法得到保障。

二、东盟图书事业总体发展落后

科学技术与经济能力对信息资源建设具有决定性的影响。东盟国家发展程度参差不齐、严重失衡，整体经济基础差、科学技术水平低，直接制约了图书文化事业的发展。文献信息资源数量少，增长缓慢，分布分散，杂乱无章，数字化程度低，录入、编目困难，使得文献信息资源搜集、采集异常困难，信息资源建设面临瓶颈困难。由于科技和经济能力的提高是长期而艰难的过程，面临许多不确定因素的影响，因此也预示了东盟文献信息资源建设的艰巨性。

三、面临语言障碍和人才匮乏瓶颈

东盟是全世界语言环境最复杂的地区之一，语言种类繁多，有的国家同时使用几种官方语言，除新加坡使用英语为官方语言外，其他国家均属非通用的小语种，文献信息资源的收藏统计难度很大。而且，东盟国家文化、宗教多元，语义多样，也影响了对文献的理解，造成利用障碍。因此，开展东盟文献信息资源建设对人员要求很高，不仅要求具备图书专业知识、较强的计算机操作技能、良好的职业道德和敬业精神，而且要求精通东盟语言，具有跨语言交流的能力。这样高素质的人才本身就非常稀缺，同时已有的人才队伍缺乏稳定性，极易造成人员流失，人才匮乏成为制约东盟文献信息资源建设的瓶颈。

四、政治因素的影响

由于政治体制、意识形态及地缘政治等因素的干扰，东盟部分国家对我国"一带一路"倡议存在许多疑虑，采取对华防范策略，同时一些西方国家的地缘战略竞争带来了诸多不确定因素，而南海问题也影响着中国与东盟国家之间的相互信任与合作。政治因素严重干扰到东盟文献信息资源的搜集、采集工作，很多具有重要价值的东盟文献资源获取困难。

东盟文献信息资源建设的艰巨性决定了它的长期性。

第五节 东盟文献信息资源获取途径

东盟文献信息资源建设中，馆藏文献信息资源的多少与获取难易程度相关。东盟文献信息资源广泛分散于图书馆、档案馆、政府部门、企业、新闻媒体、科研机构等实体空间及网络空间中，文献信息资源分布不同，信息源获取途径差异较大。

一、专业图书营销机构

我国对东盟问题关注较晚，东盟文献出版量少，东盟文献信息资源建设各成体系，重复建设突出，收集文献较为困难。收藏于国内公共、高校、研究机构及企事业单位图书馆的图书、报纸、期刊、杂志等资料是东盟文献信息资源的主要组成部分，也是获取的主要来源，但不同文种的资料获取途径差异较大。英文、中文、日文和俄文资料，出版发行的渠道畅通，依据书商提供的书目采购方式已经比较成熟，主要通过图书运营专业机构订购、与各级各类图书馆及情报机构交流互借获得相关东盟文献资料。东南亚国家小语种文献，由于出版和采购数量少，东盟国家自身出版发行行业发展不健全，小语种录入及编目非常困难，数字化程度低，缺乏定期、完整、系统的书目，以及图书供应商、代理书商对于利润的考量等原因，传统书商采购的正规渠道远不能保证采全率，采取联合采购、现采、委托代购、交换、互赠和接受捐赠等方式是十分必要的。美、德、英、法、日、俄等西方国家图书机构东盟问题研究起步早，馆藏丰富，注重共建共享，网络程度高，收集文献较为方便。

二、非专业图书营销机构

部分东盟文献信息资源收藏在各国一些非专业的图书机构中。如东南亚华侨华人的谱牒文献主要收藏于国内外各大文献机构之中，部分谱牒文献被东南亚宗亲社团、谱牒文献机构和侨乡有关机构收成；民族文献资料还分布于所在国家的民族事务管理机构、政府档案馆、期刊杂志社、新闻媒体、出版社等机构；海上丝路学文献、地方文献分布于地方图书馆、各地史志办、党史办、文化馆、档案馆、博物馆、陈列室、纪念馆、企事业单位资料室等；非正式出版的灰色文献主

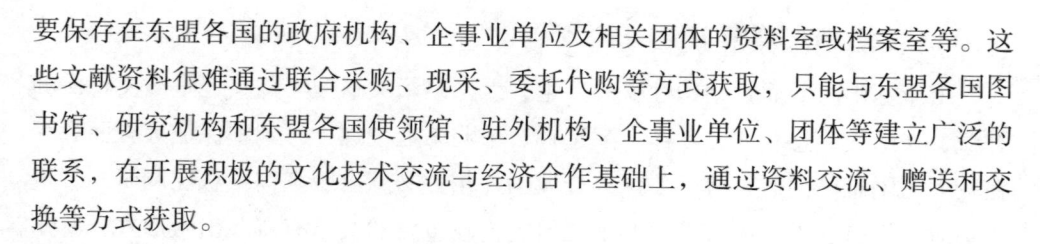

要保存在东盟各国的政府机构、企事业单位及相关团体的资料室或档案室等。这些文献资料很难通过联合采购、现采、委托代购等方式获取，只能与东盟各国图书馆、研究机构和东盟各国使领馆、驻外机构、企事业单位、团体等建立广泛的联系，在开展积极的文化技术交流与经济合作基础上，通过资料交流、赠送和交换等方式获取。

三、网络信息资源采集

近年来，东盟网络资源逐渐增多，主要是中国和东盟各国政府及国际组织的官方网站，这些具有东盟区域特色的网络信息，已经成为东盟研究不可或缺的重要学术资源，可以轻松获取，十分方便。同时，网络舆情是主要的舆情信息，也可以通过搜索国内外尤其是东盟国家的相关网站和数据库进行收集。

在采集网络资源方面，可采取基于互联网定向站点信息采集和基于搜索引擎信息采集两种形式完成。定向站点信息采集主要适合专题性信息采集，基于搜索引擎信息采集适用于综合化的开放知识资源的采集。通过对东盟国家及国内外东盟研究机构开放资源体系的网页收割，能大量采集到东盟科学数据（数据集、科学数据库、数据存档等）、科研项目（科研成果）、科研机构（研究所、大学、实验室/野外站台、学/协会、政府机构、国际组织、企业/公司、科学思想库等）、门户/网站/知识库（机构知识库、学科知识库、专题网站等）、研究报告、学术会议、软件工具（系统）、服务系统、交互资源（博客、论坛等）、科研装置（仪器设备）、图像/多媒体等信息资源。网络爬虫采集适用于特定网站信息的采集，可以先创建领域知识库，再基于领域知识库的主题进行网页抓取。

四、私人机构和私人藏书访求

专家、学者及社会人士的个人藏书、个人文集和个体书店等私人机构也是东盟文献信息资源的组成部分，可以发掘获取相关文献。尤其是各个学科领域著名的专家、学者，他们不但拥有数量不菲的有价值的专业文献资料，而且学术精湛，具有很高的学术名望，出版有许多学术价值高的专著，可以根据需求向他们访求购取一些富裕的文献，必要时也可复印一些珍贵文献；同时这些名流还与很多图书文献机构及不同行业的学者联系紧密，借助他们的学术名望，还可以获得其他有价值的文献资料。

五、实地考察和调查

由于基础薄弱而且结构性缺失严重，无论是新文献搜集购买还是旧文献回溯补藏，在出版信息获取、具体文献选择、采购渠道把握、订到率保证等方面都存在较大的困难。因此，有必要深入开展国外相关文献出版和馆藏状况调研，着重了解对于学科建设、语言学习和地区研究比较重要的文献有哪些出版形式，有哪些已被缩微化、数字化或已建立数据库，充分重视数字资源传播快、受益面广、节省成本、倍增馆藏的独特作用，全方位构建纸质文献、数字文献、缩微文献相配套的立体馆藏保障系统，发挥多种介质文献协调互补的功能，开展周边国家小语种文献的系统建设。

第六章 东盟文献信息资源采集

第一节 东盟文献信息资源采集的内容和载体形式

一、东盟文献信息资源采集的内容

"一带一路"倡议背景下东盟文献信息资源建设还处于起步阶段,缺乏切实可行的理论指导和有力的政策支持,也未形成成熟有效的机制和方法。"一带一路"东盟文献信息资源建设要以明确的资源建设目标为指导,在调查现有资源的基础上宏观布局、统筹协调,通过分工建设,实现资源的全面收藏,进而促进外文文献资源与服务的共享;全面、系统地收集东盟各国政治、经济、文化、科技、民俗风情、自然资源和社会发展等方面的文献,及时补充目前信息资源较少的老挝、柬埔寨、缅甸、文莱等国家的文献资料;提高自然科学、工程技术等学科领域文献的收藏率,确保东盟文献的学科结构整体性和信息资料全面覆盖。注重采集以下内容的东盟文献信息资源。

(一)文化教育、旅游文献资源

"一带一路"建设必须从文化开始,尤其是在当前我国在"一带一路"倡议对东盟国家缺乏有效的公共外交措施❶的情况下,更是迫切需要发挥文化软实力作用,寻求认同,争取民心,为政治、经济、社会发展搭台。语言通、文化通对于民心相通至关重要,只有使用当地习惯的语言来沟通,才能真正走到当地民众中,真正了解周边国家和民族的文化思维模式,大幅拉近与当地人的感情。积极研究周边国家语言,不仅对保障国家安全有重大意义,更为当下推进"一带一路"倡议提供关键保障。因此,应首先关注和研究东盟语言学文献,包括各种载体的语言教材及辅助资料、语言工具书、语言习惯、语言政策等资料。开展教育和旅游合作是文化交流的两条有效途径。媒体合作营造融洽的舆论氛围,影视产业让各国民众通过荧屏了解各国的自然风光、人文社会、经济潜力等,教育培训、文

---

❶ 刘永焯. 建立东南亚历史文献目录学的探讨[J]. 广东图书馆学,1985(2):14-18,36.

化旅游能增进民众的文化认同感和民众之间信任感,会展、话剧、旅游演艺等丰富各国民众日常生活。因此,要注重搜集东盟各国基本情况、风土人情、名胜古迹、饮食文化、教育制度、教育状况、文化环境、文化需求、人文理念等方面的文献资源,尤其是视听型资源。

(二)政策、法律性文献资源

政策沟通是"一带一路"倡议的基础和关键,而法律制度是进行建设的重要保障。政治共识最终必须凝结为可供操作执行的法律制度,只有拥有法律制度的保障,中国与东盟交流与合作才能进入新的阶段❶。东盟国家意识形态多元,部分国家政治态势不稳定,国家之间缺乏协调,对外政策差异较大,法律健全程度不一,存在较大的法律风险,而当前的决策性研究很少,客观上需要充足的政策性、法律性文献资源来进行支持,在政策和法律上为倡议实施"开绿灯"。从"一带一路"建设的目的和实施路径来看,对政策的需求主要体现在财政政策、金融政策、贸易政策以及地方配套政策等几方面。法律文献包括东盟组织法律文献、中国—东盟法律制度、东盟十国法律文献,涉及与东盟有关的条约、章程、宣言、纲领、协定、备忘录、联合声明、东盟十国各部门的法律法规、热点问题(如南海问题)法律文献等,尤其是中国与东盟的经济贸易往来的法律问题成为研究的特殊资源。

(三)经贸、自然科技文献资源

东盟文献信息资源专题性强,主要服务和利用的对象是研究人员,实现"设施联通、贸易畅通、资金融通"的经济合作是"一带一路"的重头戏,而当前有关东盟的研究性文献数量少,研究主要侧重于以东盟为整体的理论性研究而非决策性研究。需要更多研究性文献的数据来提供决策支持。研究性文献主要包括科技图书、期刊论文、会议论文、学位论文和学术专著等,学科范围主要涉及经贸、财税、科技类、建筑类、农业类、工业类、数理化、环境类等学科。工业化进程实质是现代化进程,对"一带一路"沿线国家工业化进程的研究就是抓住了"一带一路"的根本和核心❷,因此工业性文献是研究性文献的重中之重。另外,通过地缘文化或民族民俗相似性等来开展中国与东盟各国之间在自然科学方面的研究逐渐受到重视,如民族文化和风俗的渊源关系、海洋资源保护与利用、边境地区生态环境修复与资源保护、农产品合作领域等。

---

❶ 蔡德仿.广西与东盟法律合作研究:一个文献综述[J].法制博览,2015(11):15-17.
❷ 陈怡玲.中国—东盟科技文献馆资源建设研究[J].图书情报导刊,2016(6):94-96.

（四）历史性、地方性文献资源

包括"海上丝绸之路"文献、东南亚史文献、档案文献、谱牒文献、民族文献等在内的文献都是历史文化遗产和东盟文献资源的重要组成部分，对发掘我国与东盟各民族联系的纽带、增进海外华侨华人的民族认同感、消除国际政治疑虑和促进多文化融合大有裨益，是推进"一带一路"建设不可或缺的重要资料库。"海上丝绸之路"文献是反映古代中国与世界各国通过海上航线进行经济文化交流的各种历史文献以及现代研究文献的总和，包括各种史料、方志、文学作品、艺术作品、考古资料、族谱、碑刻、铭文、舆图，以及现代学者的各种研究论著。东南亚史文献是指一切历史遗留和现在有关东南亚历史上某一问题、某一历史事件、某一研究对象国（乃至某一地）、某一历史人物等的文字图录资料，类型包括图书类、资料类、工具书类，载体上有书籍、报刊或手稿，著作形式有专著、译作、校注、考证、汇编、参考工具书等，以文献出版地划分包括三类：中国古代文献中的有关史料及近现代研究成果、东南亚当地的历史文献及文学作品、西方及其他国家研究东南亚史的文献。档案包括各种史料、方志、艺术作品、考古资料、族谱、碑刻、铭文、舆图，以及现代学者的各种研究论著等。它真实地记录了中国与东盟的历史和文化，也记录了他们所拥有的主权、领土和各种利益关系，对我国与东盟各国发展政治关系、开展经济合作和促进文化交流具有重要的、全方位的、不可替代的综合贡献力❶。东南亚是我国海外华人华侨最集中的聚集地，产生了大量的谱牒❷，这些谱牒以表谱形式记载一个以血缘关系为主体的家族世系繁衍和重要人物事迹，形式上有总谱、宗谱、分谱、支谱、家谱、房谱、家乘等名称，版本上主要有抄本、活字本、石印本、铅印本、复印本、数字印刷本等多种类型，广泛分布于我国与东盟国家及世界各地，是海外华侨华人寻根问祖的主要依据和传承中华文化的重要载体。我国和东南亚国家自古以来交流密切，许多民族混杂居住，民族文献也是反映我国和东盟民族地区政治、经济、社会、文化等事项的重要资料，包括纸质、视频、音频和图片等类型。

（五）灰色文献

灰色文献包含非常珍贵的原始信息，具有新颖性、不公开等特征。东盟国家整体上正式出版物少，相当多的文献以灰色文献存在，较难获得，使得这类文献尤显

---

❶ 张晓文.高校图书馆东盟信息资源用户需求和利用调查分析——以广西大学"中国—东盟经贸合作与发展研究"学科为例[J].情报探索，2014（4）：42-44.

❷ 吴郁."中国—东盟法律文献数据库"建设实践研究[J].东南亚纵横，2012（9）：14-17.

珍贵。现代灰色文献除了传统的报告、博硕士论文集、会议论文集、技术规范与标准、非商业性翻译、书目、技术与商业文件、非商业出版的官方文件（含政府报告与文件）等类型外，还包括了教育、科学和研究领域新型的内部信息源，政府或民间、正式或非正式社会组织在各自活动中产生的信息记录，以及以电话、会议、电子邮件、博客、访谈、社交网络工具或Wiki系统交谈等交流方式存在的信息源，非物质文化遗产也成为新时期社会信息需求的灰色文献信息源。国内对灰色文献的开发利用总体水平相对滞后，需下大力进行采集。另外，面对国际社会的疑虑和误解，正确引导"一带一路"建设的全球舆情至关重要❶，收集社会舆情信息已经成为图书馆的重要工作和常态性活动。当前许多组织将本单位的一些政策、规划、措施等灰色文献上网让更多的民众了解自己的情况。灰色文献的公开性有了发展，因此，东盟灰色文献信息资源可以从网络获取相当的内容。

二、东盟信息资源采集的载体

（一）印刷型信息资源

东盟多语种印刷型文献信息资源（又称印本资源）是指图书馆收藏的与东盟相关的各语种的以纸质材料为载体、以印刷为手段记录文字信息内容的资源类型。东盟多语种印刷型文献信息资源是一种传统的东盟文献类型，是出版物的主要形式，图书馆收藏的东盟多语种文献信息资源也是以此为主要类型。东盟多语种印刷型信息资源的类型包括图书、期刊、专利、标准、科技报告、会议论文、政府出版物、学位论文、科技档案、图件等。

（二）数字型信息资源

东盟多语种数字型信息资源（简称东盟数字资源）是指一切以数字信息方式存在的东盟信息资源。随着科学技术的不断发展，纸质载体无法满足信息需求，于是出现了将有知识性、思想性内容的信息编辑加工后存储在固定物理形态的磁、光、电等介质上形成电子出版物。数字型信息资源按文献类型可以分为电子图书、电子期刊、电子报纸、音像资料等。

据首届东盟电子书会议报道❷，东盟国家数字信息资源也在逐年增加。泰国的出版商正把他们的畅销书转换为电子书，如成立两年的泰国顶级电子书平台Ookbee，垄断了90%的泰国电子书市场，其拥有上万种泰文电子书和数百万用户，

---

❶ 陈力简.正确引导中国"一带一路"建设的全球舆情[J].中国信息安全，2016（2）：44-47.
❷ 王以俊.首届东盟电子书会议报道[J].印刷世界，2013（1）：64-65.

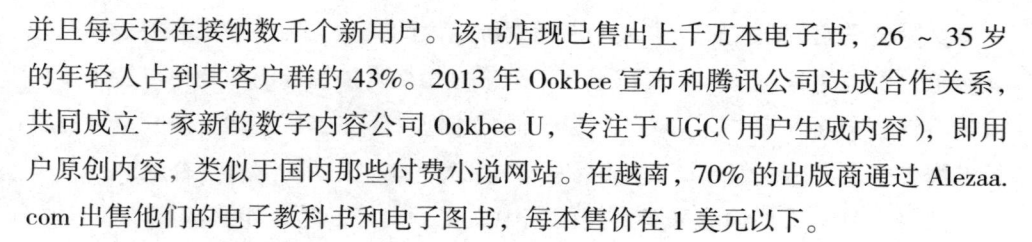

并且每天还在接纳数千个新用户。该书店现已售出上千万本电子书,26～35岁的年轻人占到其客户群的43%。2013年Ookbee宣布和腾讯公司达成合作关系,共同成立一家新的数字内容公司Ookbee U,专注于UGC(用户生成内容),即用户原创内容,类似于国内那些付费小说网站。在越南,70%的出版商通过Alezaa.com出售他们的电子教科书和电子图书,每本售价在1美元以下。

(三)网络信息资源

网络信息资源是指借助信息技术而存在于互联网上的各种类型的信息资源。网络信息资源形式多样,内容丰富,有文本型、声音型、图像型等,并能实现全球信息资源的共享和交流,特别是一些开放获取的网络信息资源,已成为科研工作中不可或缺的重要信息源。

第二节 印刷型资源的建设策略

一、中文东盟信息资源采集

作为东盟信息保障体系的重要组成部分。东盟国家出版的与东盟相关的中文纸质文献的采集是本课题研究的重要内容。

(一)中文文献采集策略——文献全采集策略

文献全采集策略强调在文献采集过程中要把握一个"全"字,注重文献采集内容的完整性和全面性❶。但这个"全"是相对的,而不是绝对的。因为任何文献采集都无法做到空间或时间方面漫无止境的文献"全"采集。因此,应从不同层面来把握"全采集"的实质:它可以是针对不同类别文献的全部采集,也可以是针对某种类别文献的全部采集;可以是某一时间段全方位文献的采集,也可以是某一时间段某方面全部文献的采集;可以是某一地域内所有文献的采集,也可以是某一地域内针对有关文献的全部采集;可以是有关某一事件的全部文献的采集,也可以是有关某一事件中涉及某问题的全部文献采集。因为注重"全",大型文献采集项目采取文献全采集策略,就需要调动一定的人力、物力和财力来完成。对文献采集所涉及的对象要尽可能网罗到,就需要文献采集者能用各种方式接触到所有文献,并尽可能熟悉它、获取它,这需要文献采集者具备丰富的文献采集经验和良好的知识素养。

---

❶ 杨肥生.文献采访学研究[M].合肥:安徽大学出版社,2005:101.

文献全采集策略常被从事大型文献资源建设的文献机构所采用。要建立东盟文献信息资源保障体系，中文东盟文献采集应始终贯彻境外出版物尽可能采全的采选方针。全面收集中文相关文献，全面采集海外东盟学、东南亚研究以及有价值的海外中文文献；倡导社会机构和个人捐赠；加强文献的交换与补缺。

选择文献全采集策略采集东盟国家中文文献的好处是，能够从整体上了解、认识和把握事物的所有信息，包括正面的文献和反面的文献，减少分析、研究问题的片面性和盲目性，可以为科学决策提供可靠的东盟国家中文文献保障。同时，也便于针对所采集到的某方面文献开展具体问题的研究。当然对于一些不适合公开的文献采集后要妥善管理，使之仅用于研究参考，而不能为广大公众所借阅。

文献全采集策略涉及的文献面广，文献内容多，耗费的时间、精力和经费等一般都比较多，也必定会给文献处理、分析和研究带来难度。因此，在应用文献全采集策略对东盟印刷型文献进行采集的过程中，必须掌握好文献信息资源的有价值性，对于无研究价值的一些中文文献没必要购买，如中文学校的教材。

（二）采集途径和方式

图书馆采集文献的途径和方式有很多，一般可分为两大类，即购买和非购买。前者包括预订、直接选购、邮购、网购、复制等；后者包括呈缴、受赠、征集、交换等。以下论述的是中国出版的东盟中文文献，其他国家出版的东盟中文文献则按出口文献购买方式进行。

1. 购买方式

图书馆购买文献的方式包括预订、直接选购、邮购、复制等。这些文献采集的常用方式也是我们采集东盟文献信息资源的重要途径。

（1）预订。

预订是图书馆最主要的文献采集方式。一般是指图书馆通过对图书供应商发布的各种征订目录的圈选（如《全国新书目》《社科新书目》《自科新书目》《高校联合书目报》等），并按照供应商的规定将拟购文献的名称、编号、所需数量等填写订购单，在约定期限内送交供应商，由供应商汇总后向出版社采购并依据订购单分发给图书馆。东盟中文文献信息资源由于出版量少、出版机构分散等原因，更适合采用预订的方式进行采集。预订的特点有三：一是文献选择性强，覆盖面广，订到率高；二是有利于文献订购的连续性、完整性和及时性；三是有利于采访工作的计划性和目的性。采用预订方式采集东盟中文文献时要注意以下几点：一是要收集全出版发行的信息，以防漏订；二是要选择好代理商，以免因代理商书目的不全面而漏订；三是代理商一旦确定就不要轻易变更，以防文献的连续性被破坏；四是及时跟踪订单，对不能及时到馆的文献要查明原因并催发，以保证资源的完整性。

（2）直接选购。

直接选购指文献采访人员到文献销售现场直接选购。这是图书馆集中补充文献的一种方式。具有一定规模的图书馆一般采用定期或不定期的方式在书市、书展上挑选文献，以扩大文献的采购品种。由于东盟中文文献资源的出版发行量少，因此，直接选购的途径主要还是在相关会议上专家学者交流和出售的相关文献。直接选购的特点有三：一是快速获取文献；二是集中补缺，书展或书市的举行，为图书馆集中补缺地方文献提供了较好的机会；学术会议选购文献为图书馆提供作者自销专著的采集途径；三是直观判断，明确选择。直接选购文献与文献面对面，对文献品质的鉴别能够快速、准确地进行，减少了东盟文献选择的模糊性。采用直接选购方式采集文献时要注意以下几点：一是容易漏购或重购，这就要求采访者选购东盟中文文献时更加慎重；二是要控制额外费用，要考虑差旅费、包装费、运输费等额外支出，尽可能降低文献的采购成本。

（3）网购。

网购图书因其供货及时、价格比实体书店优惠，对个人来说已经是非常重要的购书途径。但是由于图书馆购书需要通过公开招标的途径由中标商家供货，因此东盟中文文献的网购只能作为补充的形式进行的零星采购，如科研紧急用书而供应商不能及时提供的图书的情况。

（4）复制。

复制包括抄录、复印、照相、缩微、录音、录像等。图书馆在东盟文献采集中，如果知道一些图书馆藏有东盟中文古籍善本、本馆缺漏的东盟国家中文文献、本馆缺藏的东盟国家中文内部资料和东盟国家中文声像资料等难以获得东盟国家中文文献时，经常会采用复制的方法采集，复制文献需要支付一定的费用。复制文献应该注意的是：①保护知识产权。复制的东盟中文文献应遵循知识产权保护法，在获得授权的情况下进行；②对保密文献的复制要按照密级的规定，在文献的保密范围内进行。

2. 非购买方式

（1）交换。

文献交换指两个或两个以上图书馆之间相互交换文献的活动。不同国家的图书馆之间，为了获得通过一般采访手段获取不到的外文文献，往往会进行国际交换。图书馆通过国际交换获得的东盟文献，一般情况下，都是在出版市场上不常见或者不流通的东盟国家的中文图书资料。图书馆间通过交换行为能够进行馆藏的有效互补，对馆藏的完善工作有重要意义。文献资料之间的国际交换，是图书馆外文文献获取的重要途径之一，尤其在图书馆获取其他国家有关部门的官方出版物、高等院校出版的图书文献、由进行学术研究的团队编写的资料文献以及一些已经绝版的出版物等方面占据主要地位[1]。一直被作为国际合作先锋的图书馆，要抓住机遇，使自家图书馆馆藏更具国际代表性。各国的国际文献交换工作大多由国家图书馆负责。国际交换不仅是文化交流的窗口，也可极大程度地补充缺少的馆藏文献，并为双方节省采访经费。一般情况下，在与国外图书馆达成协议的基础上，互相提供复本的交换目录，可进行种数对等交换，也可稍作倾斜。

东盟国家中文文献资源的交换目的是互通有无、调剂余缺、丰富和补充馆藏。东盟中文文献信息资源的交换不仅可在国内图书馆之间进行，而且可与东盟国家的图书馆进行交换。文献的交换不仅具有节省费用的经济意义和扩大文献宣传的社会意义，而且可以使文献交换单位获得从其他途径无法获得的文献。图书馆可以通过利用本馆用户出版的有关东盟研究的论著与国内其他馆进行交换，也可以通过东盟国家图书馆所需的中文文献与之交换。

（2）受赠。

受赠指接受个人、机关团体或其他图书馆捐赠的文献资料，是图书馆获取文献的一种方式。从主体上划分，捐赠可分为以下四种：由社会团体，如驻华使馆等机构组织的赠书活动；由国外友好人士组织的赠书活动；由出版发行商组织的赠书活动以及图书馆之间组织的赠书活动。东盟文献采集活动中的受赠是指一些藏书家、学者、作者，以及社会知名人士将自己珍藏的东盟文献或本人研究东盟的著作、手稿等捐赠给图书馆。以捐赠动机为划分标准，捐赠行为可分为直接索赠与自动捐赠两种。直接索赠是指图书馆依据自身需求，主动联系该类文献资料的拥有人或团体，要求被赠予文献的行为，此种方式要求图书馆更多关注出版信息与各类赠书消息，并且对图书馆自身的需求有明确认识，能够较为敏锐的洞察

---

[1] 杨杞，黄力. 图书馆国际交换工作发展浅说[J]. 法律文献信息与研究，1999（4）：3-5.

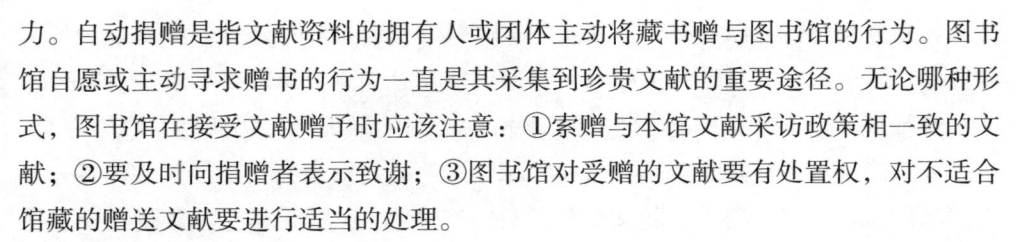

力。自动捐赠是指文献资料的拥有人或团体主动将藏书赠与图书馆的行为。图书馆自愿或主动寻求赠书的行为一直是其采集到珍贵文献的重要途径。无论哪种形式，图书馆在接受文献赠予时应该注意：①索赠与本馆文献采访政策相一致的文献；②要及时向捐赠者表示致谢；③图书馆对受赠的文献要有处置权，对不适合馆藏的赠送文献要进行适当的处理。

（3）征集。

征集指图书馆利用自身的影响或上级主管部门的支持主动向政府机关、学术团体、研究机构、学校、企业、专业会议以致个人征集文献以补充馆藏。东盟文献资源的征集文献多为非卖品，如内部资料、学位论文、会议论文等。这类文献通过正常采购途径难以获得，采访人员要广泛参加各种学术会议和学术活动，尽可能多地搜集文献线索，使征集工作富有成效。

二、东盟国家文献资源采集

（一）采集策略——选择性文献采集策略

选择性文献采集策略是根据文献需求及文献自身特点，结合文献采集人员的判断有选择性地对文献资源进行采集。选择性文献采集策略实施的前提，一是所采集文献涉及面广，但文献内容性质雷同的情况多，实施选择性文献采集能够"以点带面"地反映问题，说明问题；二是选择性文献采集方案是相对于文献全采集方案而言的，文献采集机构面对庞大的文献资源，没有足够的人力、物力和财力来进行全方位的文献采集时，可以采用选择性文献采集策略。其采集的文献仅仅是其中的一部分，对用户而言，是最需要的、使用价值最高的文献；就所采集对象而言，是文献中的精华。由于采购经费的限制，还有东盟出版物良莠不齐的状况使东盟文献信息资源的采集机构不能也不应采取全采集的策略来建设东盟文献信息资源，因此，东盟文献资源的采集策略就应该是选择性文献采集策略。应重点选择东盟国家的社会科学文献、东盟国家中的国际组织与东盟国家的政府出版物，东盟国家的古籍善本，名人手稿、信札，以及近现代珍稀文献进行采集[1]。

选择性文献采集策略还可以再分为两种：针对所有文献对象的文献选择采集策略和针对某类文献对象的文献选择采集策略。前者是"普选"，后者是"优选"。普选主要是调查文献对象普遍存在的某种现象或者普遍具有的某种性质，所采集的文献具有普遍性特征，多适用于社会调查研究文献的采集。优选是针对某类特

---

[1] 夏南强. 信息采集学 [M]. 北京：清华大学出版社，2012：41.

殊文献对象进行的文献选择，所采集的文献具有自身的独特性，一般适合于学术研究类文献的采集。这两种策略对于东盟国家文献信息资源的采集也是适用的。

选择性文献采集策略进行东盟文献信息资源的采集需要注意以下四个方面。一是要求图书馆的东盟文献信息资源需求比较明确，对所需文献涉及的内容有一个清晰的认识，对所要采集的文献对象有明确说明。二是对信息采集者专业水平要求较高。文献采集者不仅需要具备一定的文献获取能力和对所涉及的文献信息的认识能力，还需要掌握文献的语言，具有对所采集文献与其他文献进行甄别的能力，对所采集文献是否有用进行判断的能力。三是选择性东盟文献采集要有一个选择标准做依据，不能盲目选择。要制定一个合适的选择标准，既能选择出图书馆用户所需要的信息对象，又能够避免信息资源的漏选，还能考虑到合理的费用支出。四是要有科学的方法。科学的选择方法是有效而又高效地采集信息资源的保证。通过科学的选择方法能够更快、更好地选择出所需信息。常用的科学选择方法主要是统计方法，如抽样统计方法、概率统计方法等。

利用选择性信息采集策略采集东盟文献信息资源的优点是，信息采集对象明确，信息采集范围较小，能够节省大量的时间和经费。但该方案对从事信息采集的工作人员素质要求较高，不仅需要其具备信息素质，还要求其掌握东盟语言和具备敬业素质，对所要采集的信息内容有专业的认识、了解与判断能力。因为对信息进行选择带有人的主观色彩，无论是"普选"还是"优选"，都与信息采集者的意识形态和专业素养相关，都是根据信息采集者的经验和知识来进行选择。

（二）东盟多语种文献采集的途径和方法

图书馆采集外文文献的途径和方式有很多，一般可分为两大类，即购买和非购买。东盟文献采集的采集也不外这些途径和方法。前者包括预订、直接选购、复制等；后者包括受赠和交换。

1. 购买方式

购买是东盟文献的主要采集方式，包括预订、直接选购、复制等。图书馆按照制定的采访原则、复本标准购买馆藏文献。购买之前，必须设法从各方面获得各学科、各主题、各文种、各发行渠道、各种载体的文献信息源，以扩大文献选择的范围。对权威、常用、适用的文献信息报道应搜集齐全，同时，联系出版商、发行商、中标商让其提供更多、更新的书目信息，并重视用户的荐购信息。同时对采选渠道进行选择：纸质资源实行招标采购，数据库等电子资源以组团方式或招标方式进行采购，对师生推荐的重要文献实行临时性采购。

图书馆应按采选制度进行采购：一般采选原则执行"三一"原则，即在文献资源采购领导小组和工作小组指导下，依靠图书馆采访专业人员、学科馆员和东盟学院系专家（用户）三方共同加以实施；印刷型文献和电子文献的建设并重，以用户需求为文献采选的主要依据，兼顾馆藏的延续性、完整性。

（1）预订。

预订是图书馆采集外文文献最主要的方式。图书馆一般通过三种方式进行预订，一是通过对所有图书进出口公司提供的征订目录的圈选，并按照中标供应商的规定将拟购文献的名称、编号、所需数量等填写订购单，在约定期限内送交供应商，由供应商建立档案并汇总，报出版机构；文献到达供应商后，由供应商依据订购单分发给图书馆；二是通过用户对对象国出版情况的了解和提供的书目信息进行预订；三是通过供应商提供的书目进行圈选预订。

东盟文献信息资源由于出版量较少、出版机构少、出版管理不规范等原因，采用图书进出口公司发布的书目圈选具有较大的局限性，据了解中国图书进出口（集团）公司开发的 PSOP 系统基本上不包含东盟国家出版的书目，其他实力较强的图书进出口公司也鲜有发布此类信息。因此，中标供应商因自身对东盟国家出版发行情况比较了解和更上心的缘故，其提供的书目信息则更适合图书馆采集的需求，而用户提供的信息更能反映用户的需求，也是图书馆必须考虑的。因此，供应商和用户提供的书目为我们采集东盟原版文献资源提供了书目的保障。当然如可能的话，图书馆可与东盟国家的出版发行机构直接联系，由其提供出版信息，从而获得更多的书目，大学图书馆可与东盟国家的大学图书馆联系，让其提供其所采集的图书目录。

东盟文献的采集途径以预订的方式更为适合。利用预订采集文献的特点有三：一是文献选择性强，覆盖面广，订到率高；二是有利于文献订购的连续性、完整性和及时性；三是有利于采访工作的计划性和目的性。缺点是：对图书判断不直观，到货慢。

采用预订方式采集东盟文献时要注意以下几点：一是要尽可能地收集全出版的信息，以防漏订；二是要选择好代理商，以免因代理商提供的书目不全面而漏订；三是代理商一旦确定就不要轻易变更，以防文献的连续性被破坏；四是邀请专业人士参与勾选书目，比如高校图书馆购买东盟多语种文献时，由于采访人员不可能掌握那么多的东盟语言，或者不完全熟悉东盟国家的各个语种，很难准确地选择到学校教学科研所需图书，因此非常有必要邀请东盟文献需求者共同勾选书目；五是注意查重，由于东盟文献价格较高，利用率比较低，因此，必须控制复本量，一般只买一册，如果查重不到位就容易购重，造成采购经费的浪费；六是及时跟踪订单，对不能及时到馆的文献要查明原因并催发，以保证资源的完整性。

对于图书馆来说，选择供应商的重要性可能仅次于选择图书。一般要考虑以下几个方面：一是到书率。能否提供较为齐全的图书，与外商沟通畅通，保证图书订到率达到90%以上；二是价格优惠；三是到书的速度。据统计，用户查阅文献的年限为：一年之内出版的占82%，2～3年的占70%。因此，图书馆应选择供应商承诺到货时间短的商家，但是稀缺的东盟图书，只有大型的供应商才有途径采到。因此，招标时要考虑到这些因素，尽量招到实力强的大型图书供应商；四是服务质量好。首先，到书要完好，没有缺损，与定单相符；其次，来往的文书、手续、账目皆清楚无误；再次，对于不能提供的图书，应该有回涵，通知撤订或待找。如果有连续性的出版物，要保证不能缺卷；从次，提供符合馆藏特色的书目信息，提供电子征订目录以更方便图书馆的订购、编目、查重等系列工作；图书资料必须附带分编用的 MARC 数据等；最后，要紧密跟踪供应商，提醒他们尽快与对象国出版社或者发行方联系下单、出货，否则可能出现由于出版量过少，订单到的时候书已经缺货的情况。

（2）现场选购。

现场选购即现货购买，它是指图书馆的选书人员联系出版社、发行商、出版公司或到书展书市上购买图书的行为。此种选购方式可以直接看到出版物的质量，也省去了一些中间手续，不仅不用支付由中间商赚取的利润差价，还能有效缩短采访流程，时间成本与采访经费都能在一定程度上得到有效控制。

现场选购就是直接到出版发行部门选购或在书展上采购。外文图书的现购，一般是指在各种书展上现采。目前随着各书商的行业竞争和国际交流的频繁，各种书展也多了起来，但是有关东盟图书的书展还是不多，尤其是国内的书展，比较有规模的东盟书展是广西南宁市的中国东盟博览局主办的东盟图书博览会。另外，利用单位派到国外进修学习、教学的人员以及国内外政府、研究机构、民间组织来往交流的机会进行资料的采集。优点是：直观与便捷，可以直接鉴定图书内容和质量。缺点是：货源有限，易重复采购。采用这种方法采集文献时要注意以下几点：一是由于国家的社会制度不同，东盟各国出版的文献的意识形态也不一，所以采集时要确保文献符合国家的规定；二是容易漏购或重购。这就要求采访者选购文献时更加慎重；三是要控制额外费用，如考虑差旅费、包装费、运输费等额外支出，尽可能降低文献的采购成本。

（3）期刊预订。

期刊预订是指图书馆采购人员根据出版社、发行商或代理公司预先发送的报刊目录进行选择，按照本馆下一季度的报刊续订与增订计划，填写订单并办理订购手续。目前，图书馆对东盟期刊的采访工作，主要通过中国图书进出口公司，该公司对东盟期刊的进口业务较为完整，网站上有较为完整的东盟期刊目录信息，这些都能保证东盟报刊的采购与收藏工作能够有目的、有计划并且系统地进行。通过中国图书进出口公司预订期刊也存在价格过高的弊端，一些长期订购的期刊也可以与东盟国家的进出口公司联系直接预订，省了很多差价。如广西民族大学图书馆利用地缘优势，已经连续多年直接向越南图书进出口公司预订期刊，节省了不少经费。

（4）网购。

网购图书因其供货及时，价格比实体书店优惠，对个人来说已经是非常重要的购书途径。但是由于东盟文献资源在网络上销售的较少，而全图书馆购买东盟文献需要通过公开招标的途径由中标供应商供货。因此，东盟文献的网购只能作为补充的形式进行的零星采购。

（5）政府采购。

政府采购是指国家各级政府为从事日常的政务活动或为了满足公共服务的目的，利用国家财政性资金和政府借款购买货物、工程和服务的行为。政府采购不仅是指具体的采购过程，而且是采购政策、采购程序、采购过程及采购管理的总称，是一种对公共采购管理的制度。出版物的政策采购主要有公开招标、竞争性谈判、单一来源等多种方式。由于出版物的特殊性，图书馆一般采取的是公开招标的方式，其主要操作程序包括发布公告、投标人获取招标文件、投标、评标、定标、质疑投诉、合同签订、合同履行及售后等环节。东盟文献的采购以政府采购为主，自主及零星采购为辅。

（6）复制。

对于本馆用户急需而又无法采购到的文献，可以采取向收藏该文献的机构或者个人请求复制的方式进行采集。由于东盟文献国内保有量较少,虽然使用量也不是很大,但是还是存在较大的缺藏,而东盟许多国家的版权制度不是很完善,复制文献还是可行的。复制包括抄录、复印、照相、缩微、录音、录像以及数字化扫描、网络下载等。复制文献需要支付一定的费用。随着东盟国家版权意识的增加,今后复制东盟文献应该注意以下几点:一是保护知识产权。复制文献应遵循知识产权保护法,在获得授权的情况下进行;二是对保密文献的复制要按照密级的规定,在文献的保密范围内进行;三是复制来的文献仅供用户学习研究使用,不能用于商业行为。

通过复制补藏的文献仅限于保存本。根据文献类型、保存时间等选择最优复制方式。对于利用率高的东盟文献一般采取数字化扫描方式,限制在内网内使用。

2. 非购买方式

(1) 交换。

文献交换指两个或两个以上图书馆之间相互交换文献的活动。东盟文献信息资源的交换目的是互通有无、调剂余缺、丰富和补充馆藏。文献的交换不仅具有节省费用的经济意义和扩大文献宣传的社会意义,而且可以使文献交换单位获得从其他途径无法获得的文献。图书馆可以利用用户出版的有关东盟研究的论著与其他馆的进行交换。

东盟多语种文献交换是采选工作的重要方式,分为国际交换和国内交换。交换工作应本着"以我所有,换我所需"和"平等互利"的原则。侧重于交换大学(学院)、研究所、国际权威组织的出版物,交换资料包括学报、科学报告、年鉴、公报、简讯、年度报告和图书等。提供交换的资料以本单位出版的图书、学报等刊物为主。这种交换不仅包括与国内相关机构的交换,也包括与东盟国家图书馆和机构和交换。①国际交换:执行我国对外文化协定的有关条款,广泛与世界上各个国家和地区特别是东盟各国的图书信息单位和大学、研究所等建立良好的文献交换关系,重点交换国外有价值的,特别是通过贸易渠道难以买到的出版物,以及与东盟相关的文献信息资源以补充馆藏。②国内交换:重点补充本单位图书馆缺藏的各类有关东盟各国的中文文献。

(2) 受赠。

受赠指接受个人、机关团体或其他图书馆赠送的文献资料,是图书馆获取文献的一种方式。东盟文献采集活动中的受赠是指一些藏书家、学者、作者,以及社会知名人士将自己珍藏的东盟文献或本人研究东盟的著作、手稿等捐赠给图书馆。如广西民族大学曾获得泰国诗琳通公主赠送的大量皇室御著和泰国文献，获得泰国驻南宁领事馆赠送的文献。获得马来西亚作家赠送的《爝火》文学刊物和诗歌作品等，广西民族大学图书馆通过其校长与马来西亚出版局联系，得到了出版局的支持，决定自2015年起将马来西亚的学术出版物赠送一册给广西民族大学。

图书馆在从事受赠东盟文献的工作中，有索赠和主动捐赠两种形式。前者指图书馆主动地向文献拥有者或出版者要求赠予。后者指文献的拥有者主动将出版物或收藏品赠给图书馆保存和利用。无论哪种形式，图书馆在接受文献赠予时应该注意以下几个方面，一是索赠与本馆文献采访政策相一致的文献；二是要及时向捐赠者表示致谢；三是图书馆对受赠的文献要有处置权，对不适合馆藏的赠送文献要进行适当的处理。

接受国内外团体和个人捐赠的东盟文献时，要建立专门的捐赠档案，列明捐赠者、捐赠品名及数量、价值。文献一经接受，其产权即归图书馆所有。凡接受属于入藏范围的受赠文献，均办理捐赠手续、建立档案资料。珍贵文献和价值较高、数量巨大的文献，还要颁发荣誉证书或举行赠书仪式。值得一提的是，要做好捐赠文献的复选工作，对于不入藏的文献尽可能转赠其他图书馆或相关机构收藏，发挥其应有的效益。

（3）呈缴。

建立健全本单位出版物的呈缴制度。呈缴的范围为：①本单位与东盟相关的院系所毕业研究生的学位论文。②本单位教职工出版的东盟方面文献资料。③本单位资助的有关东盟方面的学术会议或学术讲座资料。④本单位资助的有关东盟方面的科研成果或教学课件。⑤本单位编辑出版的有关东盟方面的定期和不定期的学术期刊。⑥本单位人员发表的有关东盟方面的论文或工作文稿。

（三）东盟多语种文献资源采选工作细则和流程

以下以广西民族大学东盟纸质资源采选为例，谈谈东盟多语种文献资源采访工作细则和流程。

1. 东盟多语种纸质图书采访细则

（1）书目信息的收集。

掌握各种书目信息的来源及渠道。东盟的书目信息的类型包括在版书目、书商书目和出版社书目，此外还有专题性书目、回溯性书目、参考性书目、报刊书评、网络书目信息和其他信息等。书目要求以电子文件为主，方便数据查重、统计汇总及采访系统的录入。

（2）拟订书目挑选。

①推送：根据三一原则，定期向东盟院系所负责老师推送书目信息。②去重：对东盟院系所老师勾选的书目信息进行汇总、整理，剔除重复书目。③确认：确定发订书目及复本数。为能够用有限的经费买到更多图书，原则上东盟多语种图书的复本控制在一册。

（3）荐购信息的收集。

荐购信息主要通过以下途径进行收集：①中国图书进出口总公司的"海外图书选书系统"。②图书馆的OPAC荐购系统。③东盟学院（系）所师生和学科馆员零星推荐。④各书展上用户的推荐。

对不同渠道的荐购信息要定期处理，及时发订并将相关信息反馈给推荐者。

（4）进入图书馆自动化管理系统的拟订系统。

①补正：对拟订图书的书号、书名、作者、出版日期、出版商、价格、册数和馆藏信息8个字段进行核对补充，尽量保证书目信息的完整性。②上传：上传文件，转换格式，建立订单批次。③查重：进行批查重。书目查重一般以书号为主；对于出版时间较长的图书或重版图书，可通过书名、著者、出版社等多种途径进行查重，以避免重复订购。④拟订：将新书单导入拟订库拟订书目，输入批次号，确定书商、预算、馆藏等项目。⑤审订：审定订单，确认复本数量。东盟多语种图书原则上只订1个复本。⑥发订：发订预览，对订购信息进行核查后发订，导出订单清单。

（5）正式发订。

①订单发送：向中标书商发送订单，同时反馈给东盟学院（系）所老师、学科馆员或荐购人。②书商反馈：书商收到订单确认回复，并返回不符合本馆要求的订单，由采访人员确认是否订购。③订单调整：根据书商反馈信息修改订单，对于不符合本馆要求且不继续订购的订单，在系统中删除。

（6）到货与结算。

①书商按照要求打包成批送货到馆。②确认批次及件数，签字确认物流清单。③按批验收图书。④根据验收清单与书商结算，按照合同开具发票。⑤将发票与到货清单一并交与财务。

（7）售后服务。

①订单删除：根据验收结果，删除退书订单及书目信息。定期要求书商提供订不到图书信息反馈，根据反馈将订单删除或从其他途径订购。②书商评估：对已发送订单和到货信息进行整理存档，定期统计书商到书率，对书商做出总体评估。

2. 东盟多语种纸质报刊采访工作细则

（1）收集报刊目录信息。

全面了解和收集东盟多语种报刊的出版信息，厘清订购报刊的变化状况（刊名、频率、分刊、休刊、合刊、停刊、复刊等）。

（2）确定收藏体系。

加强东盟院系所需求调研，根据学科及专业设置确定收藏体系：核心刊——教学科研需求必备的期刊、基本刊——教学科研所需专业性强的期刊、一般刊——满足用户一般需求和消遣性期刊。

（3）选择代理商。

根据代理商服务质量及对东盟各出版社报刊的报价情况，进行公开招标选择合适的代理商。

（4）核算价格及与电子刊协调采购。

及时掌握东盟期刊的目录报价，做好与电子刊捆绑订购的报订纸刊的续订，做好有电子版的纸质刊的开通使用，并将开通信息提供给电子资源馆员。完成纸质期刊订购价格的核算工作。

（5）采购数据的输入、管理。

采购数据的录入应先建立订单、确定书商及经费预算项目，期刊的相关信息如刊名、编辑部、刊号、订购数量、价格等应尽量完整。录入完毕进行核查，保证各项录入数据准确。

通过图书馆自动化期刊子系统查重后对续订订单进行批导入，对新订的或者无法查重的期刊交给编目人员添加书目记录或修改记录，再手工建立订单。

（6）订购变化信息反映给东盟院系所和学科馆员。

将每年停订期刊的清单进行整理，反映给东盟院系所老师及相关学科服务馆员，以便他们及时掌握期刊变化情况，为用户服务。

（7）统计工作。

对每年各种渠道订购的东盟多语种报刊品种和经费进行统计（按语种和学科）。

（8）对数据库进行综合评估。

由学校图书馆工作委员会及馆务会议最终审定是否订购。

（9）进行商务谈判。

主要涉及价格、年涨幅、永久访问权和存档权、售后服务，公开招标，确定中标代理商，签署合同及付款。

（10）数据库开通测试。

在图书馆主页发布介绍和链接，在图书馆自动化管理系统等系统中进行配置，并对资源进行编目。

第三节　东盟多语种数字文献信息资源建设策略

一、东盟多语种数字文献信息资源的建设原则

商业数字信息的采访需要及时跟踪、编译和整合全球智库、国家机构、顶尖咨询机构以及东盟国家和地区政府机构及其研究机构发布的最新研究成果和政策文件，及时收集处理周边国家和地区政府机构发布的工程招标和项目投资信息，全方位关注东盟国家的经济形式、投资机会和投资风险，系统总结中国企业走出去的经验和教训，尽可能地建设全面的涉及商业信息资源库，帮助相关机构以及个人的战略决策、理论研究和实践操作提供有价值的信息参考。

通过多角度、多方位对商业数字资源进行采访，利用多种技术方法对有关东盟各个国家政府以及相关机构有关商业的政策以及法律法规的有关信息进行获取，对不同国家以及不同语种的原始信息进行收集归类，分国家、分主题进行建设。东盟多语种数字文献信息资源的建设应遵循以下原则。

（一）特色化原则

建设特色化的东盟多语种数字文献信息资源就是面对图书馆用户的需求以及馆藏的特色，有针对性地采购东盟国家出版的数字信息资源，同时对有关东盟研究及东盟相关的专题文献信息进行搜集、评价、加工、组织、存储，并将本馆东盟文献信息资源数字化，将上述信息资源整合成便于用户使用的资源库，以满足用户对东盟信息的需求。

（二）针对性和前瞻性原则

在开展东盟多语种数字文献信息资源建设时，必须遵循针对性原则，针对图

书馆的服务对象和服务层次来采购相应的电子资源。一方面要了解当前的需求；另一方面要具前瞻的眼光，要发现未来的潜在需求。

（三）经济性与实用性原则

经济性原则是指利用有限的资源采购到更多的资源，以达到低投入高产出的目的。图书馆东盟数字信息资源建设遵循的经济性原则是：一是要合理进行经费预算，对资源的价格及涨幅进行调研。二是分析资源使用率，选择使用量大的权威性资源作为采购计划。三是研究合作馆的采购信息，分析估计共享所产生的经济意义，能共享则采取共享的方式提供服务，尽量减少资源的重复采购，从而购买更多其他馆没有的资源，提供更全面的东盟信息服务。

必须遵循的实用性原则是采购的资源一定是本馆用户的核心需求，必须是国内外公认的、具有较高学术价值和权威性的数据库，尽量购买提供永久使用权的数据库。

（四）系统性原则

在建设东盟多语种数字信息资源馆藏时，必须遵循系统性原则，要保证东盟信息资源体系的系统性、连续性和发展性，既要避免内容的交叉重复，又要保证系统的连贯性，形成一个承前启后、上下联系、具有明显阶段性的知识整体。

二、数字文献信息资源建设路径

（一）商业数据库采访

由于东盟各国国家发展程度有较大的差异，少部分国家的数字文献信息资源得到很好的建设，大部分国家的数字文献信息资源建设情况不尽如人意。大多数的数字文献信息资源建设都已经商业化，对于数字文献信息资源建设较好的国家可以直接购买其建设较为全面的数字文献信息数据库。对于数字文献信息资源建设不够充足的国家，也可以协商购买并未商业化的某些机构生产的数字化产品。

数字文献信息资源采集过程中需要对参与建设的各个部门的工作人员制定严格的制度和实施保障，才能确保资源建设的效果。建设过程中需要制定图书馆数字文献信息资源馆藏发展政策、明确电子资源管理部门的具体职责，还需要建立在数字文献信息资源建设过程中制定评价体制、提醒各个合作部门资源贡献和集团采购、明确数字文献信息资源采购模式等全面、系统的采购政策。❶ 各个国家的数字文献信息资源的类型与格式有所不同，在采集过程中要对不同的格式进行

---

❶ 白丽荣. 图书馆电子资源的采购策略 [J]. 图书馆学刊，2013（7）：43-45.

转变，转成可以满足我国用户使用的格式才能提高文献利用率。

1. 严格精选需采购的东盟数据库

我国目前涉及东盟内容的数据库"小、散、杂"现象十分突出，且学术类资源缺少。因此，对东盟数据库的采购应集中在以下几个方面：第一，文献内容覆盖涉及东盟学科群研究的大型文献信息数据库；第二，东盟语言专题特色资料书目及全文数据库；第三，东盟非通用语数据库；第四，学术类电子期刊数据库等。

由于东盟地区数字资源发展极度不平衡，图书馆应将工作重心放在发达地区数据库资源的采购上，及时掌握最新东盟数据库的发展动态。数据库价格一般较高，各馆应该从自身实际出发，明确数据库采购的目的，考虑本馆用户的需求，严格精选。

2. 通过东盟国家的网上书店采购电子资源

随着数字技术的广泛应用，东盟各国互联网普及度的大幅提高以及信息全球化等因素的影响，东盟各国均已意识到了数字信息发展的重要性。目前，许多国家都有专门销售电子书的网站或网上书店，且均具有很广阔的发展前景。如越南的 Alezaa.com，新加坡的 lovebooks.com，马来西亚的三家电子书供应商 Xentral Methods、MPHD Digital 和 Maxis，泰国的电子书店 okbee 等，图书馆可以直接通过各国的电子书网站、电子书店及电子书供应商进行购买。

3. 与东盟国家图书馆协调采购其建设的电子资源

由于东盟国家的学术性、战略性电子信息资源较少，商业化的更少，除了新加坡和马来西亚的一些大学及研究机构有一些电子资源外，其他国家也只有图书馆收集的学位论文有电子版。因此，要建设东盟信息资源保障体系就必须考虑与存有电子资源的机构合作，协调采购电子资源。如广西民族大学就与新加坡国立大学和泰国的朱拉隆功大学协调购买过其学位论文电子资源。

4. 东盟电子资源采访工作细则

（1）了解东盟方面专业设置和学科范围，调查用户需求，选定适合引进的电子资源。

（2）联系开通试用数据库，通过图书馆主页和学科馆员、东盟院系所老师向院系用户进行通知和宣传。

（3）收集试用统计报告和用户反馈意见。

（二）自建数据库

自建数据库即是由图书馆自主建设的数字资源库，是图书馆不可忽视的信息

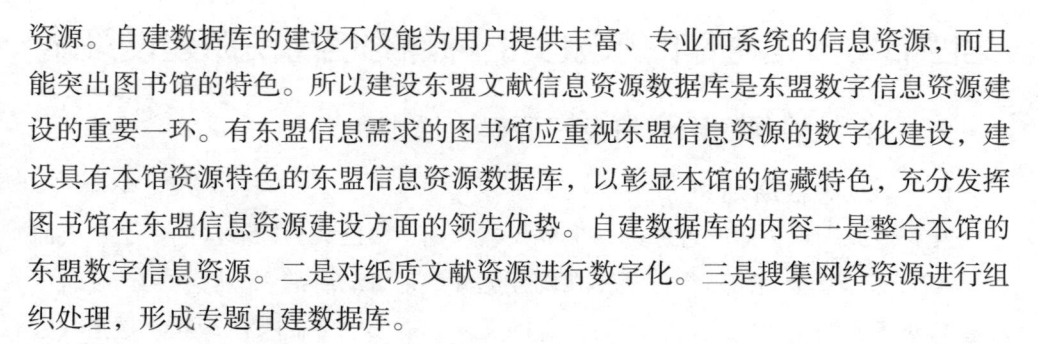

资源。自建数据库的建设不仅能为用户提供丰富、专业而系统的信息资源，而且能突出图书馆的特色。所以建设东盟文献信息资源数据库是东盟数字信息资源建设的重要一环。有东盟信息需求的图书馆应重视东盟信息资源的数字化建设，建设具有本馆资源特色的东盟信息资源数据库，以彰显本馆的馆藏特色，充分发挥图书馆在东盟信息资源建设方面的领先优势。自建数据库的内容一是整合本馆的东盟数字信息资源。二是对纸质文献资源进行数字化。三是搜集网络资源进行组织处理，形成专题自建数据库。

（三）开放存取（OA）资源整合

"开放获取"（Open Access，简称OA）是通过依赖于网络和相关通信技术，任何人都可以随时随地、免费、不受任何限制地通过网络获取各类文献，包括学术会议论文、会议发言稿、科技报告、学位论文等全文信息，不作为商业用途，只进行知识和学术的交流。开放存取信息的出现，扩大了科技信息传播范围，加快了学术交流，促进了科学研究。开放存取信息资源类别包括：OA期刊、OA知识库以及散落在各处的OA资源。对开放存取期刊和开放存取知识库资源的整合可以极大地补充东盟数字资源，通过收集每个国家现有的开放存取资源以及个人网站、电子图书馆、博客、论坛、文件共享网络等途径，对现有的真实有效的信息资源进行收集、组织，建成东盟数字资源数据库。此外，档案的开放获取已经在很多国家地区得以实现，政府档案的开放获取对国家合作间关系建立提供重要保障。针对这类信息资源进行全面的收集整理，为促进中国与东盟各个国家之间的合作往来提供信息资源的支持。

（四）网络信息资源组织

网络为信息获取带来的便利已经超过任何一种信息获取形式，促进了国家之间的合作交流。中国与东盟国家贸易往来以及电商业务的发展已经形成了一定的规模。除了每年在南宁召开的中国—东盟博览会以外，各种电子商务的合作也是目前跨国合作的一种新形势。有关东盟多语种网络信息资源的组织，需要对相关的原文和原始信息源进行搜集、整理，再对格式、主题进行分类，形成有序的、按照一定标准组织起来并用特定的目录去组织，为用户提供方便简易的查找方式。

第四节　多馆协作的东盟多语种网络信息资源建设策略

一、多馆协作的网络信息资源建设原则

（一）互惠性原则

互惠性原则也称对等性原则、平等互惠原则，早已成为国际法的一个重要原则。可以说，"社会是由一个无所不在的互惠性纽带绑结着的"。从大的方面而言，互惠与对等原则是国家主权独立与平等的反映。从小的方面来说，互惠是指一方给予另一方以利益或特权等待遇，另一方应当给予同等的待遇。❶互惠包含的最重要理念是平衡或者对称，在多馆协作的东盟多语种网络信息资源建设实践中，互惠成为一项尤为重要的原则。互惠性原则是信息资源共享的根本原则，它意味着所有参与信息资源共建共享的成员彼此都获得平等的利益，并由此大幅度地满足图书馆用户对信息资源的需求。在信息资源共享中，互惠性原则是自愿性和平等性原则的出发点和归宿点，自愿和平等是互惠的途径和手段，互惠是自愿和平等的目的。在多馆协作的东盟多语种网络信息资源建设过程中，互惠原则具体表现为两种形态：一是各馆根据签订或者相互缔结的条约，相互给予对方同等的待遇；二是各馆之间虽然没有签订或者缔结有关条约，但各馆愿意按照认可的资源共建共享惯例，本着平等互惠的精神，相互给予各馆同等的待遇。另外，互惠是整体利益的保障，虽然参与者的规模大小、信息资源占有的多少、预算经费多少均存在差异，造成了某个参与者的利益与另一参与者的利益出现不平衡的现象，但是，由于信息资源共享是在平等权利、平等义务、平等责任上开展的，因此，从整体上看，所有参与者的利益是平衡的。

（二）协作性原则

在网络信息资源建设中，由于人力、物力、财力的局限性，单个图书馆如果只是独自进行研究和建设而不与其他同行进行合作交流，那么其付出的再大对于整个网络而言也是非常有限的，也很难建成信息资源体系。特别是在图书馆缺乏东盟语种专业技术人员的情况下更是步履维艰，建设的数据库难以成为气候。反之，如果在进行资源建设时，积极与同行进行恰当程度上的合作，实现信息、资源、技术的共享，则可在建设的路途上少走弯路。因此，在进行东盟多语种信息资源的搜集、组织、整理及建设东盟信息资源数据库中，必须要坚持多馆协作的原则。

---

❶ 程琳. 警察法学通论 [M]. 北京：中国人民公安大学出版社，2018：355.

（三）系统性原则

在经费有限的情况下，要满足东盟信息资源用户的需求，图书馆就必须向网络寻求信息资源。在网络中搜集东盟多语种信息资源并进行组织建库的过程中要遵循系统性的原则，做好统筹规划、资源互补，使信息资源结构的合理性、科学性同用户需求的系统性相一致。

（四）规范化原则

网络环境下，图书馆不再是一个孤立的个体，而是整个信息网络中的一个节点，各个节点之间的访问交流与资源共享的实现只有在统一的标准和规范下才能顺利进行。所以标准化和规范化原则是图书馆多语种东盟网络信息资源建设的基本原则。

（五）标准化原则

在开展东盟多语种网络信息资源建设的过程中，要与共建共享单位一道以国家标准为依据，制定统一的信息资源建设规范，将标准化融入建设和各个过程，比如用统一的采集软件、统一的元数据标引方式、统一的数据格式，优化资源整合，促进数据库建设的可持续发展。

二、多馆协作的网络信息资源建设机制

（一）组织机构的组建

随着网络技术的不断发展，网络上的信息资源数量在不停地增加，使图书馆馆藏中的信息资源更加丰富。有关东盟各个国家的网络信息资源也在不断地增多，对大量的网络信息资源进行采集、组织建设网络信息数据库，靠单一部门很难完成，需要不同的组织机构共同合作，才能对网络信息资源进行全面建设。根据不同机构之间的人力、物力、财力，对参与东盟多语种信息资源建设的各个部门进行不同的分工，以最优的分配方式，在最短时间、最小花费、最大化的实现资源利用的前提下，共同建设多语种的网络信息资源库。加大高校与高校之间、高校和公共图书馆以及部分商业知识库的合作机制。引入交叉式人才培养方式，加大相关人才的交流与合作，通过机构网络信息资源建设技术上的提升，为多馆合作机制下网络信息资源建设发展奠定良好的基础。

（二）选择支持东盟语种的信息管理系统

选择公认的能够处理东盟多语种信息资源的管理系统来进行多馆协作的东盟

多语种信息资源采集、组织，共建共享东盟网络信息资源数据库。虽然网络资源的搜集软件众多，无论采用哪一种均可以采集到海量的东盟多语种信息资源，但是要实现共用统一的信息管理系统进行加工、组织和整合。当前 CALIS 推荐的 TPI 和德赛系统可以实现多馆合作共建共享，但是需要将信息导入数据库并进行组织标引建成统一的数据库，才能让最终用户一站式获取所需的信息资源。这就要求 TPI 和德赛系统成为基于网络平台上用于知识仓库创建、管理、生产、发布和维护的工具软件系统，是基于非结构化文档管理而开发的大型智能内容管理系统，具有强大的信息管理与信息组织功能，支持东盟多语种的处理。共建单位可以从中选择一个大家认可的系统来实现多馆协作的东盟多语种网络信息资源共建共享。

（三）明确各参与建设单位的权利和义务

多馆合作机制促进馆际之间的交流与合作，对各个馆的发展也起到促进作用。在多馆合作期间，必须了解各馆的优缺点，明确各馆的发展方向，促进各馆之间人才交流。在合作过程中，各单位之间的协调机制为合作的顺利进行起到关键性的作用。没有合理的制度会给合作带来很大的不便，甚至导致合作中断。为避免这种情况的产生，需要在合作开始之前制定明确的管理制度，规划不同主题的内容板块分配给各个单位并且明确其具体任务，并要求在规定时间内完成任务。多馆合作机制的建立也为馆际合作提供了很好的基础，在网络信息建设中，信息共享原则是网络信息资源建设遵循的准则，不同图书馆的技术、设备、人力资源等为最终合作建设目标共同努力，所以各个合作单位之间也享有一定的权利，使得参与建设单位之间的合作既稳定又和谐。

（四）人力资源的协调

多语种网络信息资源建设需要不同人才合作完成。就语言方面，东盟各个国家的语言各不相同，针对网络信息源的搜集整理需要掌握不同国家语言的专业人员来一起完成。目前，我国高校图书馆馆员的人力资源现状是馆员队伍参差不齐、整体素质不够高，对于偏远地区的高校图书馆情况更加严重。高校图书馆有很大的优势在于在大学校园内有很多不同专业的专家教授可以一起合作，充分利用不同学院、不同专业学科的技术资源，为多语种信息资源建设做出贡献。对于其他图书馆馆员根据具体工作需要，在工作不同阶段根据不同的任务，安排不同专业的人员到合适的岗位，做到人尽其才，不仅仅使馆员的价值发挥出来，还可以让馆员分工协作,增加工作积极性,提高工作效率。❶结合工作的目的,科学界定现有业务工作并进行改进、调整任务中的不同岗位,并且以此为基础对组织构架、服务部门等进行优化,最终实现人力等资源的优化配置。

(五)建立和谐的工作机制和通畅的沟通渠道

充分发挥参与馆员在不同领域价值的前提是需要有一个和谐的工作环境。良好的沟通可以使人际关系和谐,顺利地完成任务,达成绩效目标。馆员之间沟通不及时会导致生产效率、生产质量和服务效果不佳,无形中增大了工作成本。在合作过程中建立良性的沟通机制,有助于建立和谐的工作环境和工作机制,也可以充分发挥出各个岗位工作人员的价值。为了能够让工作人员之间有良好的沟通,还需要一个良好的工作机制的帮助下才能够实现,良好的工作机制可以分为两种。第一种是由领导组织的较为正规的沟通方式,如周会、月会、座谈会。通过会议来交流工作中出现的各种情况。对于工作中的问题,大家在交流中提出解决的办法,形成共识,找到解决问题的最佳方案,以便更好地完成工作任务,同时还可以增进工作人员之间相互了解。第二种通过轻松娱乐的形式来增加工作人员之间的交流,如开展一些集体活动、周末旅游、体育比赛等娱乐性质较多的交流渠道。在紧张的工作中为工作人员提供集体休闲的计划,让大家在休闲娱乐的同时增加沟通,营造和谐的工作环境。还可以通过微信、QQ等网络通信技术来进行日常沟通,有紧急事情可以方便快捷地通知到每个工作人员,也是目前使用较为广泛的交流方式。

---

❶ 陈科,等.高校图书馆人力资源管理国内研究现状探析[J].四川图书馆学报,2017(3):9-13.

第七章　东盟文献信息资源组织

第一节　东盟多语种文献组织与加工

一、东盟多语种文献分类

（一）东盟多语种文献组织的内容、作用和意义

文献分类是根据文献的内容或形式的异同，按照一定的分类体系，即按照一定的分类法，在分类表中找到适当的位置，从而集中性质相同的文献，区别性质不同的文献。一般来说，文献分类是以知识分类或学科分类为基础，结合文献各种载体的实际编制的类目体系。❶

文献的内容主要包括：①学科的门类及其分支；②学科的研究对象及诸问题；③学科的理论、原理、事实、数据；④各种学说、学派、观点；⑤事物的种类、成因、性质及其相互联系；⑥自然现象、社会现象成历史事件；⑦实验、技法、生产工艺；⑧研究对象、事物、事件等所涉及的地域、环境、时代等。

文献的形式是指学科知识以外的具有检索意义的属性特征，主要包括：①文献的出版类型，如图书、期刊、报纸、科技报告、专利、学位论文、技术标准、产品样本、政府文件、法律法规等；②参考工具书类型，如手册、辞典、字典、索引、书目、百科全书等；③信息符号特征，如各种语言文字、图形、编码等；④文献的体裁或形式，如小说、诗歌、散文、报告文学等；⑤载体特征，如电子出版物、光盘、录音录像磁带、胶卷等；⑥编著者及写作或出版时间、版本等；⑦文献的使用对象，如儿童读物、盲人用书、注释读物等。

图书馆中的文献分类有四个作用：一是建立分类检索工具，也就是将分类法用于信息资源的揭示。分类检索工具主要包括编制分类目录和分类索引，分类目录用于表明类目在整个分类体系中的位置，以便按学科门类揭示和检索藏书，分

---

❶ 张洪顺，邓舜扬．企业科技图书馆工作指南 [M]．上海：上海科学技术文献出版社，1992：40．

类索引是根据索引文献中的分类号而编制的索引，用于确定特定主题在分类体系中的位置，进而方便、有效地使用类目体系；二是进行文献资源的组织，也就是将分类法用于文献资源的组织。比较常见的是用于组织文献资源的分类排架，表明类目在整个排列系统中的次序，以便按学科门类组织和熟悉藏书；三是进行分类统计，分类统计是进行文献资源管理和利用的基本手段。用于检测各类文献的收藏和流通质量，发现各个知识门类文献资源存在的问题，进而深入了解用户对不同领域文献资源的需求情况，以便分析文献资源状况和用户阅读倾向，有效开展文献资源服务工作；四是作为兼容工具，一般来说，比较有影响的大型综合性文献分类法往往会在若干个检索系统中同时使用，成为理想的跨库检索工具。另外，作为系统揭示的工具，分类具有按照一定的知识结构组织文献资源的独特作用。利用分类语言可以对网上数据库的相关文献进行整合或以分类语言作为媒介，实现在不同检索工具之间进行转换的目的。

东盟多语种文献组织即东盟多语种文献分类是以文献分类法为工具，根据文献反映的学科知识内容与其显著属性特征，按照一定的体系，分门别类地、有系统地组织和区分文献，从而揭示东盟多语种文献的一种方法。

东盟多语种文献分类的目的有两个，一是按学科知识的系统性组织东盟多语种文献，二是按学科知识的系统性揭示东盟多语种文献。

东盟多语种文献分类的作用一是组织东盟多语种文献分类排架；二是建立东盟多语种文献分类检索系统。以便于用户对东盟文献信息资源的检索利用及图书馆工作人员对资源的分类统计和分析这些资源的利用情况，并为后面的东盟多语种文献的采购提供决策参考。❶

（二）东盟多语种文献分类的规则

1. 基本分类规则

基本分类规则是整个东盟多语种文献分类过程中始终必须遵循的具有指导作用的规则，它是从文献资源分类原则中引申出来，并结合分类的基本特点和要求确定的。包括下面几个方面的内容。❷

（1）文献分类的学科属性原则，必须根据文献资源内容的学科或专业属性、特点进行分类。在进行文献资源分类时，主要根据文献内容的学科或专业性进行分类，但同时也要兼顾其他特征，如国别、时代、形式、类型等。对文学、艺术

---

❶ 叶子盈.试论图书馆外文小语种图书分编工作[J].图书馆论坛，2005（3）：175-177.
❷ 叶继元.信息组织[M].北京：电子工业出版社，2015：207.

形式的文献资源分类时，应按照国别、体裁、形式等进行分类。对特定类型的文献资源如工具书、目录、索引、文摘等进行分类时，需要兼顾类目体系的具体规定、用户的使用需要、文献资源的内容和形式等方面。

（2）文献分类的系统性原则。分类时必须能够体现出分类法的逻辑性、等级性、次第性，凡能归入某一类的文献，必须要符合其上位类的属性，不具备这一特性的文献不能归入该类。

（3）文献分类的专指性原则。必须将特定的文献资源归入最契合其内容的类目中。

（4）文献分类的实用性原则。必须将特定的文献资源归入最大用途的类目。

文献分类时既要准确判定文献资源的学科归属，又要按照学科展开的层次区分总论和专论、理论和应用，以便将其归入最合适的类目，而不能分入范围大于或小于文献实际内容的类目。分类人员必须在了解类目体系展开的引用次序及排列次序的基础上，掌握复合主题的设类规律。

文献分类的最终目的就是满足用户的各种需求。有些文献包含多方面的内容，可以分别归入不同的门类。而不同的图书情报机构由于其专业性质不同，用户的使用要求或习惯不同，对文献处理的要求也存在差异。分类员既要根据文献的实际用途、写作目的、用户对象，又要结合图书情报机构的专业属性特点和用户的需求，将文献归入最适用的类目。因此，在进行分类时必须注意以下事项：一是不能仅凭书名、篇名的含义归类。很多文献的题名可以在一定程度上反映其内容，但也有不少例外，特别是文艺、社会科学领域的文献，其题名常常只有象征意义，并不能确切反映文献的内容，因此不能作为分类的主要依据。东盟文献的分类尤其不能以书名来作为分类的依据。二是应适当体现分类的思想性。文献分类是一种社会意识形态，属于上层建筑。社会意识是社会存在的反映，是人们对于自己周围环境、社会关系、社会过程的认识。社会意识的内容是现实的反映，都可以从社会存在找到它的来源❶。文献分类法是人们对于当时所管理的文献如何进行分类的认识，对知识的理解和认识。因此，文献分类法的思想性是由社会存在、社会历史条件所决定的。社会历史条件不同，生产发展水平不同，文献分类法也就不同。由于东盟多语种文献涉及的国家政治制度、宗教信仰等不同，对于社会科学领域的一些具有特殊性的文献资源，可有选择地对其内容性质进行适当的揭示。尤其是在网络信息资源的组织中，应当体现出检索系统的导向性。

---

❶ 白国应.论文献分类的思想性原则 [J].邯郸师专学报，2000（2）：66-70，74.

2. 一般分类规则

一般分类规则是指从文献资源著作方式的角度提出来的，适用于各个知识门类的分类规则。文献资源分类的方法与文献资源主题类型、写作出版方式等具有密切联系。不同主题类型、写作方式、编辑出版形式等的文献往往具有不同的分类要求和规律。根据目前文献资源分类的实际情况，大致可把一般分类规则概括为下面几个方面。

（1）单主题文献的分类。

单主题文献是指论述某一特定事物对象的资源，根据其论述的特点，又可划分为简单单主题和方面单主题等类型。一般应根据该文献对事物、对象研究的学科角度，按照论述的内容范围进行分类。①简单单主题文献是指论述一个基本主题对象的资源，一般应按照主题对象的学科性质归类。②方面单主题文献是指论述一个主题单个或多个方面的资源，应根据文献资源论述的方面入各个方面之间的关系归类。论述一个主题两个或两个以上方面的资源，应根据不同方面之间的关系确定其归属。如果论述的不同方面属于分类法中的同一类列，通常归入其共同的上位类；如果不属于同一个类列，一般应根据文献论述的内容重点，归入相应的主要类目；必要时还可以适当进行附加分类。从多个方面全面论述一个主题对象的资源，原则上仍应按其主题对象归类。

（2）多主题文献的分类。

东盟多主题文献是指同时论述两个或两个以上主题的事物对象的资源，一般应和中文文献一样，按照所论述的主题对象及其关系，区分情况进行分类。根据不同主题之间的关系，多主题资源包括并列关系、从属关系、联结关系主题等基本类型。①并列关系主题的文献是指一文献资源同时论述两个或两个以上各自独立的主题，大致可以分为涉及两个主题和涉及三个及以上主题两种情况。涉及两个并列关系主题的文献，如果同属于类目体系中的同一类列，就具有共同的直接上位类，通常可直接归入该上位类，否则，可按文献资源的论述重点或在前的主题归类，同时为另一个主题作附加分类。对同时涉及三个或三个以上并列关系的主题的文献，一般可根据其涉及的范围，将其归入共同的上位类或概括性类目。②从属关系主题的文献是指一文献资源同时论述一个大主题和一个小主题，其大主题的外延可以包含小主题。从属关系主题的文献一般按照大主题归类。但如果该文献研究的重点是小主题，并没有对大主题展开论述，则可以按照小主题归类。

③联结关系主题的文献是指文献资源涉及两个或多个具有联结关系的主题对象，主要包括应用、比较、影响、因果等关系类型。联结关系的文献，一般应在分析其关系类型的基础上，按照各自的特点进行分类。应用关系主题的文献，一般应按照被应用到的主题归类。但综合阐述一种理论方法在各个方面应用的文献，则应按照该理论方法所在的学科归类。比较关系主题的文献，一般应按照文献作者重点论述的内容归类。影响关系主题的文献，一般应按照被影响的主题对象归类。因果关系主题的文献，一般应按照表示结果的主题对象归类。

（3）丛书、多卷书的分类。

丛书是指汇集多种独立的著作为一套，并具有一个总书名的出版物类型。一般来说，整套丛书或者围绕一个中心问题，或者针对特定的用户对象、用途等编纂。整套丛书中的各个分册的外形基本一致，但内容又往往各自独立，并无多大连贯性。对丛书分类，一般应与其著录方式一致，主要采用两种处理办法。①集中分类方式，即首先按照整套丛书的内容分类，然后再分别按每一分册作分析分类。这种方式适用于出版时一次性刊行或非一次性刊行，但有明确的出版计划，并连续出版的丛书。②分散分类方式，即首先按丛书中的各个分册的内容归类，然后再根据具体情况确定是否为整套丛书编制综合分类款目。这种方式适用于在内容上没有密切联系或者没有明确出版计划的丛书。

多卷书是指将同一著作按若干卷（册）出版的一种文献类型。多卷书通常有总书名，各卷（册）自成一个单位，有的卷（册）有单独书名，有的则没有单独书名。整套多卷书内容连贯，整体性强。因此，多卷书一般应采用按整套书归类的方法。根据多卷书内容组织的情况及出版特点，通常采用下面两种分类方法。①对按专题编辑并有分卷（册）书名、各卷（册）具有独立的研究对象的多卷书，一般应在对整套书进行综合分类的同时，以卷（册）为单位进行分析分类。②对于无分卷（册）书名或有分卷（册）书名但各卷（册）并无独立研究对象的多卷书，只进行综合分类。

（4）词典、百科全书、年鉴、手册的分类。

词典、百科全书、年鉴、手册是汇集一定对象、范围的知识、资源，按一定方式编排，供查阅使用的工具书。按照它们所涉及的内容范围，又可分为综合性和专科性两种基本类型。此外，词典中还包括各种语文词典。这类文献一般应根据其内容范围、出版形式，并结合文献组织的要求进行分类。①综合性词典、百科全书、年鉴、手册等的分类，通常应集中归入"Z综合性图书"大类，再按资源类型分入有关门类，同时以国别进行复分。②专科性词典、百科全书、年鉴、手册的分类，有两种处理方法：一种是分别按内容归入有关的知识门类，再使用总论复分号揭示其资源类型和国别；另一种是将其集中于"Z综合性图书"大类的相应专科类目下，再按照类表的规定以组配方式揭示其学科内容和国别。一般情况下，在集中建立工具书典藏的图书情报机构，应采用集中处理的方法。否则，采用分散处理的方法。语文词典的分类，一般应根据其特点归入语言类，按该类的相应规定分类，并以复分的方式显示国别。

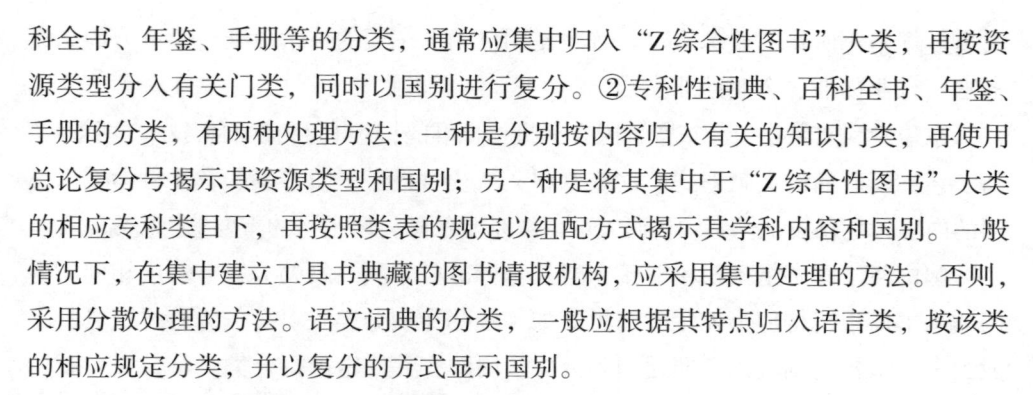

（5）目录、索引、文摘的分类。

目录、索引、文摘是提供文献查找线索、指导阅读的工具书。根据其揭示特点，这类资源可以分为综合性、专科性、专书或专题等类型，对于东盟此类文献应根据其揭示对象及范围，按照文献组织的需要分类。①综合性目录、索引、文摘的分类，通常应归入"Z综合性图书"大类的相应门类，并根据国别复分。②专科性目录、索引、文摘的分类，通常采用两种方法：一种是将其集中于"Z综合性图书"大类有关门类，再按组配配号法揭示其国别；另一种是根据本单位文献组织的特点，按照其内容分散归入有关各类，并在分类号后再加总论复分号"-7"，同时再按国别进行复分。③专书索引一般应随原书归类，以方便用户将其与原书结合使用。

（6）关于对著作的研究、注释文献的分类。

该类东盟文献包括对特定著作的评论、研究、注释、翻译、校勘、考证、改编等多种类型，一般应结合此类东盟文献的形式特点及分类法中类目设置的情况处理。①东盟科学著作的评论、研究、注释，通常按内容与原书归入一类，必要时，再使用专业复分表区分其著作方式。但为满足语言学习的需要而编制的东盟文献，分类时应考虑其使用目的，归入语言大类中的相应类目。②东盟文学作品的评论、研究，应根据文学类的设置特点，按其研究对象的国别、体裁归入各体文学评论研究的相应类目。③缩写、节选的文献，如果内容性质未发生变化，仍按原书归类，但如果内容性质已发生较大变化，则应重新归类；改编的文献，如果将一种体裁的文艺作品改写为另一种体裁的东盟文艺作品，一般应按照改写后的体裁归类。

（7）特种文献的分类。

东盟技术标准是东盟各国政府部门或国家行业组织等对工农业生产及工程建

设质量规格等所作的技术规定。按照使用范围，东盟的技术标准一般可分为国家标准、行业标准、企业标准。

东盟专利文献是指经东盟各国专利机构批准的，获得专利权的新技术、新方法、新工艺、新产品的文献形式。这些专利文献及时报道东盟各国的各种科学技术发明的内容，是科技工作者和科研人员了解东盟各国科研水平的重要信息资源。

国内各个图书情报机构对于东盟技术标准、专利文献的分类方法应相同。专门的图书情报机构应当使用专门类表如《国际专利分类表》等作为分类工具。一般图书情报机构则应该按照通用和分类法内的有关规定进行分类。

东盟科技报告是东盟各国有关某一专题研究进展或科学技术成果的报告。东盟学位论文是东盟各国的高等学校和科研单位学生在申请学位时提供的论文。无论是科技报告还是学位论文，对于科学研究都具有较重要的参考价值。国内图书情报机构对这两类文献资源一般采用单独设库的方式收藏管理。科技报告和学位论文的分类与其他类型文献资源相同，一般按论述对象的学科角度归类。其中，因学位论文的内容往往比较专指，直接使用《中国图书馆分类法》进行分类。

（8）非书资料的分类。

非书资料又称非印刷型资料、非纸质资料，可细分为缩微型、视听型、机读型、光盘型等多种类型。非书资料借助现代信息技术使得信息媒体在记录方式、记录对象、作用功能等方面产生了质的飞跃。而且随着现代信息技术的发展，图书情报机构收藏管理非书资料的数量呈上升的趋势，东盟的非书资料的收藏数量也逐年上升。非书资料作为一种与印刷型文献不同的媒介形式，在图书情报机构中通常按其形式与传统文献分别保管，不同于印刷型文献多采用分类方式组织文献的特点，对非书资料基本采用固定排架方式组织，而东盟国家的非书资料更是以不易获得、数量较少、相对珍贵而引起图书情报机构的重视。为满足用户按照内容检索的需要，东盟非书资料同样应以其内容学科属性为主要依据，编制分类检索系统。所以，在使用分类法主表的基础之上，再依据总论复分表揭示其媒介形式，是目前对非书资料进行分类的主要方式。

（9）网络信息文献的分类。

网络信息资源的特点是数量大、种类多、动态性强、内容分布范围广。网络信息资源既包括正式出版物，又包括大量灰色文献、个人信息、图文视听信息；既包括已有的传统信息资源类型，还涉及BBS、聊天室、新闻组、多媒体资源等多种形式。网络信息资源在内容的分布上，涉及新兴科学技术、商业、娱乐等内容的相对比较多。目前，对于网络信息资源的分类，通常采用两种方式：一种是在采用传统分类体系的基础上进行必要的增补，如国外依据 DDC、UDC、LCC 等建立的一些网络分类检索系统采用的就是这种方式，这种方式可以将传统文献分类法的类目体系作为基础，根据网络信息资源的具体情况，对原有的类目体系进行有限的调整，以尽可能地适应网络信息资源的分类需要；二是直接使用以网络信息资源为对象编制的分类体系，如雅虎、搜狐、蓝帆等网络分类检索系统，采用的就是这种方式，这种方式也是图书情报机构比较喜欢采用的网络信息资源分类方式。

目前，建设东盟网络信息资源数据库的图书情报机构其分类方法与传统信息资源处理的方法基本相同，一般都是根据分类体系的特点，将特定信息资源归入与其相对应的类目下。

（三）东盟多语种文献分类的流程

1. 文献分类查重

分类查重是文献分类标引工作的第一个重要工作环节。查重的主要目的有三个：一是将同种书进行集中，查明待分类文献是否为已入藏文献的复本（包括精平装本、同一版本的不同印次等），或者是同一套多卷书的不同卷册，避免出现同书异号的情况；二是将内容相同的文献进行集中，包括同作品的不同载体、不同版本图书、同一作品的不同译本、同一作品的不同注释本，以及不同出版社出版的同一作品等；三是将入藏文献中已确定集中分类标引方式的文献进行集中，如集中分类的丛书的后续分辑或分册、连续出版物的后续卷期、连续性会议录的后续届次文献等分类查重时，除了要比较待分类文献与已入藏文献的题名、责任者、出版社以及版本等是否相同以外，还要注意通过丛书名、总题名或会议名称进行查重，确保集中分类的丛书、多卷书或会议录能够集中。对于不同版本图书、同一作品的不同译本、不同注释本等，除了通过文献正题名和其他题名信息进行查重以外，特别要注意利用已有书目记录中文献的统一题名进行查重，将正题名形式不同的同一作品通过一致性的分类标引，实现集中排架。东盟文献查重一般在发出采购订单前就进行了，但有些零星采购的图书难免有采重的，因此，进行查重可以避免同书异号、排架分两处的现象。也可以统计重复采购出现的不同情况，分析出重复采购的问题所在。

2. 分析文献内容及主题

东盟文献分类的第二个步骤是分析文献内容，这是分类标引的前提，目的是分析该东盟文献所具体论述与研究的对象与问题是什么，了解该东盟文献的类型或体裁，从而确定该文献的主题以及分类标引方式。分析文献内容一般包括以下几个步骤❶。

分析文献的题名。文献题名一般是作者对文献中心内容的概括及写作主旨的表达，对文献的内容和主题分析具有重要参考价值。如果分类人员不熟悉东盟语言，那么可借助在线翻译软件对文献题名进行翻译，以基本了解文献的内容。

阅读文献的摘要、书后简介或所附书评等，以了解文献的内容重点与文献类型，从而对文献的分类主题有较深的认识。但由于标引馆员对东盟语言的不甚熟悉，这个阅读的难度还是相当大的，在标引馆员不熟悉东盟语言的输入法，翻译软件的翻译效果较差的情况下，这一步也是很费时的。

阅读文献的目次、文内标题等也是文献标引所必须的步骤，这可以了解文献的具体内容、范围以及体例结构。这可通过翻译软件进行。

阅读文献的前言、后语及结论等，能比较了解文献的写作主旨和主要观点，了解文献的用户对象及主要用途等。由于标引馆员对东盟语言的不甚熟悉，阅读非常困难，因此非常费时，很多标引馆员就直接忽略了。

阅读文献的题名页、书末出版说明或丛编题名页，以了解文献是否归属于某一套丛书，以及该丛书的主要性质，从而能较好地将丛书的标引处理好。这个可通过翻译软件进行。

浏览正文，当通过以上几种方式仍不能确定文献的确切内容和类别时，应大致浏览文献正文，深入了解文献所研究的学科或专业内容。这是准确分类最重要的一环，但是对于东盟文献分类而言，馆员基本上是做不到的。

查阅参考工具或请教专家学者。任何一个人都不可能深入了解所有的学科内容，因此，对于分类标引人员来说，善于查阅权威参考工具书或者网络参考源，及时请教有关学科的专家学者，对把握东盟文献主题内容，进行准确归类尤其重要。

3. 确定文献主题

根据东盟文献分析的结果来归纳与总结东盟文献所包含的主题概念，并依

---

❶ 俞君立，陈树年. 文献分类学 [M]. 武汉：武汉大学出版社，2015：259.

据《文献主题标引规则》（GB/T 3860—2009）所列的主题类型与主题结构，确定东盟文献的主题。在标引文献主题时，除归纳文献主题的主体因素与限定因素外，还应注意分析文献主题的空间因素、时间因素及文献类型等。一般情况下，文献的主要分类号应与文献的主要主题相互对应。为了便于用户按习惯查找东盟文献，一般说来采用《中国分类主题词表》第二版作为东盟文献的主题标引会比较好。

4. 确定分类标引方式

在全面了解东盟文献的主题概念和文献类型后，运用《中国图书馆分类法》第五版作为分类标引规范，对于丛书、多卷书、连续出版物等类型的东盟文献则采用综合标引方式进行标引。当文献的内容涉及多个学科时，除对其进行整体标引外，还要对所涉及的学科进行互见分类标引。对集中分类的丛书、多卷书、连续出版物进行综合标引时，在东盟文献分散著录的情况下，如果各卷册的学科内容不一致，还可以针对单个卷册的学科内容进行分析标引。使用户无论使用分类浏览还是高级检索均能将同类东盟图书，包括丛书、多卷书、连续出版物都显示出来，在书库、阅览室也可通过排架找到所需的文献。❶

5. 标引分类号

根据东盟文献主题的学科属性和其他特征，按照所确定的文献分类法使用本，如《中国图书馆分类法》利用分类表的体系结构，找到或构建相符的主要分类号、互见分类号或分析分类号，必要时还可使用以下几种方法，确保东盟文献分类的一致性：①查找分类主题词表中主题词对应的分类号；②查找分类法索引，分析上下位类关系，确定分类号；③查阅与借鉴书目系统内同一主题文献的分类号。还可以从联机编目数据获取分类号。国内的CALIS、国家图书馆和国家科学图书馆的数据库均有东盟文献的书目数据，可以从中获取分类号及编目数据。也可通过东盟国家的国家图书馆、大学图书馆、OCLC、美国国会图书馆的目录查询获取其编目数据，因这些图书馆采用的分类体系基本是《国际十进分类法》《杜威十进分类法》《美国国会图书馆图书分类法》，因分类体系与国内的不相同，所以不能获取分类号，但是可以和《中图法》进行比对，然后映射到《中图法》中寻找适合的分类号。

6. 标引索书号

确定东盟文献有分类号以后，为解决同类书的排架问题，还必须标引文献的

---

❶ 俞君立，陈树年. 文献分类学 [M]. 武汉：武汉大学出版社，2015：260-261.

分类索书号。分类索书号一般由文献的主要分类号、书次号（包括基本号码及辅助区分号）构成。有些图书馆的书次号以流水号排，有些则以作者号排，前一种比较容易发现同类书的数量，后一种则易于发现同一作者的收藏情况，具体选哪种方法是以图书馆的传统取号相关，也是一种传承，用户也习惯了这种方式。

7. 分类审核

为了确保分类标引工作的质量，在确定东盟文献的分类号后，必须进行分类审核。分类审核的重点内容包括：①主题分析是否充分；②主题概念是否归纳准确；③选取类目是否恰当；④类号组成是否正确；⑤同类书是否分类一致；⑥是否同书异号。

二、东盟多语种文献资源的编目及元数据选择

（一）文献编目及文献著录

文献编目是指依据一定的标准或规则对文献内容和形式特征进行分析、选择和记录的过程。对文献进行具体的记录和描述过程称为文献著录，著录的结果形成款目，并通过字顺和分类等途径将制成的款目组织成目录或其他类似检索工具。其主要作用是记录某一空间、时间、学科或主题范围的文献，使之有序化，从而达到宣传报道和检索利用文献的目的。目录可以帮助文献用户确认文献的价值，决定文献的取舍以及使用，还有助于扩大文献用户的阅读视野。此外，款目或记录还提示了文献的收藏和馆藏分布状况，有利于文献的有序借阅。❶

文献编目是所有图书馆信息服务机构的一项基础工作。文献编目是将不同学科、不同专业、不同语种、不同类型、不同载体的文献按照它们之间的内在联系，并通过一定的方法组织起来，形成一个可供检索的体系，使分散的文献集中，便于用户的查找和使用。

文献编目所使用的"文献"是一个相对专指的概念，特指以实体形式出版发行，被图书馆信息服务机构所收藏的，能够作为一个独立的书目描述对象的记录知识的载体。因此这类文献也可以被称为"在编文献"。

文献编目有广义和狭义之分。广义的文献编目是指依据一定的规则为各类型文献目录所进行的编目工作，包括编制各种出版发行目录、读书目录和藏书目录等。其中，藏书目录的编制根据其范围的大小又可分为反映私人藏书状况的私人藏书目录的编制、集中反映一个文献机构（通常指图书馆）的文献收藏情况的文

---

❶ 刘大文. 医学文献标引与编目 [M]. 昆明：云南科技出版社，2015：26-27.

献机构目录的编制，以及集中反映一个地区或一个国家内两个以上文献机构文献收藏状况的联合目录的编制，还包括将著录形成的各条款目按一定原则与方法组织成各类目录的过程。

狭义的文献编目就是指集中反映一个文献机构文献收藏情况的文献目录的编制，包括文献著录和目录组织两部分内容。具体地讲，文献编目包括两个环节：第一个环节是将文献的形式特征和内容特征记录下来，例如，文献的题名和责任者、文献的出版机构和出版时间、文献中所讨论的事物主题、文献内容所涉及的学科性质等。这一环节被称为著录。文献著录以后，在机读目录中形成若干条记录，在手工目录中形成款目。每一条记录或款目，均记载一种文献的各个特征。第二个环节是将这些记录或款目按照一定的方法组织起来，例如，按文献题名、责任者、文献主题的名称组成字顺目录；按照文献分类以后所得到的分类号组成分类目录。这些方法在机读目录中均可以自动实现，这一环节被称为目录组织。经过目录组织，无序的款目即可形成有序的目录，所有文献都可以在文献目录中拥有特定的位置。

还有一种广义的文献编目包括文献的描述性编目和文献的主题编目。描述性编目是对文献实体形态进行分析、选择和记录的客观描述过程；主题编目则是对文献所论述的内容特征进行分析、选择、记录，以揭示文献的主题内容特征，并决定其主题标目和分类号。主题编目通常被称为分类标引和主题标引，它以文献分类和主题标引及编制相应款目的工作为重点。

（二）东盟多语种文献资源的编目

东盟多语种文献资源的编目也是文献编目的一个内容。这里说的东盟多语种文献资源编目指的是狭义的文献编目，集中反映一个文献机构（主要指图书馆）东盟多语种文献收藏情况的东盟多语种文献目录的编制，同样也包括对东盟文献的著录和将著录好的东盟多语种文献款目进行目录组织两部分内容。

为便于东盟多语种文献书目与国际接轨，实现数据的共建共享，东盟多语种文献著录依据 ISBD(International Standard Bibliographic Description，即《国际标准书目著录》)标准，当 ISBD 与 AACR2(Anglo-American Cataloguing Rules 2，即中文称作《英美编目条例》(第二版)有不同之处时，依据 AACR2 作为标准，有条件的馆可采用 RDA(Resource Description and Access，即《资源描述与检索》)编目规则标准；这不仅需要著录人员对 AACR2 的熟悉，还需要熟练掌握东盟各国的语言，而大多数图书馆的编目馆员目前基本上不能完全掌握东盟各国语言，因此，国内大多图书馆的著录采用基本著录的形式，也就是说多将东盟文献的基本著录项翻译成中文后著录，而未采用原语言著录，当然有条件的图书馆则采取双语著录的形式著录基本的款目，更方便不熟悉东盟语种的用户了解东盟文献的收藏情况。

虽然随着数字图书馆的发展，网络信息资源及数据海量增长，为适应大数据时代对资源描述的国际性标准，2010年就产生了作为国际编目规则的《资源描述与检索》（RDA）。RDA弱化了对语言和地域的局限性，能更好地实现数据资源的国际化和互通性，使资源共享实现最大化。随着CALIS也于2015年5月公布了《CALIS联合目录外文编目RDA政策声明》，2017年3月，又发布了《国家图书馆外文文献资源RDA本地政策声明暨书目记录操作细则》，这标志着我国部分图书馆外文文献开始启用RDA编目。但鉴于著录者对东盟多语种的不熟悉进而对著录项目的理解不到位等原因，当前东盟多语种文献著录尚未采用RDA标准。

1. 东盟多语种文献编目规则

（1）东盟多语种文献的范围界定及入库原则。

这里的东盟多语种文献是指正文为东盟对象国语言出版的文献以及在中国国内出版的正文为东盟国家语言的文献和其他国家出版的其他语言的与东盟相关的文献；东盟国家及其他国家出版多语种东盟文献入外文数据库；中国出版的东盟国家语言的文献与其他国家出版的中文东盟文献入中文数据库。本节所述的东盟多语种文献主要指除英语外的东盟国家语种文献。

（2）东盟多语种文献书目所采用的机读目录格式——MARC21。

MARC21是结合加拿大机读编目格式（CAN/MARC）与美国机读编目格式（USMARC）两种相似格式，再排除相异性而形成。是基于美国国家标准学会（American National Standards Institute – ANSI）国际标准Z39.2格式整合各国的MARC格式，利用网际网路与现有的电信科技，打破各国疆界，使书目格式的交换更加便利。MARC21的设计是为重新定义MARC格式，增进其检索功能以求适用于21世纪的网络环境。MARC 21有五种不同用途的执行格式：书目数据MARC21格式、规范数据MARC21格式、馆藏数据MARC21格式、分类数据MARC21格式和团体信息MARC21格式。

（3）东盟多语种文献遵循的记录格式——ISO 2709。

ISO 2709是对用于交换用的书目记录规定必须遵循的标准记录结构。不管是大语种或小语种文献，只有遵循这个原则，才能在不同国家、不国语种、不同时间进行编目数据的交换。为了更好地共享东盟文献数据，必须遵循这一国际标准。

（4）东盟多语种文献机读目录格式的结构。

MARC 记录是书目数据库中的一个信息单元，它遵循 ISO 2709 的标准，每条记录都由头标区、目次区、数据字段区、记录分隔符四部分组成。

（5）东盟多语种文献机读目录格式的功能分块。

机读目录记录分为若干个功能块。字段标识符（又称字段号）的第一位数字表示字段所属功能块：0—标识块、1—编码信息块、2—著录信息块、3—附注块、4—连接款目块、5—相关题名块、6—主题分析块、7—知识责任块、8—国际作用块、9—国家使用块。

0XX 标识块：记录一些标识该记录或书上所刊的文献标识号。

1XX 编码信息块：包含一些描述记录或各个方面的固定长编码数据。

2XX 著录信息块：记录 ISBD 所规定的除附注项和标准号项以外的著录项目。

3XX 附注块：包含一些自由行文的附注项，以补充说明著录、检索点以及其他内容。

4XX 连接款目块：包含一些揭示该记录与其他书目记录之间关系的字段。这些关系包括层次关系、平行关系和时间关系等。

5XX 相关题名块：包含一些编目图书正题名以外的并通常出现在图书上的其他题名。

6XX 主题分析块：包含由词语或符号构成的不同体系的主题数据。东盟多语种文献编目的主题词可采用任何一种主题词表，比如，东盟对象国自己使用的主题词表，对于我国来说，推荐使用《中国分类主题词表》或《汉语主题词表》。

7XX 知识责任块：记录对所编图书著作负有某种知识责任的个人或团体名称。

8XX 国际作用块：包含一些不宜记入前面各块（0～7）由国际统一使用的字段。

9XX 国家使用块：保留给以 UNIMARC 为基础的国家格式用以自定义字段为本国使用。因此，国家格式可自行定义的字段范围有：9XX 字段、X9X 字段、XX9 字段，以及子字段 @9 和指示符 9。国际交换的书目记录不应包含本块的字段以及子字段 @9 和指示符 9。

（6）东盟多语种文献著录的详简级别。

可参照 CALIS 联合目录的要求，CALIS 联合目录提交的书目记录分为详编记录和简编记录两种。如正文为东盟多语种文献的有条件的馆可提交详编记录，没有条件的馆提供简编记录。具体可按如下规定处理：属于 ISBD 的八大项著录项目，无论详编和简编记录，各大著录项均按有则必备；对于著录大项中的著录单元，详、简记录有所差异，下表中列出的详、简书目记录的著录单元可供编目员在编制详、简级别的书目记录时作参考，如表 7-1 所示。

表7-1　书目记录著录单元列表（详、简级别）

详编记录	简编记录
题名与责任者说明项	题名与责任者说明项
正题名 一般文献类型标识（选用） 并列题名 其他题名信息 责任说明 第一责任说明 其他责任说明	正题名 一般文献类型标识（选用） 其他题名信息 责任说明 第一责任说明
版本项	版本项
版本说明 与版本有关的责任说明 附加版本说明 附加版本说明的责任说明	版本说明 附加版本说明
资源特殊细节项	资源特殊细节项
编号 其他特殊资源类型专门数据	编号 其他特殊资源类型专门数据
出版发行项	出版发行项
出版发行地 第一出版发行地 其他出版发行地 出版发行者 出版发行日期	出版发行地 第一出版发行地 出版发行者 出版发行日期

续表

详编记录	简编记录
载体形态项	载体形态项
数量和特定文献类型标识 其他载体形态细节 尺寸 附件（选用）	数量和特定文献类型标识 尺寸 附件（选用）
丛编项	丛编项
丛编或分丛编正题名 丛编或分丛编并列题名 丛编和分丛编其他题名信息 丛编或分丛编责任说明 第一责任说明 其他责任说明 丛编或分丛编国际标准连续出版物号 （ISSN） 丛编或分丛编编号	丛编或分丛编正题名 丛编或分丛编国际标准连续出版物号 （ISSN） 丛编或分丛编编号
附注项	附注项
根据附注字段定义选用字段	仅采用500字段，505字段选用
标准号与获得方式项	标准号与获得方式项
ISBN或其他标准编号 识别题名 限定说明（选用）	ISBN或其他标准编号 限定说明（选用）

（7）东盟多语种文献著录的语言和录入规则。

题名与责任说明项、版本项、出版发行项和丛编项的数据单元一般按文献规定信息源上所见的语言文字著录。编号项、载体形态项、附注项、标准号与获得方式项中常用术语的表述一般采用编目单位所选择的语言文字，即采用出版物本身所用的文字著录，如果对东盟语言不熟悉，也可以采用英语著录。但要注意，在著录过程中每个著录项目第一著录单元首词的首字母要大写，题名（含丛编题名）中的正题名、并列题名、交替题名、从属题名等首词的首字母要大写；其他著录单元首词的首字母、专有名词的首字母应根据东盟各国的语言文字的录入规定确定是否需要大写。

2. 东盟多语种文献编目的流程

由于编目馆员大多不能掌握多种东盟语言，因此，东盟多语种文献的编目除了走文献编目的一般流程外，编目前必须要先将文献的基本信息翻译成中文。所以东盟文献编目要经过以下几个流程。

（1）确定著录的基本信息。

按照 AACR2 的标准，明确本馆著录的级别，要做到哪一步，包括哪几个方面。由于条件不一，可选择的也不一样，有条件的可以完全按照 AACR2 的标准做详编著录。据调查，目前国内图书馆基本上没有这种条件，所以只能做简编著录。可以选择最能反映文献内容和特征的基本信息作为著录的内容，如著者、题名、出版项、稽核项、附注项等信息，并研究这些信息的来源（关于信息的来源后文将作规定），如从文献的哪些位置查找这些信息，或者从哪些网站可以得到这些信息。

（2）选取著录信息源。

综合 AACR2R—2002 2.0B1 "专著的主要信息源是题名页，如果无题名页，则采用能提供最完整信息的文献部分，无论其是封面、正文第一页、版权页、逐页题名还是其他部分" 和 ISBD（统一版）"优先选择的信息源是题名页，如果没有题名页，就用代题名页，代题名页信息源的选择依据是哪一种信息源有最完整的信息" 的规定，在对东盟多语种文献进行题名和责任者项确定的时候，主要从题名页、代题名页以及封面、前言、正文第一页、版权页、逐页题名、书末出版说明获取信息；综合 AACR2R-2002 2.0B1、ISBD（统一版）及《中国文献编目规则》（第 2 版）规定，进行版本项和出版发行项确定的时候，我们认为应依次从版权页、题名页、其他正文前书页、书末出版说明、封面、资源的其他页面来查找信息。在实际的操作中要灵活应用这些信息源来准确描述东盟文献的外部特征，从而完成优质的文献款目。

（3）文献目录基本信息的翻译。

拿到东盟多语种文献后，首先将文献的语种区分开来，然后将文献送给熟悉该语种的志愿者将文献内容和形式特征翻译出来。当然在此之前，必须进行志愿者招募和培训，提出工作的内容和要求，并指导他们如何从文献寻找所需翻译的内容并精准翻译出来。

（4）文献目录的字段选择。

根据ISBD规定，可得到8个著录项目的结构形式（卡片格式），"#"表示空位

正题名#[一般资料标识]#=#并列题名#：#其他题名信息#/#责任说明（第一责任说明#；#其他责任说明）.#--#版本说明#/#与本版有关的责任说明.#--#文献特细节.#--#出版地#：#出版者，#出版日期#(印刷地#：#印刷者，#印刷日期）

特定资料标识及文献文献数量#：#图#；#尺寸#+#附件.#--#(丛编正题名#：#丛编其他题名信息#/#丛编责任说明#；#丛编编号）

附注项

标准编号#：#获得方式

根据ISBD规定，可得到8个与著录项目对应的MARC21字段表如表7-2所示。

表7-2 著录项目对应的MARC21字段表

著录项目和著录单元	MARC21字段与子字段
题名与责任说明项	245字段
正题名	子字段@a
题名其余部分	子字段@b
责任说明	子字段@c
版本项	250字段
版本说明	子字段@a
版本责任项说明	子字段@b
编号项	362字段
编号（出版日期/卷期标识）	子字段@a
出版发行项	260字段
出版地	子字段@a
出版者	子字段@b
出版年	子字段@c

续表

著录项目和著录单元	MARC21字段与子字段
载体形态项	300字段
数量和特定文献类型标识	子字段@a
其他形态细节	子字段@b
尺寸	子字段@c
附件	子字段@e
丛编项	490字段
丛编题名与责任者说明	子字段@a
丛编标准号	子字段@x
丛编编号	子字段@v
附属丛编	子字段@a
附注项	5XX字段
语言附注	546@a
一般附注	500@a
原版附注	534@p
内容附注	505@a、@r、@t、@u等
书目索引附注	504@a
标准号与获得方式项	02X字段
国际标准书号（ISBN）	020@a
国际标准连续出版物号（ISSN）	022@a

注：上表按ISBD规定的著录项目顺序排列。MARC字段的排列及使用方法需要按照MARC格式及使用规则的相关规定排列。

三、东盟多语种文献资源分编存在的问题

东盟多语种文献资源属于外文资源的一种，我们在对这些资源进行分编的时候，发现存在很多具体问题。归纳起来主要有下面三个方面的问题。

（一）管理系统的问题

目前国内无论是公共馆还是高校馆都没有统一的图书馆自动化管理系统；各个馆都是根据自己的实际情况自行购买图书馆自动化管理系统。国内使用比较多的国外图书馆自动化管理系统主要有：以色列Exlihris公司的Aleph500、澳大利

亚 DYNIX 公司的 Horizon、美国 SIRSI 公司的 SIRSI Unicorn、美国 INNOVATIVE 公司的 INNOPAC. Endeavo 等。我国的图书馆自动化管理系统目前有 30 多种，使用比较多的图书馆自动化管理系统主要有：江苏的汇文 LIBSYS2000 系统、广州图创的 Interlib 系统、金盘公司的 GDLISXP 系统、WXCLXT、南京图书馆的力博系统、深圳科图公司的 ILASII 系统、北邮电信的 MELINETS 系统、北京丹诚公司的 DATATRANS 系统等。这些图书馆自动化管理系统都比较成熟，都各有各的优点，对于处理中文和大部分外语文献资源都能满足图书馆的各项业务要求，也能处理泰语、印尼语、马来语的文献资源；但对于缅甸语、柬埔寨语、老挝语、越南语的文献就有些力不从心了，比如广西民族大学图书馆用的金盘系统处理部分小语种的文献比较成功，但在处理缅甸语、柬埔寨语、老挝语文献时就出现问题，经常会出现题名录不进系统，或者可录入系统，但一保存字体就会变化（乱码）情况。

（二）编目人员语言障碍

随着我国和东盟各国交流合作的不继深入，对东盟的研究也更加全面、广泛；全国特别是靠近东盟各国的广西、广东、云南等需要大量的懂东盟语言、文化等的人才，与之相关的各高校和公共图书馆大量购买有关东盟的文献资源。从全国来说，培养东盟语言人才的高校不多，这就造成东盟语言的人才远远不能满足社会的需求，而能留在图书馆的懂东盟语言的人才更是凤毛麟角。以广西民族大学为例，广西民族大学是国家四个非通用语人才培养基地之一，培养大量东盟语种人才，广西民族大学图书馆的东盟文献数量在全国名列前茅，但广西民族大学图书馆现在只有一个越南语和一个泰国语研究生毕业的馆员，而其他东盟语种的人才则没有，造成了这几个语种文献分类编目进度慢，水平不高等问题。据调查，目前全国还没有一个图书馆能够配备每个语种都有相关语言背景的编目人员。大部分的图书馆都是只有英语背景的编目人员做东盟语种文献资源的编目工作。由于没有东盟语种的语言背景，掌握理解东盟语种的文献内容就比较困难，增大了分类编目东盟语种文献的难度。

（三）志愿者翻译的问题

目前各个图书馆针对大部分编目人员没有相关东盟语种的语言背景的情况下，大都采用招聘具有相关东盟语言背景的在校大学生或懂相关东盟语言的其他志愿者来帮助完成。因这些志愿者没有编目的基础知识，没有经过严格的岗位培训，只是经过简单的培训就上岗工作，而且大部分都以兼职为主，一周中可能只有一两天时间,不能像馆员一样全天在图书馆工作,因而对待编目工作的态度和责任心也不相同。由于语言的差异,编目人员与志愿者的沟通交流不畅也会对文献的内容或某个字段的翻译理解出现差错。基于上面的原因,也增大了准确分类编目东盟语种文献的难度。

四、东盟多语种文献资源分编策略

(一)系统的选择

针对东盟多语种文献的语言特点,对于图书馆自动化管理系统的选择最重要、最基本的一点就是能完全准确无障碍处理东盟各语种的录入问题,如果能做到同步翻译就更好了。同时系统还必须能提供方便快捷的信息服务,便于与其他系统共享数据。文献资源的建设和管理是图书馆的核心功能和服务宗旨,所以应优先考虑系统对各种文献资源管理的难易程度和规范性,特别是对于印刷与电子同时存在的图书、期刊、流通、管理一体化;注重对目前存在的各种文献资源整合和管理。同时通过信息化手段,细化信息服务模式,可按照用户的习惯,提供个性化、特色化的信息服务。其次还要考虑图书馆的未来发展趋势,数据开放和共享、支持开源、改进是未来图书馆自动化系统的主要趋势,因此要考虑系统与其他平台的交互和共享。再次应考虑售后服务和性价比,各类数据迁移是图书馆服务平台实施成功的关键因素,将旧数据迁移到新系统显得至关重要,因此要对迁移过程的平滑性和安全性进行有效分析。最后要根据图书馆的馆藏规模和图书馆的类型进行选择,最贵的不一定就是最好的,图书馆应根据自己的定位和特点选择最适合自己的系统。

(二)加强培训提高编目的准确度

为提高编目人员的水平,平时应在馆内请有经验的老编目员开展定期的业务培训常态化工作;并且在岗位设置的条件中规定,无论是中文或外文编目岗位,一定要取得CALIS或国家图书馆的中文或西文三级编目员资格证书才能骋任该岗位。在精神和物质方面鼓励青年馆员参加每年CALIS或国家图书馆举办的西文三级编目员资格培训和考试,为图书馆培养后备业务骨干。同时鼓励编目员参加东盟语的学习和培训,在掌握图书馆编目技能的同时,也需掌握东盟语言,为做到东盟文献的编目工作打下良好的基础。

（三）志愿者的培训

具有东盟语言知识背景的志愿者解决了图书馆对东盟语种文献分类编目的实际困难，是目前东盟语种文献资源分类编目的一个切实可行的方法。但这些志愿者缺少图书馆学知识，特别是分类编目的业务知识，因此，每个志愿者到图书馆后必须经过分类编目知识的专业培训，要求做到：一是能够掌握图书馆自动化管理系统编目模块的操作；二是如有可能最好达到简编记录的水平。最低要求能够掌握 ISBD 规定的 8 个与著录项目对应的 MARC 字段的名称和含义。同时也要指导志愿者对相应的 8 个字段的内容从何处来，让他们明了题名可从何处找、著者可从何处发现等。

沟通交流实际上也能起到培训的作用。由于东盟多语种文献的特殊性，志愿者具有扎实的东盟语言的知识背景，但缺乏图书馆分类编目的专业知识；而图书馆编目馆员具有扎实的图书馆学分类编目知识，但缺乏东盟语言知识。要做好分类编目工作，编目馆员必须经常与志愿者进行交流沟通，互利互补，达到一个最佳的工作合作模式，提高东盟语种分类编目的水平。

第二节　数字文献信息资源的组织与加工

一、东盟数字资源的组织

数字信息资源组织是指依据数字信息资源的固有特征，运用信息技术，对其进行揭示和描述，为数字信息资源提供有序化结构的过程。东盟数字资源是数字资源的组成部分，它的组织内容包括信息资源的外部特征和内部特征，一方面是描述存在于物理载体上的信息记录的外在特征，主要指信息载体的外形、题名、责任人、出版事项等。另一方面是揭示分析信息资源内容，根据特定的标引规则与工具，赋予信息内容一定标识，将信息记录组成概念标识系统。无论是信息描述还是信息提示，都是将东盟数字信息有序整理，使东盟数字资源从无序信息流转变为有序信息流，保证了用户对数字信息的有效获取和利用。

（一）东盟数字资源组织的意义

信息时代的知识呈几何级、爆发式增长，数字信息资源已经成为信息资源的主体，数字信息资源成为国民经济和社会发展重要的战略资源，它为社会提供丰富的非物质形态的社会财富。东盟作为中国周边环境的重要组成部分，是我国"搬不走"的邻居，为稳定和发展与东盟各国的睦邻友好合作关系，我国必须加强东盟文献信息资源建设和组织，它不仅可以促进中国与东盟国家之间政治、经贸、科教等方面的合作与交流，还会推动中华民族与相邻国家民族相互融合、和平发展，符合国际信息化发展的大趋势，为我国研究与东盟国家在经济和社会等方面共谋发展提供丰富的数字资源基础。

1. 数字资源组织为人们利用数字信息带来极大的便利

在现代信息技术的支持下，东盟信息资源建设中对信息的组织加工与处理，揭示信息形式特征和信息内容，促进东盟信息资源的深层次开发和远距离获取。信息资源建设构筑了庞大的数据库体系，经过组织和加工，数字信息以文字、数据、图像、声音、动画以及多媒体等多种载体形式显示，在内容上以书目、指南、词典以及全文等多类型显示。随着东盟国家现代信息技术的发展，其数字信息产生了巨大的存储量，也产生了许多数据库，出现了多入口多途径的检索方式，形成完善信息服务系统。良好的通信条件，使人们可以跨越空间获取所需的海量信息。图书馆对东盟信息的搜集和组织建成信息服务平台，让用户在图书馆或者自家就可以浏览网络和图书馆的最新东盟书刊和东盟网络信息，查阅东盟文献资源与数据，为人们随时获取东盟信息带来了极大的便利。

2. 数字资源组织有序化为社会创造巨大的非物质财富

东盟数字资源组织对无序的数字信息流进行整序，对数字信息进行鉴别、筛选、采集、加工、组织、管理，实现数字信息资源建设过程的最佳化。通过使东盟数字资源的组织有序化，把海量无序的数字信息集合成为可以利用的重要资源。同时，东盟数字信息资源经过组织加工后，可对东盟数字资源的再生产进行统筹规划、科学调整和控制，合理配置数字资源，从而加强数字信息资源建设的规范化和标准化，在各地能建立信息资源保障体系，使东盟数字信息资源真正成为可以为我国企业与东盟国家的合作提供决策信息和竞争情报的可创造巨大财富的资源。

东盟数字资源作为一种特殊的信息资源，它要依托计算机技术、通信技术和多媒体技术而产生，它能通过网络传输，具有查询全、检索便、复制易、传递快等优点。与传统的东盟纸质文献相比，东盟数字资源还不受时空限制，通过网络技术可供多用户同时使用相同的信息。随着电子、网络出版的飞速发展和文献数字化步伐的加快，东盟数字信息资源更是呈现出飞速增长的趋势，逐渐成为我国与东盟国家各政府机构、事业团体、学术学会、大专院校等用户利用的信息源。在当今信息社会里，有必要对庞杂无序的东盟信息资源进行组织建设，经过规划、选择、采集、组织、加工，使之形成有用的数字信息资源体系，以达到我国和东盟范围用户异地同时共享学习和使用的目的。

（二）东盟数字资源组织的原则

对东盟数字资源进行组织，必须有科学原则的指导，才可避免对东盟数字信息资源盲目、随意、无计划的组织，从而使东盟数字信息资源组织实现优选、有序，形成结构合理的信息组织体系和顺畅通达的信息组织流程。可遵循原则如下：

1. 目的性原则

东盟数字资源的用户多为研究我国与东南亚国家在政治、经济、文化、旅游等方面相互关系的各行各业的学者、学生，东盟数字资源必须以用户为中心，充分了解用户需求，紧密围绕用户信息的需求开展数据组织，注意目标用户的需求姿态和变化特征。坚持用户至上的观点，在东盟信息组织过程中精确定位用户的需要，充分保障用户的利益。

2. 客观性原则

东盟数字信息资源的描述和揭示的数据，必须是客观存在的数字信息本身，组织东盟数字信息要完整、全面、精确地反映其客观特征，体现东盟数字信息资源的发展变化，避免对东盟数字信息资源的错误表述，以保证东盟数字信息资源的真实客观性。

3. 标准性原则

组织东盟数字资源，要应用标准化的信息组织技术和标引语言，使东盟数字信息资源组织与现代信息组织技术和方法保持一致，确保不同系统间的数据无缝交换，实现用户和系统以及系统与系统之间的有效沟通。

4. 易用性原则

对东盟数字信息资源的组织，既要考虑普通用户的信息检索特点，使东盟信息资源数据库尽量简单易用，也要考虑专业用户的信息需求，提供更专业的检索功能，使查询到的东盟信息显示清晰明了。总之，要使用户查询简单方便，信息传递及时准确，让用户体验感好，感觉简单易操作。

5. 系统性原则

在对东盟数字资源进行组织的过程中，要加强数字资源组织工作的系统管理,包括处理好数字信息资源各环节之间的关系、信息资源的宏观信息组织和微观信息组织之间的关系以及不同语种数字信息资源处理方法之间的关系,实现东盟数字信息组织的整体效果。

6. 完备性原则

完善东盟数字信息资源组织网络体系,构建整合各类型的数字信息资源,如全文文本信息、图像、声音、视频信息等,还要依托国家信息基础设施,及时采用高精尖等各种新技术,使东盟各类数字信息对象范围的收藏完备,成为一个完整的东盟数字信息资源体系。

(三)东盟数字资源组织的原理

东盟数字资源组织包括对传统图书馆东盟文献信息资源的数字化处理,使其在数据存取层面构成整体。从外在形式上看,不仅数字信息资源组织与传统文献信息组织已经有区别,而且数字资源的基本内容与传统文献信息也存在一定的区别。因此,对东盟数字信息资源组织内容涉及原理包括优化数据、著录标引、确定标识、整理存储、无缝链接。

1. 优化数据

优化数字信息资源是根据用户的需要,从纷繁复杂的信息中把符合既定标准的一部分数据挑选出来的过程,由于数字信息易生成、易复制与传播快,数字信息的质量与价值参差不齐,必须要对东盟数字信息资源进行有效的评价和筛选,以提取到质量高的、有价值的信息,结合优化选择数字信息资源的标准,把适合用户需求、真实可靠的信息挑选出来,为东盟数字资源的组织提供良好的基础。

2. 著录标引

对东盟数字资源组织的外部特征和内部特征等重要内容进行记录和处理的过程,在东盟数字信息资源组织中起着至关重要的作用。通过著录,对东盟数字信息资源组织形式特征进行描述,不同国别语种的数据要按照一定的格式形成各自款目以供用户识别。而经过数据标引,了解数字信息资源内容特征,在分析信息内容属性及相关形式属性的基础上,通过特定的检索语言(如分类语言、主题语言)静态分析出数字信息的属性和特征,并赋予信息检索标识。因此著录标引也是为了保障信息的有效组织和提高信息的检索效率。

3. 确定标识

检索标识是以简练的形式表现数据的信息特征,目的是为用户区分和辨识信息，以作为有序存储和检索信息的依据。通过给符合用户需求的、有效的数字信息资源确定检索标识，建立东盟数字化信息资源的标识体系，保障了数字信息在组织过程中的有序性和易查询性。

4. 整理存储

对给定检索标识的东盟数字信息资源进行整理，按分类或主题形式存储，不同的内容进行区别，使之成为条理清晰、层次分明的信息集合体，还应按照一定的格式和顺序将这些数字信息存储在特定的系统，这也增加了东盟数字信息资源的可控性、有序性和易用性，为高效率地利用信息资源提供条件。

5. 无缝链接

面对信息数量的增长和内容的交叉重叠，用户需要借助权威的信息导航和评估系统进行信息选择和获取。系统要具备快速、准确和过滤功能，还要求信息资源组织实现跨平台的资源无缝链接，要让系统整合东盟各国的文字，实现各种数据、知识模块之间的自由、灵活转换。因此，为支持用户对多种异构和动态的数字信息资源的有效利用，需要组织建立面向开放和分布数字信息环境的集成协调机制及相应的服务系统，如集成数据资源、整合信息检索方式，通过开放数据转换平台、开放链接服务系统、开放用户使用控制系统等，以使用户能够快速集成、无缝链接所需的信息资源。

（四）东盟数字资源组织的方式

东盟数字资源组织的方式是指人们利用现代技术，结合东盟数字资源的特点，对其进行加工、整理、排列、组合，使之有序化、系统化以后所呈现给用户的结构方式和表现形式。由于网络环境为数字信息资源的管理制造了空前复杂的环境，对东盟数字资源的组织与管理提出了更高的要求。目前，使用较为普遍的网络信息资源组织方式主要有文件方式、数据库方式、超媒体方式、搜索引擎方式、主题树方式等。

1. 文件方式

文件是一种有组织的集合，它适用于对非结构化信息资源进行组织管理，如程序、图形、图像、音频、视频等。但随着数字信息资源的不断增长与网络利用的普及，以文件方式来组织与日俱增的数字信息资源，就会存在因文件过大，使信息在网络传输速度变慢，降低网络信息资源的利用率，也就降低了信息组织的效率。因此东盟数字资源加工多采用此组织方式，可通过扫描时降低分辨率控制文件大小。

2. 数据库方式

数据库方式是把所获得的东盟信息资源按照固定的记录格式存储并组织，用户可通过关键词及组配查询找到所需要的东盟信息线索，再通过信息线索链接到相应的东盟网络信息资源。联机数据库中的信息资源是数字化的文献信息，其组织与检索有较强的理论和实践基础，有专门机构或开发商组织开发，并配有专业信息加工、组织人员，因此其信息组织更规范、描述更准确，信息内容学科性、专业性更强，而且检索功能相对完善，检索效率高。由于东盟信息资源的利用率相对较低，很少有专门的机构或开发商组织开发。因此，此类资源多数由用户有此需求的图书馆自行开发，像国家科技图书馆、广西民族大学图书馆、洛阳外国语学院图书馆均有自行开发的东盟文献信息（网络）数据库。

大多数数据库基本上都使用的是全文关键字词检索技术，为了提高检索效率，开发多种辅助的检索功能是非常必要的。在联机全文数据库方式中，使用包括基本关键词检索、高级关键词检索、数据库限定、主题指南、历史检索等在内的全文关键字词检索技术，其检索效率大大优于搜索引擎方式。东盟文献信息数据库最好也采用这些技术，但由于东盟文献图像版的OCR识别还不够完善，有些语种文献信息的检索还不能实现全文检索，这有待于技术的进一步完善。

3. 超媒体方式

超媒体方式将超文本技术与多媒体技术结合，将文字、表格、声音、图像、影视等多媒体信息以超文本方式组织起来，使人们可以通过高度链接的网络结构在各种信息库中自由查询，找到自己所需的东盟媒体信息。建立的链接关系是文本、图像、图形、声音、动画和影视片段等媒体之间的关系。

超媒体方式在组织网络信息资源上的优点表现有两种。①具有联想式的信息组织方式。超媒体采用非线性的由节点和链来组成的网状结构组织块状信息，类似于人类的联想记忆结构，用户可以通过网络浏览数字信息资源。②具有图、文、声并茂的信息服务功能。超媒体技术把数字、文本、声音、图形、视频等有机地整合，方便地描述和建立各媒体信息之间的语义关系，能满足人们自然交流信息的过程。这种技术的应用使得东盟多媒体信息资源能够更好地组织起来，为大众多元化的东盟信息需求提供个性化的服务。

4. 搜索引擎方式

搜索引擎是一种利用网络自动搜索技术，对因特网各种资源进行标引，并为检索者提供检索的工具,也是目前网上二次信息组织最常用的一种方式。按搜索的内容划分,搜索引擎分为全文搜索引擎(Full Text Search Engine)和分类目录(Directory)。全文搜索引擎通过网络机器人Spider或叫网络蜘蛛Crawlers的软件,自动分析网络上的各种链接并获取网页信息内容,按规则加以分析整理记入数据库。

分类目录则是通过人工的方式收集整理网站资料形成的数据库。它实际上是一种自动跟踪、浏览网页并进行标引的智能软件,一般由采集系统、建库系统、索引查询系统、备份复制系统、目标缓存系统和目标管理系统组成。它的工作原理可概括为信息的采集和存储、信息索引的建立、检索界面的建立、检索结果的相关处理。利用搜索引擎技术,一方面图书馆可以从网络上搜集东盟国家的各种信息,并按规则建成数据库;另一方面,用户可以方便地利用自然语言进行信息检索,获取所需要的信息资源。

5. 主题树方式

主题树方式是将信息资源按照某种事先确定的概念体系结构,分门别类地逐层加以组织,用户通过浏览的界面逐层加以选择,直至找到所需要的信息线索,并能过信息线索直接找到相应的网络信息资源。它一般采用人工方式采集和存储信息,即由数据库人员对网站进行调查收集、分类、存储和组织,由专业人员手工编制关键字索引,然后建立索引数据库。

在信息资源组织与开发中,要运用先进的信息组织技术,不断改进信息资源组织方式,使信息资源组织成果方便用户的选择和利用,尤其要注意将被动的信息资源检索变为主动的信息资源推送和知识导航,在信息资源与服务的整合开发和特色性方面下功夫,为用户提供便捷的功能,以优质服务吸引用户。

目前,数据库方式与超媒体方式是网络环境下的主流现代网络信息资源组织的方式,这也是网络信息资源组织的未来发展趋势。

(五)东盟数字资源组织的方法

1. 分类组织法

分类组织法是借助网络多种多样的功能为用户提供信息资源的组织方法。分类组织法是从宏观的角度出发来为用户揭示信息内涵。它能够按照学科来分门别类,缩小信息检索的范围,这样能够提高搜索的准确率,使用户利用分类组织法检索出自己所需信息。同时分类组织法把学科知识的分类作为检索的基础,用符号来标记,对东盟各个国家不同语言的数字信息采用同一分类标准,便于不同国家的用户快速检索信息。

2. 主题组织法

主题组织法是利用词语来检索,按照主题来组织信息资源,它可以弥补分类组织法的不足。由于主题组织法可以检索特定的主题来处理网络信息资源组织,通过利用词表组织法和关键词法,使检索词能达到更高的精确度,用户检索关键词之后就能获得相关的超链接和检索结果。东盟数字资源库由于包含了不同国家、不同语种的信息,一般是按各语种来进行各国主题词语组织,以揭示文献信息资源的内容特征。

3. 元数据组织法

网络信息资源组织方法中的元数据组织法是采用通用数据单元的方式来描述信息检索的,用数据库表现组织的结果,或者直接嵌入在信息资源里面,最终让使用者可以通过数据来辨认资源,并且能够促进对信息的检索利用。元数据组织法还可以描述网络信息。

目前流行采用分类标引和主题标引组织法,使分类主题一体化,是数字信息资源组织比较适用的方法。分类主题一体化把知识的自然语言表述与查询融为一体,满足了网上信息资源组织与查询的需要,实现搜索引擎的搜索功能,便于用户快速查询信息。因此对东盟数字资源的组织采用元数据的方式能与对象国的网络信息组织无缝关联,是十分有效的。

4. 本体法

本体是指一种"形式化的,对于共享概念体系的明确而又详细的说明"。本体提供的是一种共享词表,也就是特定领域之中那些存在着的对象类型或概念及其属性和相互关系;或者说,本体就是一种特殊类型的术语集,具有结构化的特点,且更加适合在计算机系统中使用。本体是人们以自己兴趣领域的知识为素材,运用信息科学的本体论原理而编写出来的作品。对于东盟国家网络信息资源的组织来说,利用本体可以针对这些国家的相关领域属性进行推理,并定义该领域(也就是对该领域进行建模)。

二、东盟数字资源的加工

传统的信息资源组织具有离散和大众化的特点,为所有的用户提供同一模式的服务,不能针对特定的对象提供特定的服务,用户获取信息的速度慢,因此适应用户需要的能力较差。为适应特殊化信息服务的需要，需要进行面向特殊化服务的数字信息资源组织，由于用户的信息需求存在不同差异，不同国别、专业、职业、学历层次的用户需要不同，因此，东盟数字信息资源要顺应用户的特殊化、多样化信息需求，为特定用户提供个性化、专业化、课题化服务。

东盟多语种信息资源全文数据库立足于广西的区位优势，依托广西民族大学图书馆东盟文献信息中心图书而建立，因其收藏语种多，能提供全文浏览等特点而突出，为中国与东盟各国的文化交流、学术研究、人文旅游等方面提供了便捷的信息资源。以下加工流程都根据该数据库来进行实例说明。

（一）东盟数字资源加工技术

1. 数据库技术

数据库技术是指通过数据库系统，对信息进行整序并存储的技术，它是实现信息组织的重要手段，是信息系统的核心和基础。

数据库技术及其应用系统诞生于20世纪60年代，随后经历三代数据库的发展，成为现代信息技术重要组成部分。第一代数据库的代表是1969年IBM公司层次模型的数据库管理系统IBM和20世纪70年代美国数据库系统语言协会CODASYL下属数据库任务组DBTG提议的网状模型。第二代数据库的主要特征是支持关系数据模型，如数据结构、关系操作、数据完整性。第三代数据库是分布式数据库，产生于20世纪80年代。它支持多种数据模型，如关系模型和面向对象的模型，并和诸多新技术相结合，它允许用户开发的应用程序把多个物理上分开的、通过网络互联的数据库作为一个完整的数据库。

由于数据库是数据管理的最新技术，是计算机科学的一个重要分支。它是存放数据的仓库，为了满足某一部门多个用户、多种应用的需求，安装一定的数据模型，在计算机中组织、存储和使用的相互联系的数据集合，是管理大量可靠和共享的数据工具。目前服务器端多使用数据库管理系统SQL Server，它是1988年与Sybase公司共同开发的运行于OS/2上的联合应用程序，它为用户提供了完整的数据库管理和分析解决方案，以处理目前能够采用的许多种不同数据形式为目的，通过提供新的数据类型和使用语言集成查询。

2. 图书加工扫描技术

传统纸本图书要成为网络数字信息，就要进行加工扫描，这是变为数字信息资源、把图书数字化的首要步骤。目前大多采用的扫描软件Vuescan和PDF转换软件，可把纸本转变为电子文档，通过编辑软件把扫描好的 TIF 文件通过合并转换为 PDF 文件。数字加工系统可把 S2、PS、DOC、PDF、Tiff 等文件模式转换成 CEBX 电子书格式，既保留了原文件的字符、字体、版式和色彩的所有信息，又利用扫描时进行压缩处理，最大限度降低对存储空间的要求，使电子文件成为符合使用的数据信息，上传到数据库系统进行处理。

（二）数据加工和网络发布平台

数据加工包括对纸质文档的处理和对网络收集信息的筛选、清洗，对纸质文档的处理主要是通过集成主流的 OCR 来支持，同时利用全能数据加工平台的高效率标引、灵活输出等特性处理系统采集和加工网络搜集到的信息，并与数字化的资源整合在同数据库中进行网络发布。

广西民族大学亚非语言原版图书库系统分为客户端和服务端管理系统，即采用 Client/Server，服务端使用 Microsoft SQL Server 数据库进行中心存储，它把加工扫描合成的单本电子图书进行格式转换、数据导入、著录查重、进行元数据标引、目录制作、分类等，根据各书情况填写出版信息、出版国别、语种等信息，把录入的数据分国别分类完成数据加工过程。之后再进入数据的审核和发布阶段，把数据导入多媒体链接库，以备服务端系统进行管理。

数据库的客户端的数据完成加工审核和发布后，还要依靠网络发布平台来处理发布和修改整理。系统的服务端通过建立各类资源库，对资源库客户端数据进行各种数据信息的设置，接受客户端远程提交到服务端的信息后，服务端在后台进行资源管理和任务管理，并发布到网络上供用户远程利用，以便完整清楚地在网络上查阅加工好的数字信息资源，即把纸本图书变为电子图书在网上给用户如实呈现并浏览全文，从而获取所需的信息内容。

（三）加工对象实例

广西民族大学亚非语言原版图书文献库，主要是根据学校图书馆馆藏特色，把历年收藏的东盟国家图书经一定标准选择后，一般将学术性强的政治、经济、法律、教育及文学、艺术以及教学用的教科书作为扫描加工重点，对于一些时效性比较强的文献，如计算机等已经过时的文献则不在选择之列。对有关东盟国家民族文化、风土人情以及旅游、美食方面用户休闲娱乐需要的文献会择优选择。然后，按国别语种进行数字扫描，加工合成为电子图书。目前收录有泰国、越南、缅甸、老挝、柬埔寨、马来西亚、印度尼西亚七个国家的原版图书 3 万余种，其中越南语和泰语原版图书较多。通过数据库可以查到这些国家的馆藏原版电子图书，极大地方便用户，足不出户就可在线浏览东盟国家图书，了解这些国家的经济文化、文学艺术、风土人情发展状况，为推动双方共同发展和交流提供丰富的信息基础。

（四）数字文献信息加工流程

1. 纸质图书数字化

将符合条件的纸质图书挑选出来，作为数据库收录的记录。使用扫描仪功能，把各语种的图书逐一扫描，每册图书都有一个目录，扫描后的纸质文档或图书生成多个图像文件，利用文档转换软件，把多个图像文件调整页面顺序，然后通过合成一个 PDF 文件，完成一册图书的数字化。

（1）扫描。

首先，在客户端合适存储的硬盘建立欲扫描图书的同名空目录，然后打开 PaperPort 软件，找到本册纸本图书的同名空目录，并打开留做扫描后接收每页扫描信息。这样方便扫描之后图书每个文件存储到目录里，对应同名纸质图书的电子图书文件。

其次，连接扫描仪，打开 Vuescan 软件，进入图书扫描过程。设置输入为 .jpg，在图像识别选择分辨率设置，这样可以控制文件的大小和清晰度，还可以设置彩色页面、照片、黑白文档等。然后还要在输出项设置，找到之前建立的扫描书名空文档，这步就相当于是让扫描后的每一页自动加入文档，以便合成。这些准备扫描之前的步骤完成之后，可以开始把图书放到扫描仪进行扫描。扫描仪有预览功能，首先设置好扫描图书的边框，完成第一页的扫描标准，之后再进行扫描就不用每次都用预览功能，这节省了时间，大幅提高了扫描的速度。各选项如图 7-1 所示。

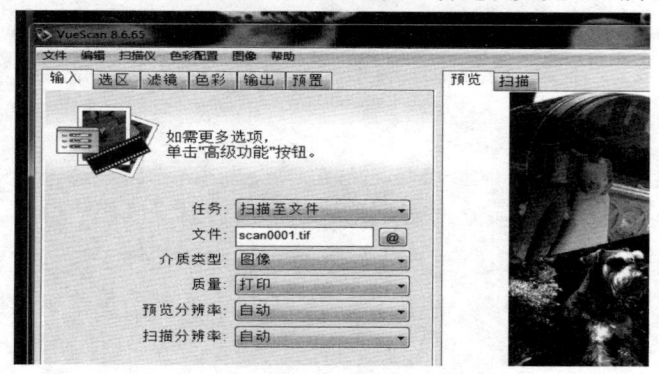

图7-1　东盟文献扫描设置界面

（2）合成。

扫描完成的图书是一页页的文档（图片），需要将它们进行调整、压缩、合成一个PDF文档，这样才能上传到数据加工系统进行著录。进入已扫描好的文档，使用Adobe Acrobat Reader软件，就可以对文档里的所有页面进行转换并合成。合成过程中，需要对扫描时的文件进行页面优化，一是采用页码旋转功能，及时调整页面颠倒，以免造成使用者阅读的不便。二是修补错漏页码，采用页码插入等功能，可进行页码调整。经过这些调整，一本纸质图书才比较完整地合成保存为可以进入数据库加工系统的数据。

系统还可以将各类文件格式（如S2、PS、DOC、PDF、TIFF等）转换成电子书格式，通过软件合成后，这些扫描后的图书数据既保留原文件的字符、字体、版式和色彩的所有信息，同时压缩处理，最大限度降低对存储空间的要求。对于扫描纸质文档或图书的多个图像文件，可以调整文件顺序制作成PDF文件。

2. 数据录入处理

有了基础的电子数据后，如果想让用户如实看到原版图书的信息，就必须进行数据的处理，也就是进行分类、著录、审核、发布等流程。进入数据加工客户端系统，操作管理人员要使用元数据标引、目录制作、分类和多媒体链接功能，转换制作图书等数据资源。

（1）数据加工。

登录客户端管理系统，创建新文件，调入已合成的文件，将PDF文件调入转换成CEBX文件，上载到加工系统，就可以对此图书数据进行加工，对信息数据进行基本信息著录有：自定义元数据、自定义分类和电子数据的加工。数据加工包括文档格式转换、书目名称、书目责任者、出版信息、分类、目录制作、多媒体链接等，通过数据加工系统，用户可以将已有的电子文档或扫描好的图书/文档的封面、正文、封底、插页组织起来，转换成CEBX文件格式，实现转换制作图书等数据资源的功能（图7-2）。

（2）数据审核。

操作员在各自的客户端分别完成元数据标引、目录制作、分类、多媒体链接工作后，还须对这些数据进行审核，如果有误，则须在加工流程中对数据进行重新加工，如果核对信息合格，则通过审核。通过审核的数据就可以进入数字发布环节。

（3）数据发布。

经过审核好的数据由客户端管理员导入数据发布系统，并根据数据内容选择存放的数据库，同时，选择好各种参数上传到服务器。至此，文献数字化的流程全部实行完毕，无论是系统管理员还是数据加工员，甚至是用户都能在网络平台看到处理后的数字全文。实现既可查到馆藏纸本基本信息，还能阅读全文。

图7-2　数据加工的结果显示

图7-3为越南语图书全文阅读截屏，可通过题名、责任者、出版者、日期、语种组织东盟多语种数字信息资源。用户也可以通过题名、责任者、出版者检索所需的信息。

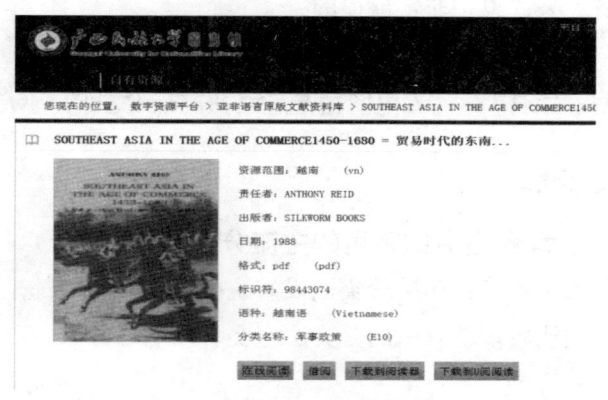

图7-3　越南语图书全文阅读截屏

3. 东盟文献资源数字加工流程

通过以上图书加工流程可以看到，文献资源数字加工要经过图书扫描，合成电子数据，进入数字加工系统进行著录处理，形成合格信息后上传到网络管理平台，发布全文信息。图7-4是东盟文献资源数字加工的流程。

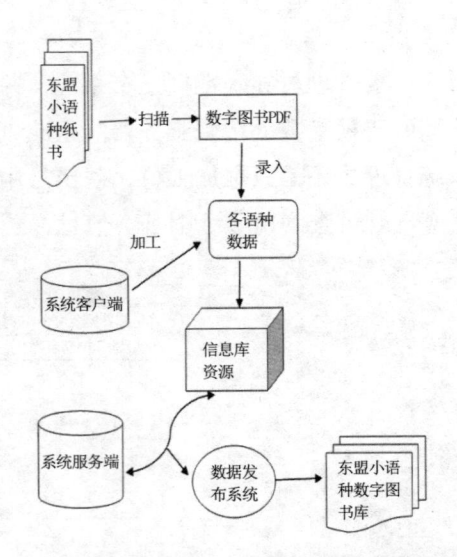

图7-4　东盟数字文献资源加工流程图

上述操作使用户只要在网络IP允许范围内就能查阅东盟多语种全文数据。广西民族大学的东盟数字文献数据库是网络可查书目，学校IP范围内可阅读全文，极大地节省了用户的入馆时间和查找时间，也便于用户在异地不接触情况下查阅所需文献信息资源，并且阅读不受纸本复本数量限制而获得所需语种图书数字资源，从经济上来说也是非常值得的。

第三节　文献信息资源建设的标准

一、分类标准

（一）东盟及世界图书馆采用的主流分类体系

目前世界各国图书馆使用的分类法没有统一规范，各国都是根据自己的需要选择分类法。使用比较多较有名的分类法主要有以下五种。

1. 杜威十进分类法

《杜威十进分类法》（Dewey Decimal Classification，DDC）是信息分类领域使用历史最长、流行最广、影响最大的一部等级式分类法，是国外文献分类法发展史上一个重要的里程碑。DDC于1873年由美国麦维尔·杜威（Melvil Dewey，1851—1931）设计，因其用阿拉伯数字十进（小数）制号码作标记符号而著称。初版发表于1876年，是一部首创的十进制分类法，因而闻名世界，对西方国家及其以后产生的分类法均有较大影响。该法于 1910 年被介绍到我国，对我国近代分类法向现代分类法的演进起到了很大的推动作用。DDC 已被全球超过 135 个国家的 20 多万个图书馆使用，并且被翻译超 30 种语言，包括阿拉伯语、汉语、法语、希腊语、希伯来语、意大利语、波斯语、俄语、西班牙语及土耳其语等。在美国，有 95% 的公共图书馆及学校图书馆、25% 的学院及大学图书馆、20% 的专业图书馆使用 DDC。据了解，东盟各国的图书馆也使用了 DDC。此外，DDC 更能用来组织网际网络上的各种资源。

2. 国际十进分类法

《国际十进分类法》（Universal Decimal Classification，UDC）是继 DDC 之后另一个历史悠久的分类体系，由比利时目录专家保尔·奥特勒和亨利·拉封丹编制。1905 正式出版第一版，至今已修订再版多次并已有 23 种文本，应用于世界许多国家约 10 万家单位，是现在西方使用最广泛的分类法之一。UDC 的类目表由正表、辅助符号和辅助表组成，是一部层层展开的等级式体系分类法。标记符号采用纯数字和十进制度，类号排列采用小数制，运用多种辅助符号来代表各种主题概念，并使用组配方法充分、全面反映多主题、复合主题，以标识各种复杂的信息资料主题。UDC 类目详细，总量达 15 万条。东盟国家的图书馆也用该分类法进行文献分类。

3. 美国国会图书馆图书分类法

《美国国会图书馆图书分类法》（Library of Congress Classification，LCC）是美国国会图书馆编制的大型综合性等级列举式分类法。分类表大纲始于 1901 年，整个分类法主要是在美国国会图书馆馆长 G.H. 普特南主持下，根据美国国会图书馆藏书的分类需要开发的。类表编制前，国会馆曾考察了当时流行的几种分类法，决定在吸收 C.A. 克特的《展开式分类法》结构的基础上编制新表。LCC 是一部列举式等级分类表，共分 21 个大类，大类之下从一般到特殊详细列出子目录。标记符号采用拉丁字母与阿拉伯数字组成的混合号码。字母表示基本大类和二级类，用数字表示三级以下类目，数字采用序数制。LCC 目前被美国的各图书馆广泛采用。

4. 冒号分类法

著名的印度图书馆学家雅里拉马立塔阮冈纳赞（Shiyali Ramarita Ranganahan）于 1933 年首次编辑出版了《冒号分类法》（Colon Classification）。冒号分类法由分类规则及分类法使用说明、分类表、印度经典分类表三部分组成，另附有分类法主题索引。冒号分类法的思想体系是把事物分为本体（Personlity）、物质（Material）、动力（Engery）、空间（Space）和时间（Time）五种基本范畴，按分面公式和连接符把不同的面组配成一个能表达完整概念的类号，突破传统的列举式分类体系，开创了分类法的新局面。

5. 中国图书馆分类法

《中国图书馆分类法》简称《中图法》，是在我国文物事业管理局的支持下，由北京图书馆倡议，集中全国 36 个大型图书情报机构的力量共同编制的一部大型综合性文献分类法，现已经出版 5 个版本。1975 年出版第 1 版，前 3 版的名称为《中国图书馆图书分类法》，并陆续为全国图书馆和图书情报机构普遍使用。从第 4 版起改名为《中国图书馆分类法》。《中图法》是按照图书的内容、形式、体裁和读者用途等，在一定的哲学思想指导下，运用知识分类的原理，采用逻辑方法，将所有学科的图书按其学科内容分成几大类，每一大类下分许多小类，每一小类下再分子小类。最后，每一种书都可以分到某一个类目下，每一个类目都有一个类号。

（二）东盟多语种图书组织采用的分类法

据统计，国内有 90% 的图书馆用《中国图书馆分类法》分类原版外文文献❶，国家图书馆是同时在 MARC 中标《中国图书馆分类法》《杜威十进分类法》《美国国会图书馆图书分类法》分类号；排架则用《中国图书馆分类法》。但也有不同声音，认为应该用国际上使用比较广泛的《杜威十进分类法》来分类西文图书。原因是，其一，在国际化办学、留学方面，我国不仅是生源输出大国，而且成为留学目的地大国，来华留学生和外籍教师人数呈现上升的趋势。接受外国留学生已成为我国教育国际合作与交流的重要组成部分。对于这类用户群体，他们获取信息的主要来源就是图书馆和网络。不管是来华留学生还是外籍教师，由于他们大多来自西方国家，了解更多的是《杜威十进分类法》和《美国国会图书馆分类法》，对中国图书馆的图书分类体系则不懂，从而搞不明白图书排架的方法。若采用杜威法为西文图书分类，将更方便外籍用户利用文献，同时也方便他们对中国社会和中国高校、中国科研的了解，对于宣传中国政治、文化，展示中国形象也能起到助推作用。其二，近年来出国留学人数激增，从 2003 年不足 12 万人，

---

❶ 林丽娟.《中国图书馆分类法》（第五版）在类分西文图书中的局限性及改进建议 [J]. 图书馆理论与实践，2017（8）：53-55.

到 2007 年上升到近 15 万人。而在国外做学问和在国内是完全不一样的。中国是被动形式的学习，在国外完全是主动的，要自己去找问题找答案。要找问题答案首先就必须学会使用所在学校的图书馆，熟悉所在国文献资料的分类和检索方法。而据调查，大部分留学生在国外仅为熟悉文献资料的分类和学习文献检索方法就花去了大量的时间。如果这类用户群体在国内就对国外的图书分类法有所了解，则可为他们在国外的学习奠定一定的文献检索基础，对他们在国外的学习大有裨益。其三，《中图法》自身的类目设置问题，也影响了这类用户群体的对该分类法的正确运用。就《中图法》而言，目前尚存在类目设置问题（包括立类不当、详略不当、新增类目位置不当、类名不规范等）和注释问题（包括注释不全面、不明确、不准确等）。

我们认为，还是应该使用《中图法》来分类东盟多语种图书（含西文图书），一是《中图法》在中国已被大部分图书馆使用，可以说是中国国内分类所有图书的国家标准。二是如果换成国外的图书分类法分类西文图书，不说用户不适应，就是图书馆的编目人员也不适应，还要重新学习这些分类法。三是真正使用这些分类法的用户是非常少的，仅局限于外国留学生和外国专家，而这些外国留学生和专家因不具有图书馆学专业的背景，其实也不会很熟悉这些外国分类法。

二、编目标准

（一）东盟及世界图书馆采用的主流编目格式

目前 MARC 格式较多，世界各国并无统一规范。世界各国图书馆现有的 MARC 格式大致可以归纳为四类。

1.《国际机读目录格式》

《国际机读目录格式》（Universal MARC Rormal, UNIMARC）是由 IFLA 在 1977 年正式出版，1980 年又出版第 2 版，1987 年出版《UNIMARC 手册》，之后由 IFLA 的国际机读目录格式常设委员会不断进行补充和修订，并于 2008 年和 2009 年正式出版《UNIMARC Manual Bibliographic Formal》（3rd Edition）和《UNIMARC Manual Authorities Formal》（3rd Edition）。UNIMARC 包括以下类型：

①书目格式：UNIMARC/B——UNIMARC/Bibliographic

②规范格式：UNIMARC/A——UNIMARC/Authorities

③分类格式：UNIMARC/C——UNIMARC/Classification

④馆藏格式：UNIMARC/H——UNIMARC/Holdings

UNIMARC实现了不同文种、不同载体的文献机读目录格式的一体化,为不同国家书目机构之间的机读目录交换创造了条件,推动了各国机读目录格式的研制和修订,它是IFIA推广使用的格式。UNIMARC是欧洲部分国家、日本图书馆普遍采用的格式。

2. MARC21

1997年2月,美国USMARC和加拿大CAN/MARC两种MARC格式实现统一,新的MARC格式在1998年命名为MARC21(即21世纪的MARC)。MARC21允许被用于具两个位元组的MARC-8或Unicode的其中一种可变长度字元编码的UTF-8,MARC-8是基于ISO 2022的格式,可用于希伯来语、阿拉伯语、希腊语及东亚字体。现阶段的MARC21已成功地被应用于大英图书馆、美国国会图书馆及加拿大国家图书馆,是目前美国、加拿大、英国、澳大利亚等国采用的编目格式。东盟大部分国家也采用这种格式。

3. 各国MARC

很多国家在UNIMARC、USMARC等MARC的基础上生成本国MARC格式,如我国的CNMARC。CNMARC是《中国机读目录格式》(China Machine-Readable Catalogue Format)的缩写,是用于中国国家书目机构同其他国家书目机构以及中国国内图书馆与情报部门之间,以标准的计算机可读形式交换书目信息。中国机读目录研制于20世纪80年代。1987年我国开始参照UNIMARC,结合中国国情制定了中国的MARC格式(CNMARC),1991年国家图书馆正式向全国发行CNMARC记录,1996年2月6日正式确立CNMARC为国家标准,1996年7月开始实施。

4. 其他MARC

其他格式的MARC也不少,但应用的范围不广。

(二)东盟多语种图书采用的编目格式

采用何种MARC编目,关系着将来数据共享的方便与否。目前国内编目东盟多语种图书的格式主要有MARC21、UNIMARC和CNMARC,CNMARC最主要的优点是编目员不用再学习其他MARC格式,无论是中文或其他语种图书的所有MARC字段都一样,比较容易上手。但缺点是不能与国外的图书馆无缝对接共享数据。据了解,CALIS和国家图书馆对西文图书(含东盟多语种图书)的编目都是MARC21格式,而且CALIS已正式启用RDA编目规则,因此我们认为,东盟多语种图书应该采用 MARC21 格式编目。这样能够更好地与国外的图书馆无缝对接共享数据，而且也能与国家图书馆联机编目中心和 CALIS 编目中心的编目实现数据共享。如果图书馆使用的是和国家图书馆、CALIS 联机编目中心相同的 MARC 格式，便能顺畅使用联编中心的数据，并能上传各馆数据，这样就可以最大限度地实现资源共享。

第八章 东盟网络信息资源建设

网络技术的发展提高了信息资源传播效率,互联网是当前人们获取信息资源的首选来源。挖掘东盟及相关国家互联网信息资源,是东盟网络信息资源建设的重点内容,可以极大地扩展东盟信息资源建设的质量与数量,提升信息的时效性。本章将探讨东盟网络信息资源建设的问题,包括建设的内容、办法和工具,通过一系列的建设过程,形成强大的集成数据系统,即可通过东盟信息服务平台发布并提供用户使用。

第一节 开放存取OA资源的搜集和整合

开放获取运动是国际出版界、科技界、学术界等为了推动科研成果、促进学术传播利用而在20世纪90年代发起的运动,到2002年《布达佩斯宣言》发表时已经取得了较大的进展。开放存取(Open Access,OA)是随着开放获取运动逐渐发展起来的学术信息共享理念和出版机制,是一种公开科学研究成果、共享学术信息的重要的网络学术资源。研究人员可以在不同时间和空间免费获取和使用学术资源。OA资源包括:开放仓储(学科知识库、机构知识库)、OA期刊、开放获取搜索引擎、其他资源(个人网站、博客、论坛)。学术资源的开放获取已经在很多国家地区得以实现,针对这类信息资源进行全面的收集整理,能极大地丰富东盟网络信息资源的内容建设。

一、东盟信息资源机构知识库

(一)机构知识库概念

机构知识库(Institutional Repository,IR)指以开放存储为服务宗旨,高校师生员工、科研机构的研究人员的成果数字化存储系统,主要资源类型有学术著作、学位论文、期刊论文、咨询报告、学术报告、教学视频、精品课程、教案、学者讲座、书目参考等学术资源,具有学术传播、知识管理、电子出版、科研评价、

长期保存、共享利用等功能，为一定范围内的用户提供开放性的使用和服务。❶

机构知识库提供的服务主要有机构知识库浏览和检索、常见问题FAQ服务、版权帮助服务以及数据管理服务。一般而言，机构知识库会建立自己的服务网站，将学者提交的资源进行数字化，在网站上提供在线资源的检索和浏览，同时可以对这些资源进行订阅，实现相关资源的实时追踪。一些机构知识库还会遵循某些联合协议，允许其他系统搜索到本机构知识库的元数据，服务范围从局域网扩展到互联网，发挥了机构知识库的开放存取功能。大部分机构知识库会建立常见问题解答服务，回答使用者关于使用方法、建库情况、下载规定等常见问题。版权问题是机构知识库资源建设和使用的重要问题，为了帮助用户合理地规避知识产权风险，一些高校机构知识库会在服务页面中提供版权帮助服务，设置专栏说明机构知识库构建中资源的上传者、使用者与机构知识库之间的权利与义务，并由专业的馆员解答用户的版权问题。❷

（二）我国机构知识库建设现状

我国具有一定规模并且开放程度较高的中科院下属的各级研究所机构知识库、国内高校机构知识库及其他各级科研单位机构知识库有285家❸（图8-1）。

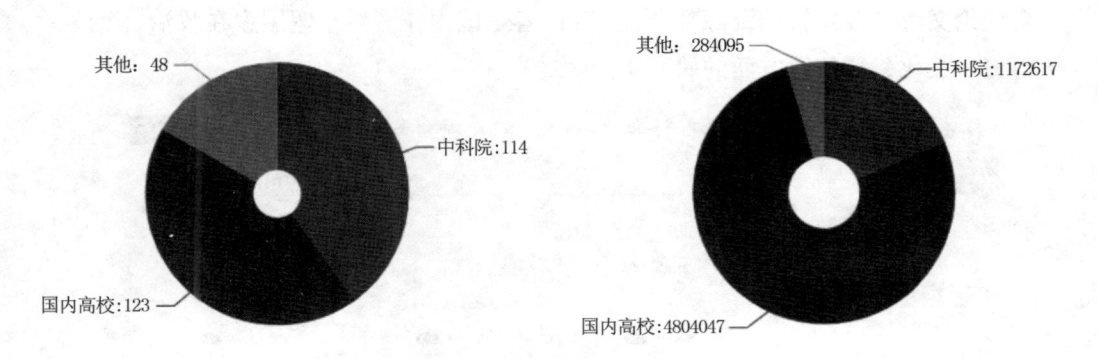

图8-1　国内IR机构类型及数据量

这些机构知识库共收录六百多万篇文献，来自期刊论文、学位论文、会议论文、专利、专著、获奖成果、演示报告、研究报告、文集以及其他途径，全文实

---

❶ 赵继海. 机构知识库：数字图书馆发展的新领域［J］. 中国图书馆学报，2006（2）：33-36，50.
❷ 杨茗溪. 美国高校机构知识库开放获取政策调查［J］. 图书馆建设，2018（8）：33-39.
❸ 中国开放科研知识云（Chinese Open Research Cloud）［EB/OL］.http：//www.chineseir.cn/（截至2020年4月）

现开放获取比例达到 96.44%（图 8-2）。

数据量：6278594

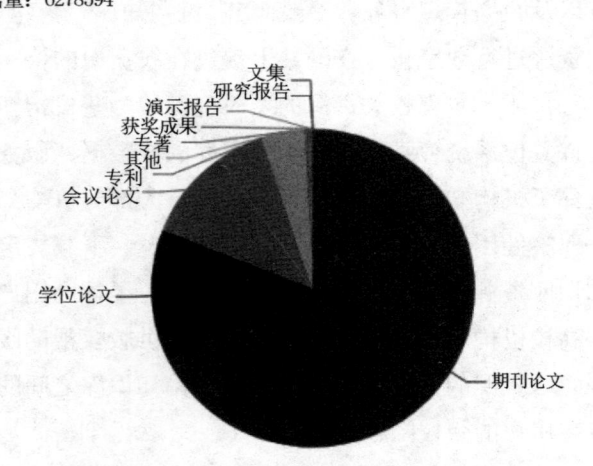

图8-2 国内IR机构成果类型分布

（三）机构知识库中东盟信息资源状况

在 CORC 中国开放科技知识云网站中收录了"东盟"相关信息的公开学术资源近 2000 篇，来自 60 所科研机构，是东盟信息文献的期刊论文、学位论文、报纸、会议论文等公开发行的资源整合，主要内容是国内作者对东盟国家在政治、经济、历史、文化、科技等方面的研究（图 8-3）。

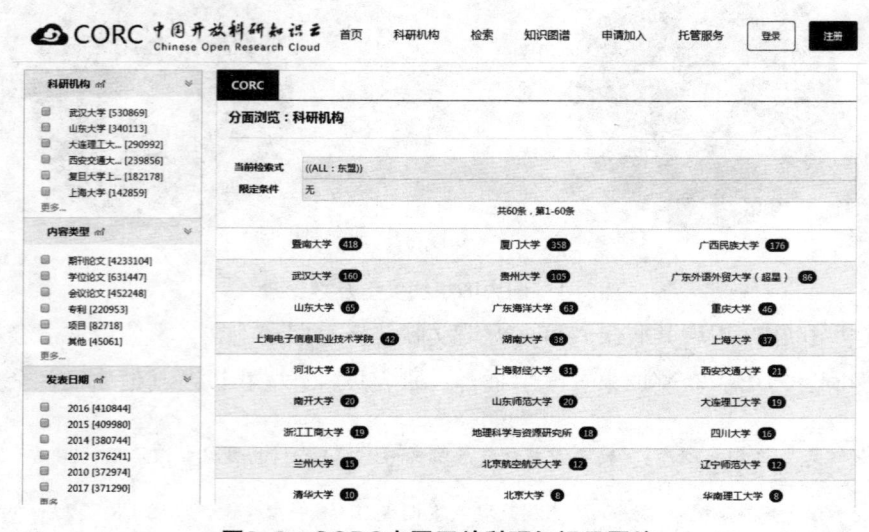

图8-3 CORC中国开放科研知识云网站

"东盟"文献科研机构相关科研成果集中于暨南大学、厦门大学、广西民族大学、武汉大学、贵州大学、广东外语外贸大学等高校。

东盟国家开放存取的机构知识库包括东盟国家的研究机构和高等院校所建立的知识库，最典型的就是大学的学位论文数据库，很多高校都建有。如新加坡国立大学、泰国朱拉隆功大学等均有建立学位论文数据库。

OA 期刊则是一种论文经过同行评审、网络发行的电子版期刊。著名的开放获取期刊有 DOAJ、Open J-Gate、BMC、PIoS、High WinePress、PMC、Free FullText 等。这些期刊发表的论文多少有与东盟相关的内容，是东盟网络信息资源搜集的主要对象。

开放获取搜索引擎。为解决 OA 资源的分散性而开发的专门搜索 OA 资源的搜索引擎。目前国内主要有中国教育图书进出口公司开发的世界上最大的 OA 资源一站式服务平台 socolar（www.socolar.com），国外出版公司 Elsevier 开发的 Scirus（www.scirus.com）检索平台，这些检索平台为检索 OA 资源提供了极大的便利。这些网站是我们搜集东盟信息资源的重要站点。

二、东盟国家电子文献资源整合

东盟各国文化发展程度有较大差异，新加坡、泰国等国的电子资源建设较好，其他国家的电子资源建设情况差强人意。国内研究机构在建设东盟国家电子文献资源平台工作中，对于开放存取期刊和开放存取知识库资源的整合，首选购买电子资源建设较好的国家的商业化电子数据库。其他电子文献资源，可以通过对国家网站采集有用的电子信息资源进行抽取、清洗、整合，建设成为方便国内用户使用的电子资源数据库。

（一）国内东盟数据资源的整合

厦门大学东南亚研究中心（https://nanyang.xmu.edu.cn/）的东南亚数据库有七个子数据库，如"中国东南亚、华侨华人研究学位论文全文库""中国—东盟区域经济数据库""南洋研究院期刊全文数据库"等。该中心有《南洋问题研究》和《南洋资料译丛》两大基地期刊，还提供"中国东南亚研究会""马来西亚研究所"等机构的管理以及各类学术、新闻动态信息。该网站对全球具有一定规模的东南亚研究机构做了列表和链接，包括东盟各国以及美国、日本、法国、德国、西班牙等国约50家的亚洲（东南亚）研究机构（图8-4）。

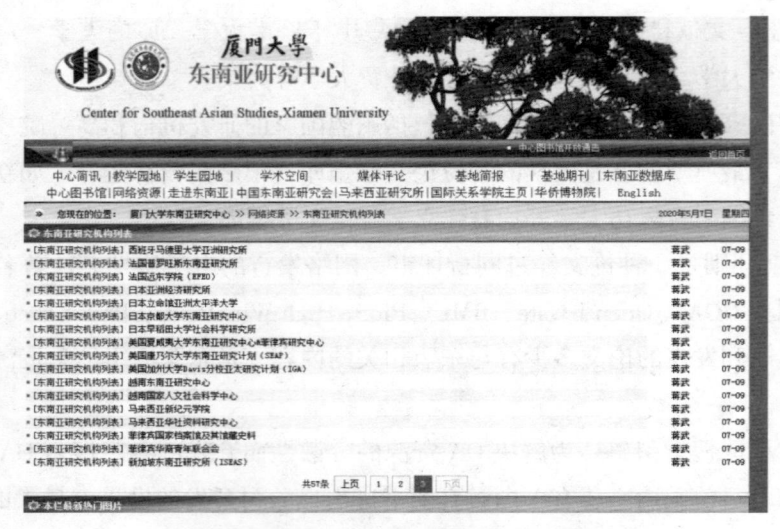

图8-4 厦门大学东南亚研究中心网站

中国社会科学院亚太与全球战略研究院为研究院的研究需要建设了"东南亚研究网（http://sea.cass.cn/）"。该网收录了2008—2016年国内出版的部分东南亚研究学术著作以及各类期刊公开发表的东南亚研究文献，并在首页设有"学术动态""热点问题""时评""专家学者""研究机构"等栏目，跟踪时事及研究热点。同时链接了如文莱政策和战略研究所（图8-5）、老挝国家经济研究中心、缅甸战略和国际问题研究所、柬埔寨合作与和平研究所、越南中央经济管理研究所、泰国朱拉隆功大学社会研究所、菲律宾发展研究所、印尼经济研究中心等30多所东南亚研究机构的官网。可以说这些研究机构网站就是东盟原语种网络资源获取的优质来源，是东盟信息资源的重要信息源。东南亚研究网不仅为研究者提供可靠的同行评审文献，而且还为研究者提供了丰富的第一手材料。

图8-5 文莱政策和战略研究所官网

（二）国外东盟数据资源的整合

东盟国家政府网站和研究机构的网站资源以及出版的数字资源也是可以整合的数据来源，如缅甸旅游信息网站 http://www.myanmars.net/download/；泰国的移动电子书网站 http://mebmarket.com（MEB by ASK Media）、http://book.truelife.com True Digital Bookstore；印尼的 Gramedia 电子书平台、Wayang Force 综合类书籍与杂志。凡此种种均是需要我们整合的一些资源。

（三）东盟文献信息资源的数字化

电子资源的一个重要来源是，将采购的东盟原版图书和期刊扫描加工成数据，有些书籍还会随书赠送光盘。这些数据在开放程度上要特别谨慎，仅在版权许可范围内一定程度开放。广西民族大学东盟研究中心成立于 2011 年，是首批教育部国别与区域研究培养基地，也是广西特色新型智库联盟重点智库。学校图书馆设有诗琳通公主泰文资料中心、越南语文献信息中心、东盟综合文献信息中心和通用语种文献信息中心，图书馆自建的东盟研究文献、亚非语言原版图书（电子版）资源系列库独具特色，资源类型有图书、学术期刊论文以及博硕士学位论文、会议论文、报纸、图片、音视频等。目前已拥有近 3 万余篇 / 册文献，而且数据保持常年更新，该校用户在校园网内可通过题名、作者、关键词及摘要等标引进行检索并阅览全文（http://library.gxun.edu.cn/），如图 8-6 所示。

图8-6 广西民族大学亚非语言原版文献资料库

此外，随着文献载体和新技术发展，东盟国家的文献信息已经是纸质、视听、缩微、电子、网络、数字等载体多元并存，其网站动态的网络资源越来越丰富。东盟电子文献在内容、数量、结构、类型、记录方式与手段、载体形式、传播方式等方面都在不断进步，东盟电子文献的内涵和外延也随之拓展，这使得东盟电子文献资源建设的维度发生了很大的变化。

第二节　网络灰色信息资源搜集和组织

一、网络灰色信息资源的特征

"灰色文献"一词出现于20世纪70年代，是英文"Grey Literature"的翻译。公开发行的文献被确认为"白色文献"，不公开发行的秘密文献则取名为"黑色文献"，因此，"灰色文献"就是指不通过常规的商业出版渠道发行，但又能以正常途径获取的文献。[1] 网络灰色信息资源则是指在网络上非常规发行并允许用户合理使用的信息资源。其覆盖面广泛，包括网站上出现的广告、会议的信息、行业的动态以及地方论坛、个人网页、社交平台等。互联网中的灰色信息同样是重要的东盟文献信息源，而东盟国家网络灰色信息资源区别于传统东盟网络公开文献的一个重要特点就是信息资源存取的便捷性和利用的多样性，它是网络环境下东盟文献信息量的扩展和传递功能的一种延伸。

（一）网络灰色信息资源的分布特征

网络灰色信息是一种具有过渡性质的资源，东盟国家网络灰色信息的范围广泛，包罗万象。随着自媒体技术的飞速发展，信息发布的自由度大幅提高，人人都可以是网络灰色信息的提供者，数据呈爆炸式、无限量的发展趋势。一般说来，网络灰色的文献信息常常具有以下特性。[2]

1. 边界模糊性

与网络"黑""白"信息没有明显的分界线，所有未公开发行的电子资源以及可以通过合法手段取得的内部资料，都可算作网络灰色信息范畴，东盟国家网站及网络平台上的信息，以及其他国家网络上发布的关于东盟国家的信息，包括政治、经济、文化、军事、科技、体育、外交、旅游、风土人情甚至公开表达的

---

[1] 费愉庆. 论灰色文献与网络信息资源 [J]. 苏州大学学报（工科版），2003（4）：80-82.
[2] 王慧，等. 网络灰色信息智能获取与分析 [J]. 中国人民公安大学学报（自然科学版），2016（2）：75-78.

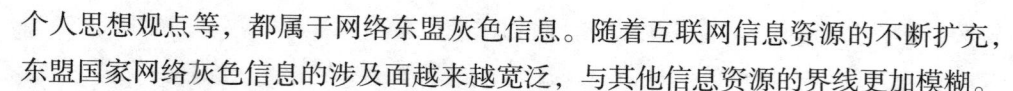

个人思想观点等,都属于网络东盟灰色信息。随着互联网信息资源的不断扩充,东盟国家网络灰色信息的涉及面越来越宽泛,与其他信息资源的界线更加模糊。

2.发布自由性

随着自媒体技术的发展,灰色信息在互联网上的发布时间与地点不受限制,存在时效更短暂,如论坛、博客中对某事件的评论、对访客在线提问做出的回答、开源信息的实时传播等都具有时空随机性。

3.信息及时性

网络平台上的灰色信息发布不受时间和地点的限制,内容安全审核标准不严格,因此往往比正规网站的资讯更为迅速和及时。在科技时代,及时的信息能创造社会效益和经济效益,科学研究同样如此。网络灰色信息是传递速度最快的消息源,其时效性使得它本身与传统信息相比呈现出的优势和意义更为重大。但是网络灰色信息中的地址、实名、链接、内容更新、消亡都无法预测,甚至有的信息只出现半天或一两天,鱼龙混杂,但又有其独特的影响力,所以其资源价值也更为复杂,难以评估。

4.分布隐蔽性

地方、媒体和社团的网站数据在网络灰色信息中占据很大比重,这类资源一般只有特定人员访问,因为没有社会推广,因此,在常见的搜索引擎中不会出现在首要位置,网络分布较为隐蔽。尤其是东盟地方、媒体和社团的网站访问人数更少,网络分布更为隐蔽,更不易被用户所发现,因此,网络灰色文献信息更应该被搜集整合进数据库以满足用户相关信息的需求。

5.归属不明性

有些网络灰色信息并不属于它的发布者,也不属于某个人,如时事通讯报道、单位通知公告等,有些网络灰色信息是历史沿袭下来的信息,如各类单位的内部管理制度、注册用户的信息等,这类信息的所有者不明确。因此,在搜集和利用时就难以界定信息的归属。

(二)网络灰色信息资源采集的复杂性

纸质灰色文献一般为内部出版发行,印刷数量极少,传播范围很小,有的还是保密文件,采集难度很高。相比之下,网络灰色信息采集工作具有明显的便利优势,互联网打破了地域界限,为实现信息资源共享创造了条件,为用户交流信息提供了便利。利用互联网快速查询、传递、整合、下载,能搜集到所需的信息资源。而信息资源的存储方式以及介质的选择也更为多样化，不受时空限制。

然而互联网上的灰色信息资源具有内容的多样性、时效性、隐蔽性和分散性，给东盟网络信息资源使用者的选择和利用带来了一定的障碍。例如，个人论坛表达的学术讨论、思想观点等信息，若没有及时记录，用户很难获得完整信息，这样的情况下需要信息收集者建立及时的收录机制，制定相关领域论坛或学术高频关键字的跟踪机制，关注互联网上相关信息的发布动态，做好前沿资料的及时更新。

二、东盟网络灰色信息资源搜集的原则

由于网络灰色信息具有分布的复杂性和获取的便利性。因此，在东盟网络灰色信息资源的搜集工作中既要充分利用好其采集优势，更要注重建立搜集的原则，避免资源建设工作杂乱无章。

（一）网络灰色信息资源的针对性

东盟网络灰色信息资源应根据用户的需求进行针对性地建设。

针对用户对信息资源的内容需求展开搜集。东盟网络信息建设的宗旨是服务国家政治、经济、文化、外交、科技、军事、体育等各方面的交流，因此从内容上来看，几乎所有学科相关的优质灰色信息资源都可以被采集。从语种上看，有英语、汉语、东南亚国家民族语言，还有早期的殖民主义宗主国语言资料，以及其他研究东南亚的国家使用其本国语言等。

针对用户对不同区域信息的需求进行搜集。东盟国家灰色网络信息来源也有区域特色，一般以东盟十国的网站和平台为主，欧美发达国家、早期殖民主义宗主国、亚洲附近其他国家的相关网络出处为辅，形成重点分明的信息存储结构。

针对用户对东盟信息资源的格式类型需求进行搜集。多媒体时代用户对文字、图片、视频、音频的需求逐渐发生变化，注重对以上所有类型的东盟信息资源进行元数据的数字化加工处理。数据量的丰富程度和数据格式的完整度，对于大数据时代做东盟各学科的研究都具有重大的意义。另外，在广泛收集东盟灰色信息的基础上，还要建立一个完备的东盟信息向导库，对东盟灰色信息的实际出处进行指引，因为在一些东盟灰色信息学术论坛当中的讨论、论证、实验等信息并不具有较强的时间连续性。

（二）网络灰色信息的系统性

建设东盟网络灰色信息资源应根据实际信息建设的内容制定资源建构框架，由于东南亚各国网络灰色信息的种类繁多、内容庞杂，因此在信息搜集工作中必须注

意按照资源建设的目标有规划地展开,避免出现资源结构不均衡的现象。从东盟文献信息资源的配置看,信息来源以及信息需求主要分三个层次,一是东盟国家以及东盟国家(包括其他国家发布的与东盟国家相关的信息)授权的部门发布的宏观角度的发展规划信息,二是东盟及其他国家地方政府根据区域实际以中观角度发布的东盟相关信息,三是各类信息机构内部(东盟国家及其他国家的信息机构)的微观建设。从宏观、中观、微观层次来进行系统性建设,不仅有利于满足各层次用户的东盟信息需求,还有利于为东盟信息整合的系统性提供建设依据。

(三)网络灰色信息数据的选择性

1.信息资源的入选标准

入选标准是根据东盟网络信息资源建设目标对网络灰色信息数据进行总体评价和宽泛的选择,考察是否进入筛选范围。入选标准主要是考察信息数据的主题、类型、语种、层次、格式是否符合东盟信息资源建设的目标需求。主要从以下几方面进行考察。

(1)信息主题。

目标资源在主题或学科上是否属于东盟信息资源建设的目标,是否与目标学科或交叉学科密切相关,是否适用于目标用户(使用东盟信息资源的用户),能否满足用户的东盟信息需求。

(2)层次和深度。

资源的学术研究层次和深度适合哪些层次的用户,就东盟学科而言,资源的深度如何,是否具有目标适用性,也就是说是否满足各层次东盟信息用户的需求。

(3)资源类型。

东盟网络灰色信息数据类型繁多,如时事新闻、生活资讯、教学资源、会议信息等,不可能各种类型全部收录,故而在建设东盟网络信息资源工作中必须首先建立学科导航,明确主要收录哪些类型的资源。

(4)资源支持技术。

资源采用的是哪些类型的互联网服务(是 WWW、GORHER、FTP、NEWS、WAIS,还是 TELNET 类资源),是否是主流技术,易于东盟用户使用。资源采用哪些存储格式,是否能用主流浏览软件将其打开。

(5)费用和注册。

网络灰色信息的获取是否需要在线订购并支付费用,若需要注册是免费还是收费,这些也是建设者需要考虑的问题。

（6）语种和区域。

根据东盟网络信息资源建设的框架以及目标用户的需求来确定哪些语种的资源会被入选。考察资源采用了哪种语言,或具有几种语言形式,还要看资源信息内容覆盖哪些地区,是本国还是全球范围。

2. 信息资源的质量标准

信息内容质量标准主要是鉴别信息资源的内容。网络资源建设中,资源内容的质量尤其重要,它是决定取舍的关键要素。具体来讲主要分析资源内容是否具有以下特性:

（1）正确性。

判断资源信息是否正确,其内容、时间、观点、数据是否可靠、准确,这需要建设者通过其他资源的比较以及自己的知识储备进行判断；贯穿上下文分析,信息是否存在政治或意识形态上的偏颇,是否存在概念性的错误,是否有相关研究基础,是否标注了信息来源,是否经二次编辑,书写和注释格式是否正确等。

（2）实质性。

判断资源是否具有实质性,是否为一篇完整的全文；资源是第一手文献,还是链接或简介摘要,如果是目录信息或链接,仔细查看是否还有效。

（3）权威性。

资源是否出自具有一定社会影响力的作者或机构,作者与其作品是否被业界认可；发布资源的网站是否正规可靠,是否由该领域公认的权威人士或机构主办,其往常发布的资讯信息是否被专业人士认可,或被专业站点进行链接,资源是否被正规途径的媒体或商业网站提及。

（4）全面性。

信息资源是否覆盖了东盟国家网络资源建设架构中的学科或主题；在某一领域内的建设中是否有遗漏的重要资源；对于某一领域而言,该信息的研究深度如何,考虑的相关因素是否全面。

（5）时效性。

信息内容是否有一定的时效性,是否仍具有价值,或是仅具有短时间的价值,如新闻、经济信息等；是否是永恒的,如经典文学、学科定理等；信息发布的具体日期最好是近期发布或更新的;内容是否新颖,是否符合用户对信息的时段要求。

（6）独特性。

这个资源的信息是否有其他呈现形式，如纸质版、WORD、PDF 等；相比于其他形式，该网络信息有什么独特的优点；如果是由其他形式转换过来的，是否完全反映了原著。

（7）写作水平。

信息写作的水平如何，语法、拼写等是否规范，内容表达是否清楚，结构是否良好，逻辑是否连贯，信息的纲要阐述是否明确清晰。

三、东盟网络灰色信息资源智能获取架构的建立

东盟网络灰色信息多属于特定人群使用的半公开资源，常见的搜索引擎一般只能检索到局部信息或镜像链接，虽然这些东盟信息索引在互联网上分布广泛，但是彼此间的关联度却不高，因此针对某一主题的东盟灰色信息获取须使用网络爬虫工具。

网络爬虫是一个针对网页信息可自身设定规则并实施抓取动作的程序。爬虫程序根据东盟网页文件的统一资源定位符（Uniform Resource Locator，URL）进行解析，提取东盟信息。先建立起 URL 队列，信息抓取过程不断地抓取新的 URL 加入队列，当本页面信息扫描完毕，按照先进先出的原则从 URL 队列中获得下一抓取目标的 URL 继续进行，从而达到对整个东盟网站链接信息内容的完整抓取。东盟网络灰色信息属于网页的浅层信息，最好采用广度优先搜索策略来抽取，通过网络爬虫获得这些东盟网络信息，建立索引并存入数据库。智能获取的技术架构如图 8-7 所示。

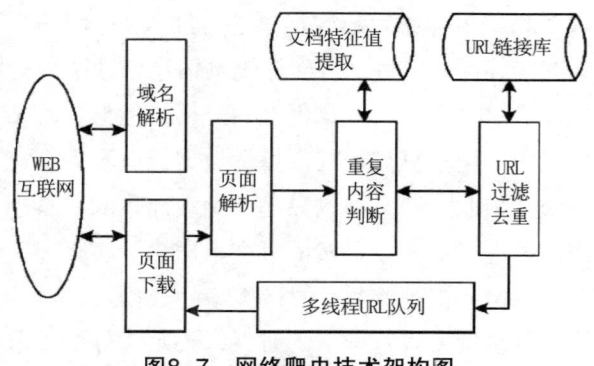

图8-7 网络爬虫技术架构图

第三节　网络灰色信息资源搜集和组织技术

一、信息抽取技术

网络灰色信息资源数量巨大，面对信息爆炸的严重挑战，信息抽取成为人们在海量信息中快速找到真正信息需求的重要自动化工具。[1]

（一）信息抽取基本概念

信息抽取是当前文本挖掘中最重要一项技术。它结合了自然语言处理、语料资源以及语义技术，能够直接从文献中抽取用户需求的数据。比如，从一篇古文献中抽取出人物的详细情况：生卒年、活动地点、关系密切者、文学作品等；从大量的商业广告中抽取产品名称、技术参数、生产商等；从病人的医疗记录中抽取病症、诊断记录、体检结果、医生处方等。抽取出来的信息通常以结构化的形式保存入数据库中，提供查询使用。

因为信息抽取可以从无结构的自由文本中抽取出结构化的、无二义性信息，因此，信息抽取是元数据抽取、信息分析、索引及检索的技术基础。但信息抽取与信息检索并不等同，主要因为以下三个方面。①功能差别。信息检索是从大量的文档中找到用户需求的文档列表；而信息抽取是从文本中直接抽出用户需要的数据信息。②处理技术。信息检索是利用统计和关键词匹配等技术，文本是词的组合；信息抽取要利用自然语言处理技术，必须通过文中的篇章段落进行分析才能完成。③适用领域。信息检索系统一般与学科领域没有关联，而信息抽取系统是与领域相关的，只能抽取出用户设定好的有限主题相关的数据信息。同时，信息检索与信息抽取是互补的。在处理大数据时，信息抽取系统通常以信息检索系统的输出作为输入（如文本过滤后的数据再进行抽取）；而信息抽取技术又可以用来提高信息检索的准确性。二者结合能够提升信息处理系统的性能。

信息抽取虽然需要对文本进行一定程度的分析，但与人对文本的理解还是不一样的。在信息抽取中，用户只需要获取目标数据，而不去细究文本意义、写作意图等深层理解问题。因此，信息抽取只是一种表面化的文本理解技术。我们常见的信息抽取系统的处理对象，以自然语言文本居多，实际上，信息抽取系统的处理对象还有语音、图像、视频等其他媒体类型的数据。

因此，在对东盟网络信息进行抽取的时候，要定义好所抽取的领域知识，不仅处理东盟网络灰色文本数据，更要关注语音、图像、视频等多媒体数据。

---

[1] 郭喜跃，何婷婷．信息抽取研究综述 [J]．计算机科学，2015（2）：14-17，38．

（二）信息抽取系统的体系结构

信息抽取系统可以比喻为一个十级的转换器，利用自动获取的规则在每一步过滤掉不相关的信息。东盟抽取的体系结构包含以下十个级别。

第一级：文本分块，将输入的抽取对象分割为若干模块。

第二级：预处理，将分割好的文本模块转换为序列句子，每序列句由词汇项及其属性组成。

第三级：过滤，剔除与目标无关的句子。

第四级：预分析，在词汇项序列中识别特定的结构，比如，常用短语、并列结构等。

第五级：分析，分析特定结构和词汇项的序列，建立描述序列句结构的分析树。

第六级：片段组合，将分析树的片段或逻辑形式片段组合成完整的分析树或其他逻辑表达形式。

第七级：语义解释，从分析树解释生成语义结构、意义表达或其他的逻辑形式。

第八级：词汇消歧，消解上一模块中出现的歧义并得到唯一的语义结构。

第九级：篇章处理，通过确定同一实体在文本中不同位置的不同描述，将其语义结构表达合并到先前的处理结果中。

第十级：模板生成，由文本的语义结构生成表达的最终模板。

有的信息抽取系统未必按照以上十级模块处理，顺序可以调整，模块也可以合成。图8-8是美国纽约大学Proteus信息抽取系统的体系结构，具有宽泛的代表性，在进行东盟网络灰色信息所取的时候完全可以用这种结构来实现。❶

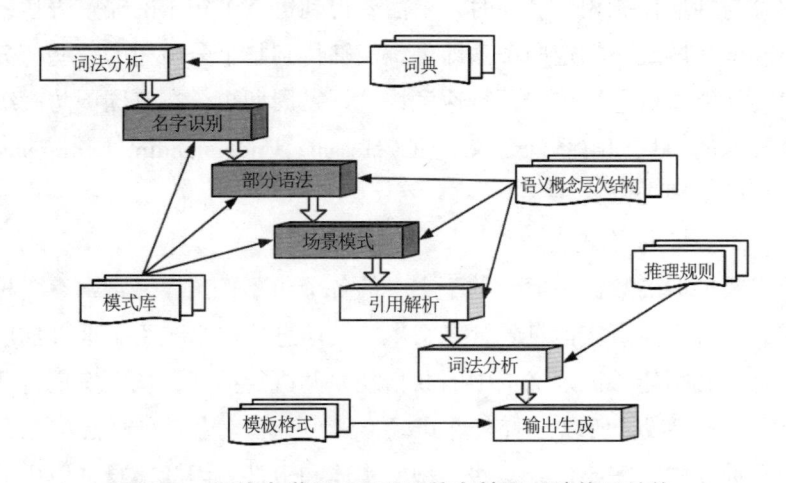

图8-8 纽约大学PROTEUS信息抽取系统体系结构

---

❶ 查先进. 企业竞争情报 [M]. 武汉：武汉大学出版社，2012：137-138.

(三)信息抽取中的关键技术

1. 命名实体识别

命名实体是指现实世界中具体或抽象的实体,通常用唯一的标志符(专有名称)表示,如人名、单位名、团体名、地名等。命名实体识别就是要判断一个文本串是否代表一个命名实体,并确定它的类别。研究信息抽取,最有实用价值的一项技术就是命名实体识别。它的难点在于:在不同领域或场景中,命名实体的外延不一样;海量数据,很难全部收录在系统词典中;某些实体名称变化比较频繁,名称变化又没有规律可循;表达方式多样;采用缩写形式代替原名称。

命名实体识别的方法主要有两种:基于规则的方法和基于统计的方法,基于规则的方法在性能上更胜一筹。但是规则多依赖于具体语言、学科领域和文本格式,编制过程耗时长,而且错误较多,需要富有经验的语言学专业人士才能完成。而基于统计的方法利用人工标注的语料开展识别,语料标注工作不需要专业的计算语言学知识,完成时间相对较短。因此,系统在转移到新的领域时可以只做较少的改动甚至不需要改动,运用新语料做一遍识别即可。此外,基于统计的系统要转移到其他自然语言文本也更容易一些。

2. 句法分析

通过句法分析得到的表达结构,如完整的分析树,或者是分析树片段的集合,是计算机处理自然语言的核心。信息抽取领域中,系统最常采用的是部分分析技术,即需要抽取的信息仅仅是所在学科领域中有关的数据。因此,文本中也许只有很少部分与抽取任务相关。同时,不需要得到每一个句子的完整表达结构,能够识别出部分片段之间的定向关系即可,能够得到整个分析树的一些部分。部分分析技术的优点是概念简单、运行速度快、开发周期短,在美国国防高级研究计划委员会资助的消息理解系列会议 MUC(Message Understanding Conference)中多次评测中都居于领先位置。

3. 篇章分析与推理

用户想要抽取的数据一般分散于文本的各个角落,实体又常常有多种不同的表达方式,还有不少事实信息隐含在文本中。信息抽取系统为了准确抽取文本中的相关信息,必须能够识别文本中的共指现象并进行推理,从而实现合并描述同一事件或实体的字段。所以,对信息抽取系统来说篇章分析、推理能力是必备技能。

在信息抽取中只需要记录某些类型的实体和事件,因此信息抽取中的篇章分析从表面上看比故事理解中的篇章分析要简单。但是,大多数信息抽取系统只识别指定的字段,从中抽取出具体的数据信息,在抽取中容易出现遗漏区分不同事件和实体的关键信息,这样的情况下很难完成整体的篇章分析。

目前发展的篇章分析理论还没有形成系统的理论和方法,也没有在大规模语料库中开展过测试,理想中的目标文本远比真实处理遇到的文本要合理规范。信息抽取系统不仅要解决文本内的共指问题,还需要解决不同文本间的共指问题。在互联网急速发展数据暴涨的今日,同一个事件或实体会被大量不同文本描述,也会出现语义歧义的现象,如同词不同意、一意多词等。因此,信息抽取系统应具备识别、处理这些现象的功能,避免信息的重复和冲突。❶

4. 知识获取

信息抽取系统作为一种自然语言处理工具,必须有强大的知识库储备。至少要有以下内容结构:东盟词典库,用于存放通用词汇及领域词汇的静态属性信息;抽取模式库,每个模式可以有附加的(语义)操作,模式库通常也划分为通用部分和领域(场景)专用部分;概念层次模型,通常是面向特定领域或场景的,是通用概念层次模型在局部的细化或泛化。除此之外,可能还有篇章分析和推理规则库、模板填充规则库等。

东盟信息抽取系统通常是面向特定应用领域或场景的。这种领域受限性决定了东盟信息抽取系统中用到的主要知识是所谓的浅层知识。这种知识的抽象层次不高,通常只适用于特定应用领域,很难在其他领域复用。如果要把一个东盟信息抽取系统移植到新的领域或场景,开发者必须要为系统重新编制大量的领域知识。一般说来,手工编制东盟领域知识往往是枯燥的、费时的、易错的,费用较高,并且只有具有专门知识(应用领域知识、知识描述语言知识,熟悉系统的设计与实现)的人员才能胜任这种工作。另外,人工编制的东盟知识库很难达到很高的语言覆盖面。因此,知识获取问题已经成为制约信息抽取技术广泛应用的一个主要障碍。它除了影响系统的可移植性外,也是影响系统性能的主要因素。

东盟领域知识获取可以采用的策略通常有两种:手工+辅助工具(图形用户接口)和自动/半自动+人工校对。前者相对简单一些,人工工作仍然是主体,只是为移植者提供了一些图形化的辅助工具,以方便和加快东盟领域知识获取过程。后者采用有指导的、无指导的或间接指导的机器学习技术从文本语料中自动

---

❶ 缪霖. Web信息提取技术在企业竞争情报平台的应用研究[D]. 成都:电子科技大学,2010:27-28.

或半自动获取东盟领域知识，人工干预程度较低。实际上，这两种策略不是完全对立的，只是自动化程度高低不同而已。某种意义上讲，第一种策略仍然是一种人工编制知识库的过程，知识瓶颈问题只是得到某种程度的缓解；第二种策略才是解决信息抽取系统知识获取瓶颈问题的真正出路，这是在进行东盟领域知识的获取上必须要重点考虑的。❶

二、信息的组织、转化和清洗技术

互联网和自媒体技术的快速发展，使得东盟信息增长速度飞快，用户必须借助于东盟信息服务的帮助才能获取符合自身需求的有效信息。为了满足用户个性化、多粒度的东盟信息需求，东盟资源建设者应提供东盟信息的组织、转化和清洗服务。

（一）信息组织技术

1.信息组织的目标

在网络环境中，利用多种信息技术，通过序化和聚合繁杂的信息，信息价值得到增强。信息组织的具体目标包括以下几个方面：

一是东盟信息的有序化，网络中的东盟信息存在于多种信息源，其格式和内容迥异。只有对网络上的东盟信息进行有效的处理，才能使网络东盟信息形成有序的关联，使其在时间和空间上处于有序的状态，从而便于用户检索到充分体现其价值的信息。信息有序化的流程是先按标准对信息的各种属性进行准确、完善的描述，再按不同的属性特征，将信息排成多个序列，使用户可从不同的属性特征（检索字段）中，在经过排列的信息序列中找到自己所需的东盟信息。

二是东盟信息的聚合化，网络中的东盟信息资源来源分散，单个东盟信息本身所包含的内容有限，往往无法全面体现其价值。比如，对于单个数据来说，其在不同的特定情境下是有着不同含义的，而且在与不同数据进行比较时其所代表的含义也不尽相同。要充分体现东盟信息的价值、提升东盟信息的质量，就必须按一定的标准对这些信息进行聚合，以实现泛在网络中东盟信息的聚合化。东盟信息的聚合就是在东盟信息被描述及进行有序化的基础上，以信息的主题内容或属性特征为基础对信息进行聚类，挖掘出信息之间的关联性或规律性，从而形成更有价值的信息集合。

三是东盟信息的服务化，网络中东盟信息的结构与内容多种多样，质量也良

---

❶ 刘杰.Web中文信息抽取中命名实体识别的研究及应用[D].西安：西北大学，2009：16.

莠不分，因此，必须对东盟信息进行组织，从而防止和控制东盟信息的过载，最终向用户提供符合其需求的东盟信息服务。在东盟信息组织的过程中特别要注意的是不仅要关注东盟信息本身，思考提高信息组织质量的办法，而且要关注东盟信息用户，以提升信息组织成果使用的便捷性为出发点的归宿点。考虑到网络增强了用户与东盟信息服务之间的交互性，因此，在实现东盟信息服务化的过程中，鼓励和吸引用户参与到东盟信息组织活动中十分重要，这能使东盟信息组织者和服务者从用户角度出发来组织东盟信息，使得东盟信息组织成果更易被用户理解，提升东盟信息服务的用户体验。❶

2. 信息组织机制的构建

（1）建设统一标准。

网络中东盟信息无处不在，有许多重复和碎片化的信息，要实现东盟信息的有效共享与利用，最大限度地发挥东盟信息资源的价值，就必须规范东盟信息组织工作，提高东盟信息组织工作的水平。没有统一的东盟信息组织标准，东盟信息服务机构对网络东盟信息组织就不科学、不规范，组织的信息质量也会参差不齐，这就给用户对东盟信息的检索和获取信息带来困难。因此，标准建设对实现网络中东盟信息资源的合理组织具有重要意义，应由专业的信息管理组织在吸收已有信息组织成果的基础上，结合网络东盟信息组织的特点，构建一系列东盟信息组织标准，作为网络东盟信息组织工作的依据。

（2）加强管理监督。

在网络东盟信息来源广泛，各信息服务机构所采用的东盟信息组织方式与技术也各不相同，这就增大了用户检索和利用信息的负担。一方面，用户在利用不同的信息服务前必须要先了解不同信息服务系统的信息组织方式；另一方面，信息素养不高的用户会因为不了解信息组织方式而出现漏检的问题。此外，各信息服务机构的专业化程度不同，导致其东盟信息组织工作的质量和效果也各不相同。因此，要保证网络中东盟信息组织工作的有效性，就应重视对各机构信息组织工作的管理监督。通过有关职能机构的管理可规范和完善各信息服务机构的东盟信息组织工作流程和东盟信息组织模式；通过监督可督促信息组织标准的实施，提高不同信息服务机构间的资源共享程度，减轻用户东盟信息检索过程中的负担。

（3）技术支持保障。

计算机技术、通信技术、数据库技术、网络技术、自动翻译技术等是现代信

---

❶ 王娜. 泛在网络中的信息组织机制研究 [J]. 现代情报，2018，38（5）：25-31, 36.

息组织的技术保障，信息组织技术的先进性与有效应用在一定程度上决定了信息组织的效率与效果。在泛在网络环境下，东盟数字信息形式多样、内容庞杂，要将其进行准确描述、深入揭示、有序组织，又要让用户方便检索、高效获取，就必须应用多种信息技术来实现。首先要应用先进技术来对网络中的东盟信息进行组织，并贯穿于每个环节。技术支持要素是网络信息组织机制的基础，具有非常重要的作用。通过技术支持要素可以从物理上实现对数字信息的准确描述、合理存储和有序排列。信息组织中的多种技术组合与应用，不仅使信息组织的效率得到提高，如自动聚类、自动标引技术的应用，可使网络信息得到快速的聚类和标引，方便用户检索到自己所需的信息；而且可以使用户的信息成果体验得到提升，如可视化技术、信息过滤技术的应用，使检索结果获得全面的共现聚类，能对信息噪音进行过滤。所以在东盟信息组织中要明确信息组织的根本目的是将杂乱无章的东盟信息有序化，以便于用户获取，因而在信息技术的选择应用中要根据东盟信息环境、东盟信息组织工作人员的专业素质和用户的信息素养水平选择相对成熟、能使组织的最终成果符合人类认知习惯、便于用户熟悉使用的技术，如应用爬虫技术来搜集东盟网络信息，应用数据库技术来管理东盟信息资源，利用自动聚类、自动标引、可视化技术对东盟信息进行有序化的数据挖掘和数据分析。❶

（4）用户参与。

网络信息组织的出发点和归宿点是为了满足用户的需求，而用户的信息需求总在不断地动态变化着，互联网也在逐渐改变着用户获取信息的行为习惯，改变着用户信息需求的构成。因此，在对网络中的东盟信息进行组织时必须注重与用户的交互问题，系统可以通过获取用户行为数据来预测用户的信息需求，进而不断优化已有的信息组织模式，使之能更好地为用户服务，同时系统还应嵌入电子词典，使用户检索时能即时翻译，可用中文检索相关语种的信息，也可以将检索的结果以中文的形式显示。另外，网络也为用户交互提供了良好的软硬件环境，而Web2.0的到来使用户"参与创造"成为深入人心的观念，这使得用户的信息行为也会随着新信息环境的变化而产生变革，由原来仅仅获取信息变为创造、组织信息。因此，"用户参与"要素将成为网络东盟信息组织机制的重要组成部分，而由于用户的参与行为既为东盟信息组织工作指明了发展方向，又为东盟信息组织工作增加了新的工作者，用户参与东盟信息资源建设成为东盟信息组织的重要推动力。

---

❶ 王娜. 泛在网络中的信息组织机制研究 [J]. 现代情报，2018，38（5）：25-31，36.

（二）信息转化技术

1. 数据转换

数据转换是按指定规则把数据从一种表达形式变换为另一种表达形式的过程。在变换过程中，数据的含义完全不变。例如，把数据从非机读形式转变为机读形式。在计算机中，数据转换一般发生在软件系统的升级中，在软件系统升级过程中，会带来数据库的升级，每一个软件系统对其后面的数据库的构架与数据的存储形式都是不相同的，主要是由于数据量的不断增加，原来数据构架的不合理，不能满足各方面的要求，这样就需要数据的转换了。由数据库的更换和数据结构的更换，进而需要数据本身的转换。例如，在进行数据分析或数据统计时，存储在数据库的数据是 sql 文件格式，而处理程序指支持文本格式，这时就需要进行数据转换。

数据库管理系统[1]（Database Management System，DBMS）是一种操纵和管理数据库的大型软件，用于建立、使用和维护数据库。它对数据库进行统一的管理和控制，以保证数据库的安全性和完整性。用户通过 dbms 访问数据库中的数据，数据库管理员也通过 dbms 进行数据库的维护工作。它提供多种功能，可使多个应用程序和用户用不同的方法在同时或不同时刻去建立、修改和访问数据库。它能使用户方便地定义和操纵数据，维护数据的安全性和完整性，并进行多用户下的并发控制和恢复数据库。按功能划分，数据库管理系统大致可分为 6 个部分。

（1）模式翻译。

提供数据定义语言（ddl）。用它书写的数据库模式被翻译为内部表示。数据库的逻辑结构、完整性约束和物理储存结构保存在内部的数据字典中。数据库的各种数据操作（如查找、修改、插入和删除等）和数据库的维护管理都是以数据库模式为依据的。

（2）应用程序的编译。

把包含着访问数据库语句的应用程序编译成在 dbms 支持下可运行的目标程序。

（3）交互式查询。

提供易使用的交互式查询语言，如 sql、dbms 负责执行查询命令，并将查询结果显示在屏幕上。

---

[1] 百度百科. 数据库管理系统[EB/OL]. https://baike.baidu.com/item/%E6%95%B0%E6%8D%AE%E5%BA%93%E7%AE%A1%E7%90%86%E7%B3%BB%E7%BB%9F/1239101.

（4）数据的组织与存取。

提供数据在外围储存设备上的物理组织与存取方法。

（5）事务运行管理。

提供事务运行管理及运行日志，事务运行的安全性监控和数据完整性检查，事务的并发控制及系统恢复等功能。

（6）数据库的维护。

为数据库管理员提供软件支持，包括数据安全控制、完整性保障、数据库备份、数据库重组以及性能监控等维护工具。

其中的模式翻译、应用程序的编译就是最直接的数据转换，其他的功能可为数据转换出现的问题进行控制、修复和恢复，保障数据的安全与完整。

2. 语言转换

一些数据库或者网页由于不同的语言因为其语法和语言特性不同，其代码也不相同，从中采集到的信息编码也会不同，在进行信息组织的时候就难以形成结构化的数据库。因此需要将这些非结构化的数据转换。也就是说要有一个语言转换工具将采集到的数据进行代码的转换。这需要一个中间的语言来识别和统一不一样的代码。这一语言设计、解析类型验证和转换其他语言成为自己的语言。编译器就是这样一种转换器，它将抽象的语言转换成更接近机器的语言。通过转换就能识别异构数据库中不同格式不同编码的信息，以使信息能相互融合。

（三）信息清洗技术

互联网的飞速发展使得各种信息层出不穷、参差不齐，信息质量也得不到保证。人们即使是在有目的的查找信息的情况下，也很难准确获得自己需要的信息。随着信息技术的发展，信息清洗技术应运而生，在东盟多语种信息资源建设中，可以乘着信息技术高速发展的"东风"，高效清洗、选择、整合关于东盟的数据，为需求东盟信息的用户提供更好的服务。信息清洗技术，顾名思义就是对数据的清洗和对信息的剔除。当前网络环境复杂，数据产生质量问题的原因有很多。比如，滥用东盟术语缩写会造成数据混乱，不利于整合数据形成可检索出来的东盟信息记录；大量相似重复的东盟信息会降低数据处理的效率，很可能导致东盟信息数据库超负荷运行；人为的失误或系统的故障也会造成异常数据、不完整数据和缺失数据等情况出现，这些原因都会导致"脏数据"的产生。

数据清洗就是精简数据库，是除去重复记录，并使剩余部分转换成符合标准的过程。狭义上的数据清洗特指在构建数据仓库和实现数据挖掘前对数据源进行处理，使数据实现准确性、完整性、一致性、适时性、有效性以适应后续操作的过程，是对数据进行处理以保证数据具有较好质量的过程，即得到"干净数据"的过程。从提高数据质量的角度来说，凡是有助于提高数据质量的数据处理过程都可以认为是数据清洗。在东盟网络信息资源建设中，对东盟信息的处理不仅需要借助信息技术，建设者自身也要提高对东盟信息的理解和把握能力。在运用信息清洗技术的同时，对于靠技术无法处理的低质量数据，要人工筛选、处理，为用户挑拣信息以提高信息质量，提供高质量的东盟信息服务。信息清洗技术的运用是提高信息筛选效率的基础，也是提升东盟信息资源科学化的保证。

数据清洗的原理是利用数据挖掘相关技术，按照设计好的算法或者清理规则，将脏数据，也就是那些还没有被清洗的数据，处理转化为数据挖掘所需要的数据，如图 8-9 所示。❶

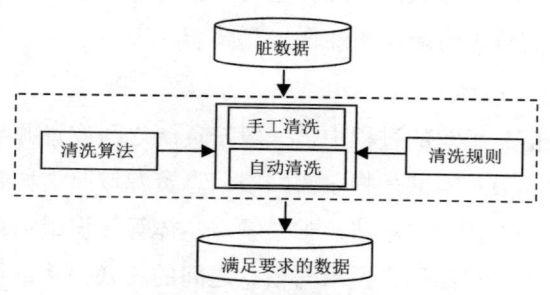

图8-9 数据清洗原理

数据清洗的过程为：对收集到的信息进行数据分析得到"脏数据"。先广泛地、多途径地收集网络上的东盟信息并进行分析，得到有用的信息和无用的多余信息；接着定义数据清洗规则和选定清洗算法，对数据进行手工清洗或自动清洗，直到处理后的数据满足数据清洗的要求。手工清洗也就是人工清洗，是人力劳动，其特点是速度慢、准确度高，一般适用于规模小的数据清洗，而在规模较大的数据处理中，手工清洗的速度和准确性会明显下降，通常采用自动清洗方式。自动清洗的优点是清洗的整个过程是完全自动化的，但是需要根据特定的数据清洗规则和数据清洗算法编写数据清洗程序，使其自动执行清洗过程。缺点是过程中实施清洗比较难，后期维护困难，成本也高。在大数据环境下，由于数据量的巨大，数据清洗通常采用自动清洗的方式来完成。东盟多语种网络信息来源广泛，信息纷杂，单一选择手工清洗方式来进行数据清理并不现实，但只采用自动清洗方式

❶ 李明. 数据清洗技术在文本挖掘中的应用 [D]. 南京：南京理工大学，2008：14.

又很难保证信息的质量。所以需要两种数据清洗方式的结合，在东盟网络信息采集完成以后，先进行自动化的数据清洗，未被程序识别的个别信息再采用手工清洗方式进行清洗。大数据时代下的东盟网络信息资源整合，非常考验信息技术的运用，同时，在提供东盟信息服务时，高质量的东盟信息是优化服务的基础，故要求建设者重视信息清洗技术以提供高质量服务。

一个大数据环境下数据清洗的一般性系统框架分为三部分：外部的支持模块、数据清洗模块和内部的数据库模块。其中外部的支持模块主要包括系统日志、监控系统和访问接口；内部的数据库模块主要包括在数据清洗过程中需要调用的数据库，如字典库、算法库和规则库等。数据清洗模块是数据清洗系统的主要模块，数据清洗模块根据制定的算法和规则在内部数据库中进行搜索和调用，并接受外部支持模块的访问和监控。数据清洗模块主要列出了在数据清洗过程中研究最多的不完整数据清洗、不一致数据清洗和重复数据清洗三个子模块。选择数据库最重要的条件是必须支持东盟语种的处理。❶

（四）信息聚合技术

在对东盟网络信息组织的过程中，一般按资源之间或资源与用户之间的各类关联关系进行组织。最基本的是将东盟网络信息资源按照学科领域概念间的语义关系进行组织，如分类法、主题法、学科领域本体等知识组织系统提供的概念间的语义关联关系，也可按照用户需求与信息之间的关联关系进行组织，如根据用户需求进行相似网络产品的组织与呈现，如知网中的知网节功能及网络搜索引擎的"猜你喜欢"等。语义网环境下，基于概念间语义关联关系的知识发现、知识关联、知识组织系统构建等网络信息组织既有理论、方法与工具可为基于语义关系的知识组织提供良好的基础，关联数据理论和实践的盛行使得基于语义关联的网络资源的细粒度组织成为可能，也为我们开展东盟网络信息资源的搜集和组织提供技术支持。

网络资源细粒度聚合作为面向用户的应用，在于按照用户需求对网络资源进行不同粒度的重组，从而更准确地满足用户信息获取的需求并支持知识发现。

与广义语义关联关系对应，用户信息获取需求的满足可在两个层次上实现，即：主题相关性和资源的有用性。由于资源获取的准确性是传统信息检索系统的核心，用户查询主题和资源描述主题的匹配在信息检索研究中已有成熟的研究结

---

❶ 封富君，姚俊萍，李新社，等. 大数据环境下的数据清洗框架研究[J]. 软件，2017，38(12)：193-196.

论，可为信息聚合研究提供参考。这里所说的信息聚合则在主题相关性的基础上进行聚合单元划分及其用户任务的关联，以增加所获信息的有效性，实现对网络信息进行聚合单元的组织。

学科领域本体支持概念匹配和相关性扩展，使聚合单元的语义和关联关系更丰富，并形成具有一定知识结构的新聚合体。聚合资源之间具有知识语义关联又可以通过多种聚合网络来呈现资源之间的语义关联，并与用户进行可视化的呈现和交互。因而可为新信息和新知识的发现提供可能，这就使得基于聚合单元的信息组织与呈现具备了支持知识发现的要求。

三、信息存储技术

随着用户需求的不断变化，对信息的存储空间的需求也越来越大，如何使信息存储得到有效管理也日益受到重视。在传统的信息存储中，大部分都是通过磁存储和光存储设备对数据进行存储，这些设备因其在计算机当中存储量大、运行速度快，从而成为当前信息存储的主流技术。

（一）磁存储技术

磁存储技术主要利用磁盘存储系统，对磁盘当中的数据进行存储。在传统的存储方式中，主要的存储设备包括磁带、录像带等，此后随着计算机技术的不断发展，开始出现计算机磁盘存储的方式。所谓的磁存储的原理就是通过改变磁粒子的极性的方式，从而在磁性的介质上对数据进行记录。在对磁盘中数据进行读取的时候，磁头直接将存储介质上的磁性粒子的极性转换为相应的电脉冲信号，从而转换为可让计算机进行识别的数据。

（二）光存储技术

利用激光对介质进行照射，让激光与介质相互作用，以此导致介质发生变化，最终将信息存储起来。而在对信息进行存储的过程中，光存储技术主要是以二进制的方式对信息进行存储，通过二进制数据的转化，将数据输入计算机中，最后利用光调制器的方式，散发出不同的光束，将记录在磁盘中的信息读取出来。光存储技术的典型优势在于其存储的寿命非常长，同时通常采用非接触式读写方式，降低了信噪比，减少了加工环节，具有很大的优势。因此，光存储技术被广泛应用，比如以前的高品质的CD光盘，具体包括CD-ROM、CD-R、CD-RW等类型。

在新一代的互联网发展背景之下，当前的信息存储开始逐步进入智能化、数字化、自动化阶段，这种发展趋势对存储和传输有着很高的要求。问题也随之出现,当前我国在计算机信息存储系统的 I/O 率和传输速度还不能满足当前高端的存储需求。因此,信息存储还需要进一步改进和创新,以此提高其不断改变的性能。而随着我国与国际的交流,我国在计算机技术、电子技术方面的水平与国际水平之间的差距也在不断地缩小。我国与国际的技术合作也使我国存储技术不断地提升,从而使得我国在信息存储方面的水平有了很大提高。我国存储技术也开始迎来了新的发展浪潮,在存储的可靠性、可维护性、高可用性、高 I/O 率和数传率以及开放性方面,都已经在国际市场中占有一定的位置。东盟网络信息资源建设的最终目的就是满足目标用户的使用需求,因其是对网络信息资源进行整合,形成东盟网络信息资源平台,所以对存储技术和存储环境的要求十分严格,同时东盟网络信息资源平台有着智能化、数字化、自动化的特点,与信息存储技术的发展情况相适应。随着信息存储技术的不断发展,东盟信息资源存储技术也应随着不断提高,扩大信息存储量,提高信息存储效率。

第四节　网络灰色信息资源搜集和组织策略

一、选择(开发)信息采集工具

(一)支持东盟国家各语种

因为各国使用的网站编码不同,所以经常我们打开非英语的外国网站时会出现乱码,或者显示"□□□□□"的字符。最早的计算机是在美国诞生,他们使用的编码是 ANSI 的 ASCII(美国信息互换标准代码),随着计算机技术的发展,计算机在世界范围内得到普遍使用,因为语言体系的不同,ASCII 里面无法囊括所有国家的字母,所以不同的国家为了保存自己的文字,就出现了扩展 ANSI 编码。随着全球化的进展,各个国家间的交流日益密切,国际标准化组织 ISO 重新编制了新的通用编码方案,即 UNICODE 编码。随着 UNICODE 的使用,面向传输的 UTF 标准也随之出现。其中,UTF-8 就是每次 8 个传输数据,而 UTF16 就是每次 16 个位,只不过为了传输时的可靠性,从 UNICODE 到 UTF 时并不是直接的对应,而是要通过一些算法和规则来转换。

在信息采集工作中,我们打开东盟各国的网站看到乱码,是浏览器对 HTML 网页解释时形成的,网页制作人员是面向当地人开发的网站,使用的是当地默认语系。解决的办法是手动更改计算机默认语系,使默认的语系改为自己使用的语言体系。如果出现的是"□□□□"这种情况,是由于网站没有采用UET-8编码,而是采用当地的编码。解决办法是,为浏览器安装多语言支持包,参照东盟各国语言对应编码,在信息采集时遇到乱码,可以在浏览器中选择查看编码,选择指定语种。

当前,通用的操作系统均支持许多东盟国家的编码,但是有些国家的编码尚未与国际上主流的系统兼容,因此,在开展东盟网络信息资源的采集时,需要在通用的爬虫软件中开发出能识别这些国家编码的软件,以便能更好地完成采集任务,同时在进行信息组织的过程中也易于实现自动分类、聚类和标引。东盟各国语言对应编码如表8-1所示。

表8-1 东盟各国语言对应编码

LCID	国家或地区	语言	语言缩写	ANSI代码页
2052	中国大陆(内地)	中文(中国)	CHS	936(ANSI/OEM-简体中文)
3076	中国香港特别行政区	中文(香港特别行政区)	ZHH	950(ANSI/OEM-繁体中文Big5)
1028	中国台湾	中文(台湾)	CHT	950(ANSI/OEM-繁体中文Big5)
5124	中国澳门特别行政区	中文(澳门特别行政区)	ZHM	950(ANSI/OEM-繁体中文Big5)
1057	印度尼西亚	印度尼西亚语	IND	1252(ANSI-拉丁文I)
1066	越南	越南语	VIT	1258(ANSI/OEM-越南)
1054	泰国	泰语	THA	874(ANSI/OEM-泰文)
1086	马来西亚	马来语(马来西亚)	MSL	1252(ANSI-拉丁文)
2110	文莱达鲁萨兰	马来语(文莱达鲁萨兰)	MSB	1252(ANSI-拉丁文I)
4100	新加坡	中文(新加坡)	ZHI	936(ANSI/OEM-简体中文GBK)
13321	菲律宾	英语(菲律宾)	ENP	1252(ANSI-拉丁文I)

(二)集成异构数据库

1. 异构数据库的概念

异构数据库系统是由许多个相关的数据库系统集合而成,这些数据库能够共享和透明访问。其中的任何一个数据库系统都有自己的数据库管理系统,每个加入异构数据库系统的数据库系统在加入异构数据库系统之前就已经存在,加入后并没改变其原先的数据库管理系统;异构数据库的各个组成部分具有自身的自治性,实现数据共享的同时,每个数据库系统仍有自己的应用特性、完整性控制和安全性控制。异构数据库系统的异构性主要体现在以下三个方面。

（1）计算机体系结构的异构。

各个参与的数据库可以在小型机、大型机、工作站、PC 或嵌入式系统中分别地运行。

（2）基础操作系统的异构。

各个数据库系统的基础操作系统可以分别是 Unix、Windows NT、Linux 等。

（3）DMBS 本身的异构。

可以是同为关系型数据库系统的 Oracle、SQL Server 等，也可以是不同数据模型的数据库，如关系、模式、层次、网络、面向对象、函数型数据库共同组成一个异构数据库系统。

数据库信息资源建设可以改变信息资源服务不平衡现象，真正实现信息的实时共享和透明访问。随着信息技术的不断发展，用户对东盟知识的渴望在加深，对信息的需求已经不再局限于单一的文献，而是多种呈现方式的多语种多类型的文献，数据库的作用在这里得以体现。然而，逐一进行单一数据库采集东盟信息，工程量过于浩大，也会耗费人力与时间。在集成异构数据库中采集东盟信息，就可以扩大信息的采集范围，提高信息的采集效率，为东盟信息采集的效率和质量提供坚实的基础。

2. 集成异构数据库的意义

集成异构数据库的意义总结有三点，如下所述：

一是数据共享，多个用户可以同时存取数据而不相互影响。数据共享包括三个方面：所有用户可以同时存取数据；集成异构数据库不仅可以为当前的用户服务，也可以为将来的新用户服务；可以使用多种语言完成与数据库的接口。集成异构数据库，能随时随地为用户提供服务，无时间、地点的限制，可以满足多语种东盟信息资源建设的需求。

二是减少数据冗余，也就是数据重复，数据冗余不仅浪费存储空间，还容易使数据出现不一致情况。在非集成数据库系统中，由于每个应用程序都有自己的数据文件，所以数据存在着大量的重复。集成异构数据库从全局观念来组织和存储数据，数据已经根据特定的数据模型结构化，在数据库中用户的逻辑数据文件和具体的物理数据文件不必一一对应。集成异构数据库极大地节省了存储资源，减少了信息的重复，增强了数据的一致性，为东盟网络信息资源采集完成了初次信息筛选，保证了信息资源的采集质量。

三是具有较高的数据独立性,数据独立是指数据与应用程序之间不存在相互依赖的关系,彼此独立。在数据库系统中,数据库管理系统通过映像来实现应用程序对数据的逻辑结构与物理存储结构之间的关系,存在较高的独立性。所以,即使数据存储结构改变了,应用程序也不必随之变动,这是集成异构数据库最基本的优点之一。东盟网络信息资源建设中,需要不断采集新的东盟网络信息,增添相关数据。当前的信息社会,每日出现的信息数以万计,这使得东盟网络信息数据库要不断更新,异构数据库的数据独立性这一优点使建设者在更新数据的同时,并不影响用户的使用,为用户使用东盟信息提供了极大的便利。

3. 集成异构数据库的实现方式

目前异构数据库系统的集成方式主要有以下三种:联邦数据库(Federated Database)、数据仓库(Data Warehouse)以及中介器(Mediation)。

联邦数据库系统通过一定的算法逻辑、约束条件,将一些各自自治的、分布式的、异构的成员数据库系统,使其能够相互协作,达到不同联邦数据库系统级别、不同程度的集成。联邦数据库系统虽然一定程度上集成了组成该系统的各顶层数据库系统,但底层各异构数据库还拥有充分的自治能力,所以这种数据库集成方案是介于完全集成和没有集成之间的一种折中的办法。如图8-10所示。

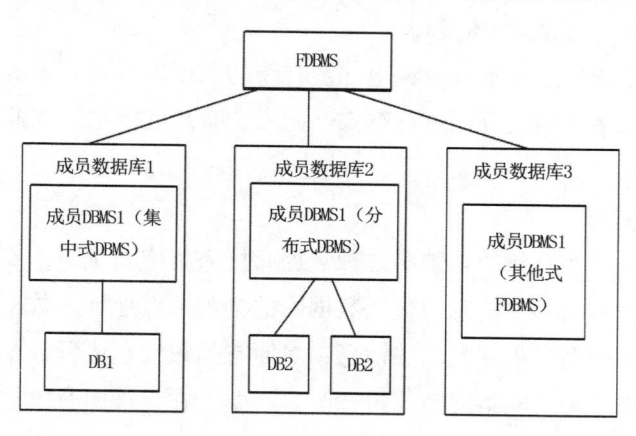

图8-10 联邦数据库

第二种集成方式是数据仓库,其集成原理是备份各底层数据库的数据信息,统一存储在一个指定的数据库中,是为了构建新的分析处理环境而出现的一种数据存储和组织技术。在这样的集成方案中,由于所有的数据源信息都被抽取出来,并存储在一个统一的数据库中。因此,在应用访问层访问时,可以将其当作一个普通的数据库系统,达到了数据的透明访问,但是由于需要对数据进行周期性的更新,数据的实时性大大影响了数据仓库的可使用性。

第三种集成方式是构建中介器,所谓中介器,即底层数据库和应用访问层之间的一个中间层如图8-11所示。中间层系统屏蔽掉底层数据库的各种差异性,对应用访问层提供一个统一的访问接口。在这种集成方案下,中介器并不存储底层数据库的任何实际数据,只是将应用访问层对底层数据库的访问请求翻译为指定数据库的数据库语言,并将该条请求发送到底层数据库执行,得到执行结果后,将结果汇总返回给应用访问层。

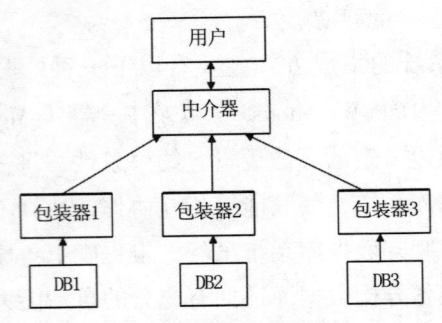

图8-11 中介器系统模式

4. 集成异构数据库的策略

异构数据库的集成,不可避免地涉及有新的数据库接入到系统中时,出现系统如何对新接入系统的数据库进行感知、配置、管理的问题。因此,有如下两种集成策略。❶

(1)人工配置。

人工配置是指在有新的东盟多语种数据库接入集成系统时,安排人员收集新接入系统的数据库的相关信息,包括数据库的物理节点地址、数据库规模、数据库厂商等,然后根据收集到的相关信息,对原有的东盟多语种数据库集成系统的系统架构、逻辑部署、网络参数等进行配置。由于在设计原有集成系统时,仅以当时所具有的东盟多语种数据库为依据,所以接入新的东盟多语种数据库时,很可能将会是对现有系统架构的颠覆性修改,甚至是系统的重新开发。

(2)预留接口。

在设计集成系统时,应该充分考虑到系统的灵活性和可扩展性,采用先进的系统架构,在新的东盟多语种数据库接入系统时,只需调用现有东盟多语种数据

---

❶ 曹智. 分布式异构数据库智能集成的研究 [D]. 唐山:河北联合大学,2013:17-18.

库集成系统的接口，由集成系统自动完成相应的配置。也就是说系统能实现对数据源的管理，包括对这些接入系统中各数据库信息的修改、删除、查询等，在有新的数据库系统接入时，在无人为干预的情况下，将该数据库系统的相关信息自动传送到集成系统。各异构数据库通过调用集成系统提供的接口，将自身数据库的表信息提交到集成系统，由集成系统抽象出一个集成系统的抽象数据表。集成系统中的表信息只是底层数据库中表信息的汇总和抽象，在集成系统中对表信息的修改操作会在下一次的数据表信息同步时被覆盖掉，因此，在集成系统中的修改操作只是对本次时间段内有效。系统采用 spring 框架的 quartz 任务调度框架，定时地对底层数据库进行访问，将底层数据库自身的表信息同步到集成系统中。系统对接口的管理包括对接口信息的查询，接口信息包括该接口的访问地址、访问参数、返回参数类型、返回参数个数等。

因此，集成系统应采用 spring 的系统架构，将各逻辑业务均封装为服务接口，这样将大大提高系统的可扩展性。无论是系统本身业务逻辑进行调整，还是和其他系统进行集成，都不需对现有系统架构进行改动。

东盟网络信息资源的采集需要不断更新，并尽快同步到数据库中，时效性高，因此，采用人工配置的策略并不科学，预留接口策略的灵活性和可扩展性使其更适合在构建东盟网络信息资源数据库时优先被采用。

（三）支持全文检索

全文检索的主要处理对象为各类数据，诸如文字、声音、图像等，它是一种根据数据的内容，而不是外在特征来实现的信息检索手段。通过提供快捷的数据管理工具和强大的数据查询手段，帮助人们整理和管理大量的文档资料，使人们能快速方便地查到他们想要的任何信息。❶ 全文检索可以直接根据文献资料的内容进行检索，支持多角度、多侧面地综合利用信息资源，为用户提供了全新的、强大的检索功能。全文检索技术是发现信息、分析和过滤信息、信息代理、信息安全控制等应用的主要技术基础，是当今网络时代的主流技术之一。搜索引擎，就是以全文检索为核心技术的东盟网络信息的搜索必须支持全文检索，因此，有必要将东盟国家的搜索引擎嵌入我们的爬虫软件以及数据库的搜索引擎中，一方面能在采集数据时能更好地搜取数据，另一方面则在用户利用建好的东盟多语种信息平台时能更快地搜出自己所需的信息。

---

❶ 陈全松；李红.面向网络世界的全文检索技术的应用问题研究[J].农业图书情报学刊，2005（5）：65-67.

1. 全文检索技术的应用

网络搜索引擎，是能够在互联网或通过互联网响应用户提交的搜索请求，返回相应查询结果的信息技术和系统。全文检索技术最主要的一个应用可以说就是搜索引擎。目前，搜索引擎的使用已成为第二大互联网应用技术，仅在收发电子邮件之后。搜索引擎起源于传统的信息全文检索理论，即计算机程序通过扫描每一篇文章中的每一个词，建立以词为单位的倒排文件，检索程序根据检索词在每一篇文章中出现的频率和每一个检索词在一篇文章中出现的概率，对包含这些检索词的文章进行排序，最后输出排序的结果。运用此技术在东盟网络信息资源建设的采集阶段，有利于提高采集效率，准确获得自己想要的有关东盟的网络信息，是东盟信息资源采集的一大利器。东盟信息运用此技术在东盟网络信息资源平台建设的检索功能中，可以大大提高东盟网络信息资源平台的检索质量，在为用户提供检索便利的同时，也一定程度上吸引用户使用其平台，实现双赢。

COM 站点检索是分类目录导航和全文检索的完美结合，具体包括以下几个方面：分类目录导航通过限制检索范围来确保检索结果不会太多、太滥；而全文检索对站点检索来说必不可少，一般情况下能够帮助人们快速在纷杂的网页里快速地找到自己要找的网页；但有时也会出现利用分类目录导航和全文检索很难精准找到所求信息的情况，这时就要组合检索辅助，必须有相关排序功能。因为当检索结果太多时，用户不可能一一浏览，大多数用户只浏览前面几条，若没有相关排序，而准确的检索结果排在后面，用户就很难浏览到。同时，若排在前面的检索结果相关性很小，也会造成用户无用检索的错觉。建设者在检索东盟信息时，应多采用 COM 站点检索，并且选择相关性排序，辅助自己快速地定位到需求的信息。而在东盟网络信息资源整合中，也应按照一定的分类标准将各信息分门别类地组织起来，在后来为目标用户提供服务时，提高用户的检索效率。

电子化企业应将重点放在建立企业信息门户上，把企业信息库的信息发布到公司的 Internet/Intranet Web 站点上，既可与 Intranet 的同事共享公司信息，也可与公司的客户/合作伙伴分享公司信息。而企业信息门户的一个核心问题就是建立一个高效的知识检索解决方案。该方案要求包括：跨越所有的数据源；检索结果需要按照商业分类规则（Business Classification Rules）进行排列；能够浏览不同格式的信息。建设者也可以在这些企业信息门户网站上挖掘出与东盟相关的信息，尤其是在与东盟各国有着密切贸易往来或是与东盟各国地理位置接近的企业的信息门户网站上。

在安全控制的数据库中，信息检索并不是静态网页，而是动态生成网页，对电子商务站点的系统资源开销是很大的。大量并发用户突发访问情况下的可靠性，是电子商务对全文检索系统的基本要求。全文检索对于一个电子商务站点是非常重要的。网站全文检索系统就是系统自动地将网站内容添加到检索引擎（数据库）中。这样，网站的访问者就可以用关键词查询网站中任何他关心的内容而不需烦琐的人工查找。全文检索彻底改变了传统的信息处理模式。它能提供快捷的数据管理工具和强大的数据查询手段，通过快捷的数据管理工具，能快速帮助人们进行文档资料的整理和管理工作，使人们能很方便地查到他们想要的任何信息。

数字图书馆的建成，将从根本上改变现有图书馆的工作方式和服务模式，全面实现自动化、网络化、信息化。用户在世界各地都可以通过网络借阅数字图书馆中的丰富信息，图书馆馆员将成为整理信息的专家。数字图书馆信息服务系统的一个重要技术要求就是支持 SGML/XML 的检索引擎，尤其是中文检索引擎。目前中文全文检索系统已经全面渗透到数字图书馆的建设中，并且数字图书馆正在开发大量的海量数据库，在数字图书馆中进行内容检索。

以上提到的都可以成为采集东盟网络信息资源的来源，广泛地在这些网页上采集东盟信息，扩充东盟网络信息的采集面，以确保东盟网络信息资源的全面和科学。

2. 全文检索工具的原理

东盟国家网络灰色信息资源全文检索技术的实现难点有：文件存储的数据格式多样、资源语种广泛、资源分布分散。搜索引擎是跨语种、跨平台并且突破文件格式限制的查询工具。以 Google 为例，它支持的语言多达 132 种，在文件格式方面，除了支持网页搜索之外，也同时支持 PDF、Excel、PPT、RTF、DOC 等类型的文件搜索。Google 及百度都提供高级搜索功能，在其中设置多个限制性条件，其中的"网域"限定表示搜索结果局限于某个特定的网站。搜索引擎的这些优势正好可用于解决东盟国家网络资源全文检索所面临的技术难题。因此，只要把"网域"设定为东盟国家网络资源的访问站点，则可利用搜索引擎为代理实现其文献的全文检索。❶

许多以搜索引擎为代理的互联网站点全文检索工具，分为 Google 远程检索

---

❶ 黄水清，朱书梅. 开放获取资源统一访问平台全文检索工具的设计与实现 [J]. 现代图书情报技术，2008（7）：7-12.

组件和检索平台两部分。Google 远程检索组件是对 Google 高级搜索功能的封装，实现对特定网域的搜索；检索平台主要负责和用户交互，同时实现对 Google 组件的调用。Google 远程检索组件流程如图 8-12 所示。

用户只需在检索平台上选择需要查询的东盟国家网络资源，然后递交检索式，检索平台把资源列表转换为网址，再联合检索式一起作为参数分次传递给 Google 远程检索组件，当 Google 远程检索组件收到资源和检索式后，对此种资源进行限定网域的搜索，然后把所有搜索结果返回给检索平台，检索平台继续把第二种资源的网址传递给 Google 远程检索组件，依此类推，最后检索平台对所有结果加以整合返回给用户。

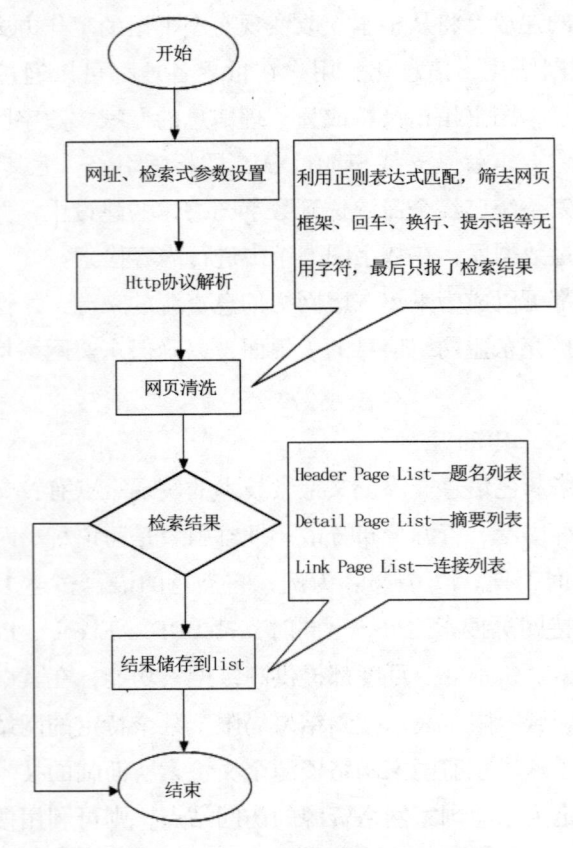

图8-12 Google 远程检索组件流程图

全文检索工具的操作性能测评，主要看以下几方面：①查全率，即系统在进行某一检索时，检索出的相关资料量与系统资料库中相关资料总量的比率。②查准率，即系统在进行某一检索时，检索出的有用资料数量与检索出资料总量的比例，是保证我们找到最有用资料的一个关键。③检索速度或者说响应时间，指的是从提交检索课题到查出资料结果所需的时间，是提高工作效率的保障。最基本的检索速度应该达到"千万汉字，秒级响应"。还有诸如收录范围（所查找的范围）、用户负担（用户在检索过程中付出精力的总和）、输出形式（输出信息表现形式）等指标也是衡量全文检索系统优劣的要素。

（四）支持多模式采集

网站登录采集。当用户登录东盟信息网站的时候，将用户的 IP 地址、登录设备的类型、登录设备的操作系统、所使用的语言等相关信息记录下来，再使用这些信息来做东盟信息用户数据分析，并且也会记录用户登录的时间、登录重试次数、密码强度等。这些信息在大数据分析系统绘制东盟信息查询用户画像的时候有一定的帮助。

网站跨层采集。传统的互联网体系结构是根据开放系统互联（OSI）标准，该标准运用了分层结构，每层协议通过下层协议提供的服务来解决待定问题，并且向上层提供服务，各层之间是相对独立的，通信只是在相邻层间进行。东盟信息采集工作中的跨层采集就是采集东盟信息网络各层信息以及与它相关的层的信息，对互联网各层进行整体采集。它并不会打破传统网络的分层模式，而是会模糊严格的层间界限，将分散在网络各个子层的特性参数协调融合，所有层间可以交互信息，使得协议栈可以以全局的方式适应东盟信息采集所需，并根据东盟采集系统的约束条件和网络特点进行综合优化，实现对网络资源的有效分配，提升东盟信息采集的综合效能。❶

POST 采集。HTTP 协议是互联网上运用最为广泛的一种网络协议，根据这个协议的报文有两种类型——请求和响应，它支持的请求有三种——GET、HEAD 和 POST。GET 请求用于返回 request-URI 所指出的任意东盟网络信息资源；HEAD 请求类似于 GET 请求，但服务器程序只返回指定东盟信息文档的首部信息，而不包含实际的文档内容；POST 请求用来发送电子邮件、新闻或发送能由交互用户填写的表格。常见的东盟相关的 POST 请求应用有：发送电子邮件、发帖、留言、写博客或日志、东盟信息资源文件上传或分享、东盟国家用户注册、登录东盟网络信息资源网站、东盟网络游戏玩家信息交流等。东盟网络信息采集应实现基于 HTTP 协议的 POST 信息捕获还原系统（模块），可以部署在各种局域网的出口处，

---

❶ 钱颖. 无线网络资源管理的跨层研究 [D]. 杭州：浙江大学，2007：30.

用于实时监控网络中有关于东盟POST信息活动情况，通过对传输的POST二进制流进行内容还原，对比提前设置好的东盟资源敏感信息特征库，辅之以文本内容查询模块，就可以快速定位东盟国家敏感信息源，完成东盟信息资源的数据过滤。

脚本采集。为了极大提高东盟网络信息数据的采集效率，可以利用脚本批量导出东盟国家数据库数据，比如使用Powershell或者Python等脚本语言，编写专门的东盟信息数据采集脚本。脚本在Windows和Linux系统里定时或者按计划运行，或者根据相应的业务场景的触发条件运行，远程登录Mysql，Elasticsearch等数据库，根据设置的查询条件和搜索范围来导出所需的东盟相关数据。

动态页面采集。在东盟网络信息采集时，如果服务器返回的页面中不包含浏览器执行脚本则为静态页面。静态页面一般指的是服务器返回的网页文件里仅包含有东盟语言，不需要经过服务器的编译，直接加载到客户端浏览器显示出来。动态页面是指在网页文件里嵌入了程序代码，比如JAVA、PHP等程序语言，通过后台的东盟网络信息资源数据库与服务器进行数据交互，由后台东盟网络信息资源数据库提供实时数据与数据查询服务，由服务器执行嵌入到页面中的程序脚本。实现动态页面中脚本片段的解析主要有两种方法：一是采用完整的开源浏览器渲染网页，然后根据浏览器的输出结果提取页面标记中的文本内容及超链接；二是采用开源的脚本解析引擎，实现浏览器对象与脚本解析引擎的绑定，自行构建脚本语言的解析环境，将动态页面的脚本程序片段加载到解析环境中，通过执行脚本程序片段提取脚本语言中隐藏的文本文档及超链接完成动态页面信息的采集。❶

科研数据采集。为了实现东盟国家科研数据有效使用和长期保存，需要针对研究东盟国家信息资源数据的动态特征，以添加新版本的形式，进行科研数据更新操作。借鉴莫纳什大学的arror仓储能够提供数字化研究数据的存储和在线出版的经验，利用哈佛大学定量社会科学研究所开发的datacerse提供交叉搜索设施，可实现交叉检索，而且支持数据样例的引用和相关论文数据集的引用的方法。在搜集东盟各国科研数据时，可以针对各类的科研数据仓储系统，选择适合的网络python工具进行东盟网络信息数据采集。❷

微信息采集。当前社会环境被微小的数字碎片所围绕，它松散连接并不断地

---

❶ 方开庆.动态页面数据采集方法的研究与分布式实现[D].北京：北京交通大学，2013：5，2.
❷ 公晓.图书馆科研数据联盟管理模式建设研究[D].大连：辽宁师范大学，2017：6.

进行动态重组，就形成微信息生态的语境。这种状态极大地影响着人们的日常生活和学习工作，使越来越多的不同类型的人群开始习惯利用零散时间，从这种微信息的环境中获取碎片化的语义内容。在微观信息环境中，东盟信息资源以流动的方式在网络间扩散传播，其载体形式多为信息碎片、信息块和信息片段等。其中，东盟微内容的信息单元获取通常依赖文献层面下更具体的微观东盟信息资源片段，它与用户的目标主题具有强关联性，基于这种前瞻性的考虑，东盟国家网络灰色信息收集工作需要将更多的注意力放到文献层面之下的信息单元的聚合研究中，注重多种微媒体形式的信息采集，根据微用户的需求，提供分散的、细致的、个性化的东盟微信息服务。❶

（五）支持多任务多线程采集

在计算中，多任务是一种多个任务（也称为进程）共享处理资源（如 CPU）的方法，其实质是操作系统在每个计算任务间快速切换，使其看上去是不同的应用在同时执行多项操作。当 CPU 时钟频率平稳提高时，不仅应用程序的运行速率可以更快，而且操作系统在应用间的切换速率也更快。这样就提供了极强的整体性能——一台计算机可以同时发生多项东盟国家信息资源的查询操作，每项应用可以更快速地运行。对于拥有单个 CPU 核的计算机，任意时刻只能运行一项东盟国家信息查询任务，这就意味着 CPU 主动地执行该任务的指令。东盟国家信息查询多任务通过调度（Scheduling）哪一项任务在哪一时间运行以及何时切换到另一项任务解决了这一问题。当运行于多核系统时，多任务操作系统可以真正地并发执行多项任务。针对不同的东盟国家信息查询任务，多个计算引擎独立地工作。操作系统通过在独立的 CPU 核之间划分不同的应用或进程，从而更有效地执行多项应用。该计算机可以将工作任务分摊化——每个核在管理和切换原先一半数量的应用任务，并提供更好的整体吞吐量与性能。实际上，这些应用任务都是并行执行的。

多线程将多任务的思想延续到应用，将单个应用中的特定步骤进一步分解成一个个线程，每个线程可以并行运行。操作系统不仅在不同的应用任务间分配处理时间，而且在一项应用的每个线程间分配处理时间。一个操作系统的多线程 NI LabVIEW 程序可以被分解成四个线程：用户界面、数据采集、网络通信以及数据录入，分别赋予这四个线程的优先级，使得它们可以独立工作。于是，在

---

❶ 李禾. 微信息环境下高校馆藏资源微聚合服务的研究 [J]. 图书馆学研究，2015（4）：66-70，65.

操作系统多线程应用中，多项任务能够与该系统执行的其他应用并行执行。在一个单线程应用中，一个同步调用可能会阻止或防止该应用中的其他任务执行，直到该操作完成。而多线程就避免了这样的情况出现。当同步调用在一个线程中运行时，程序中不依赖于该调用的其他部分可以在其他线程中运行。该程序的执行就可以持续地推进，而不是停滞直到完成同步调用。这样，当该应用的所有线程都可以同时运行时，CPU也不会处于空闲状态。最终，一个多线程应用就实现了CPU使用效率的最大化。

数据收集的基本要求是，多任务多线程同时采集多个东盟信息资源网站的数据。当下流行的python主要有Heritrix、WebSPHINX、WebLech和Arale等，通过在python中启用多线程采集东盟信息资源，就可以实现同一时间执行多个网络采集任务，多个任务间互不干扰，从而极大提高采集的速度和效率。同时，利用现代CPU的多核心的特性，在用主流编程语言如C++、JAVA等编写网络采集程序时，能直接使用语言框架提供的并行操作指令高效便利地实现多任务操作，这在大数据时代能更有效地面对巨量的东盟网络信息资源时，进行不同角度不同维度的信息检索和信息采集需求。

二、建立基于领域分析的信息采集多语种主题词库

当前，无论文本挖掘技术还是搜索引擎技术，它们在处理文档时都先将待处理的文本特征化，即所谓的特征提取，主要通过计算关键词出现的频率来实现对东盟信息资源网页正文的特征提取，因此，分词就显得格外重要。现有的分词技术主要有基于词频统计的无词典分词方法和基于字典（词典）的匹配方法。前者在分词后还须剔除东盟信息资源网页中的高频词、稀有词和平庸词，这些词没有明确的定义，难以界定，特别在提取主题信息时，一些专业词汇还可能会被当作稀有词过滤出去。后者是建立在字典完备的理论假设之下的，由于东盟各国语种的数量极大，基于大型通用词典的分词系统一般都较为复杂和庞大，分词速度慢，且在处理专业技术文档时分词准确度较低，不适合在实时性要求高、文档内容专业的环境下使用。

因此，急需建立不同领域的东盟各国多语种主题词库，目标是东盟信息资源网页特征项中的专业领域词汇，在进行特征提取时无须对普通词汇进行切分和词频统计，可采用基于某一领域主题词典的机械分词法。为了提高系统运行效率和分词的准确度，舍弃大型的通用词典，建立较为详尽的主题词典用于网页分词和

词频统计即可。专项领域的东盟各国多语种主题词典中只包含在本领域中可能出现的专业词条而未收录大量的普通词汇，因而能够在保证特征提取准确性的前提下大幅度提高系统运行效率。

东盟各国多语种主题词库由 N 个具有相同结构的主题词典构成，因此建立主题词库的过程就是建立主题词典的过程。主题词典是某一学科领域专业词汇的集合，可以通过以下途径搜集：东盟各国分类主题词表中的主题词、已出版的专业词典、构建训练文档集自动提取以及由对应学科领域的专家提供等。

在建立东盟各国多语种主题词典时，要求各主题词在含义上保持尽可能的独立，即主题词集合、同义词集合和概念词集合是该主题领域内所有关键词集合的一个划分。在文本特征提取时可降低特征项的向量维数，提高文档表示能力，从而提高查询效率和准确度。

由于建立东盟各国多语种主题词库的工作量非常大，所以可以先建立少数几个有代表性领域的主题词典来构建初步的主题词库，即先提供某几个领域的主题信息查询，待系统建成后再陆续添加其他领域的主题词典来完善词库和检索系统的建设。任何一门东盟国家语言或任何一个学科领域都会不断地出现新的词汇，所以主题词库要不断地进行更新整合。

为了保证查询结果的准确性，需要对主题词库进行更新整合，将各语种各学科新出现的词加入主题词典中。可以采用两种方法来更新词典：第一，主题专家或网络管理员不定期地将该领域出现的新词加入主题词典；第二，建立一个新词词典表，对用户提交的查询关键词进行判断，若该关键词在主题词典中不存在，则将其加入新词典，并赋以权值（初始值为 1）、收录日期和所属类别。以后每次遇到该词，权值加 1。在一定时间内，如果权值达到规定的阈值，便把它加到主题词典中；相反，如果过了设定的时间，权值没有改变或改变很小（没有达到阈值），则舍弃该词，从而达到更新词典（词库）的目的。

三、确定搜集的特定网站

虽然东盟国家网络灰色信息资源可以获取的平台不计其数，但是根据我们的建设目标，可以确定一些有代表性的网站。

（一）东盟各国地方政府网站

随着全球政府网络办公工程的推行，东盟各国及地方政府都在网上建立了自己的网站，或者社交网站的官方账号，信息内容较为集中、全面、权威，是当地政治、社会、经济、文化、科技资源以及政府工作信息发布的密集地，也是对外宣传的主要窗口和平台，如越南河内市政府官网（图8-13）。

图8-13 越南河内市政府官网

（二）地方新闻、媒体、资讯网

以地方广播、电视、报纸等各种媒体创办的网站，是东盟国家灰色网络信息的重要来源。如泰国的《民族报》（英文版）（https://www.nationthailand.com/）（图8-14）《泰国日报》（图8-15），《暹罗日报》（泰文版）（图8-16）等网站，都会设立新闻、商业、亚联、科技、生活、旅行、美食等栏目，全方面反映最实时的国家资讯。

图8-14 泰国《民族报》网站（英文版）

第八章 东盟网络信息资源建设

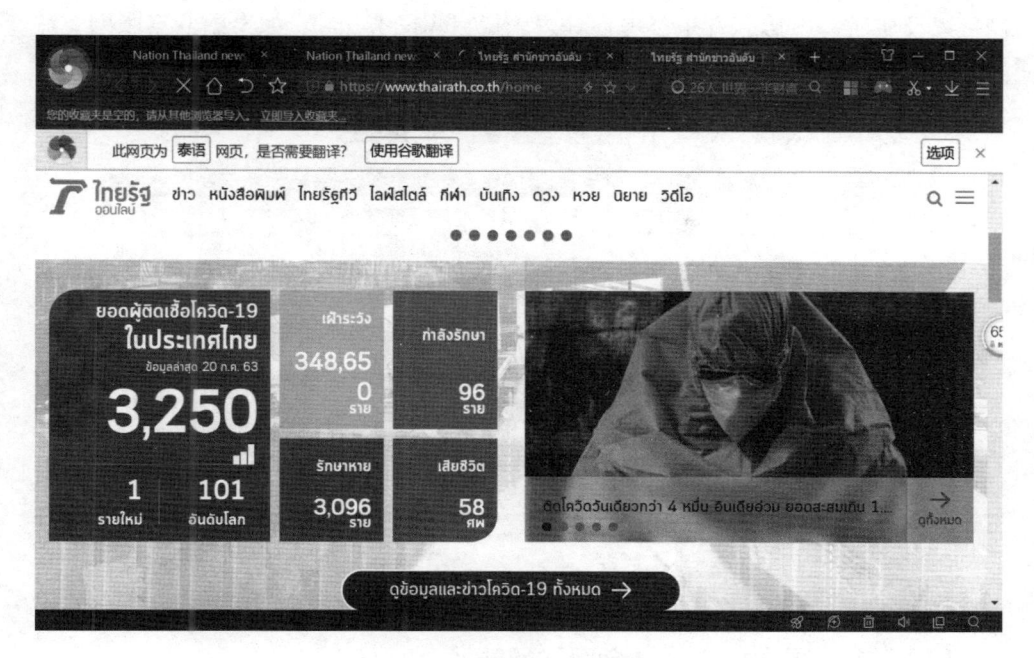

图8-15 《泰国日报》网站

图8-16 《暹罗日报》网站（泰文版）

（三）东盟国家综合门户网站

东盟各国的地方综合门户网站的信息量大、内容丰富，具有较高的点击率。一般设有新闻财经等资讯栏目、招聘租房等便民栏目、交友学习跳蚤市场等服务栏目以及旅游、电影、音乐、美食等娱乐栏目（图8-17），如泰国的泰联网、缅甸的果敢论坛等，能够呈现百姓生活的方方面面。

图8-17 泰联网首页

（四）东盟国家机构、社会团体网站

收录东盟国家各种机构和团体的行业政策、最新动态、科研项目、科教活动、科研报告、学位论文等有关资源，该类网站既有国家特色，又具有一定的专业性，是不可缺少的东盟网络信息源，如新加坡南安艺文社（图8-18）、菲律宾华裔青年联合会 Kaisa Para Kaunlaraan 等。

图8-18 新加坡南安艺文社网站首页

（五）极具规模的东盟国家社交平台的公众号

Facebook 是美国著名的社交服务网站，于 2004 年 2 月 4 日上线。据 2018 年第一季度东南亚六国 APP 下载榜单 TOP5 可以看出，Facebook 旗下各类社交产品在东南亚地区极为盛行，在印尼、马来西亚、泰国、越南、菲律宾均高居榜单前列。有数据表明，Facebook 作为东南亚区域黏性度与活跃度最高的社交平台，每天大约有超过 2 亿用户习惯使用 Facebook 来获取游戏、新闻、娱乐等生活资讯，各国地方政府也会在 Facebook 上开通官方账号，例如，泰国马哈沙拉坎府（图 8-19）。

图8-19　泰国马哈沙拉坎府的官方Facebook账号

微信（WeChat）是中国腾讯公司于 2011 年 1 月推出的一款基于移动互联网的即时通信软件，十年来已经形成了一个新型的庞大的社会网络，缔造了社交、媒体、商业办公、支付等健全的生态圈，成为全民级移动通信工具。根据腾讯 2018 年一季报数据，微信已实现对国内移动互联网用户的大面积覆盖，2017 年，微信登录人数已达 9.02 亿，庞大的创作群体加速了微信公众平台的快速发展，根据《2017 年微信经济数据报告》和《2017 微信用户研究和商机洞察》数据，截至 2017 年年底微信公众号已超过 1000 万个，其中活跃账号 350 万个，月活跃粉丝数为 7.97 亿，公众号已成为用户在微信平台上使用的主要功能之一。自中国—东盟自由贸易区成立以来，东南亚国家之间民间利用微信交流越加频繁，社交平台上出现了难以计数的账号/公众号，如"泰语泰国""大缅甸""缅甸今日

（图8-20）"泰国中文网""老挝快讯""醉美缅甸""泰国妞"等传播本国的语言、文旅、艺术等。这些账号/公众号具有数量庞大的粉丝群和一定的社会影响力。

图8-20 微信公众号"缅甸今日"

第五节 东盟网络信息资源建设的过程

一、制定资源抽取的规则

网络中分布着大量的非结构化信息，制定信息资源抽取规则即是非结构化数据转为结构化数据的过程。元数据是一种常见的结构化数据，包括标题、作者、摘要、时间、机构和出版者等。制定抽取规则是东盟网络信息资源建设的基础，这意味着信息抽取方式的确定[1]，因此，抽取规则的正确引领将使信息抽取获得更高的准确率。网络信息资源的特点有四个：①半结构化和非结构化特点；②不同形式的数据源；③动态性强；④组织的簇聚性。东盟网络信息资源不仅包括上述特点，还具有语系差异大、资源分布散等特点。语系差异大是指东盟各国网站更多的是面向当地人的开发与访问，使用的是当地默认语系，此外，东盟各国语种差异大、数量多，这使得除官方语言形成的信息资源外，还存在广泛的非官方

---

[1] 朱建华. 一种基于Web的新闻抽取方法 [J]. 情报杂志，2010，29（S2）：139-141.

语言形成的信息资源；资源分布散是指东南亚国家发展情况各有不同，主要表现为信息密集度不同和覆盖范围广。

东盟网络信息资源建设，首先根据用户需求，先确定大概需要哪些信息，例如文章标题、文章作者、文章摘要、发布时间、文章配图、正文内容。其次，通过描述待抽取信息的各种特征和规律，识别和定位待抽取的东盟网络信息；最后，确定需要抽取哪些东盟网络信息。

也就是说东盟多语种网络信息资源抽取的规则是，将政府及各行业、各高校的官网作为重要的信息源，按制定好的领域知识库作为收集东盟各国的网络信息资源的主题词进行网络信息搜集，收集的内容包括政治、经济、教育、文化、历史、科技、旅游等领域知识。除了东盟网络灰色文本数据，更要关注语音、图像、视频等多媒体数据。

二、资源的自动抽取

根据信息抽取规则，信息资源的获取主要有人工输入和自动生成两种方式。基于网络中海量的信息分布，信息资源的自动抽取可减轻信息人员的工作量，从而提高工作效率。东盟网络信息资源抽取的目标对象主要包括三个部分：①对特定格式文档自动抽取，例如 PDF、DOC、PPT、HTML、JPEG 等格式；②对 Web 网页的自动抽取；③对中外文数据库文献的自动抽取，例如含题名、作者、来源、关键词、摘要、引文、外部特征等的结构化信息。

信息资源抽取框架应该包括三个模块：第一，抽取规则生成模块；第二，信息抽取；第三，自动检测反馈机制模块。首先，利用网络爬虫技术爬取 Web 网络中的目标文档，并将其存储到本地信息库中。随后从信息库中获取一定数量的相关文档进行抽取规则训练，需要经历文档预处理（无关节点过滤和无效节点过滤）、主题区域定位（动态区域块的定位和非主题链接块的过滤）、主题数据精确定位三个阶段，结束后生成抽取规则。由于同一目标站点的文档由固定模块生成，因此生成的文档结构布局相同，根据此特点，抽取规则将不会改变，利用生成的抽取规则反向抽取该站点下的其他文档信息即可。自动检测反馈机制目的是检测抽取规则是否失效，如果失效，该机制将会触发抽取规则生成模块重新制定抽取规则。目前存在的元数据自动抽取器主要有：英国国家档案馆的 DROID(Digital Record Object Identification)文件格式辨别工具、新西兰国家图书馆的 Metadata Extractor 软件和法国的 Metadata Miner Catalogue PRO 软件等。

三、资源的清洗和转化

东盟国家的信息资源有各自的习惯与特点,因此,各国的生产商在选择格式时都会根据自己国家的不同需要来选择不同的类型。尤其是数字信息的格式不统一,这对于信息资源利用带来一定障碍,也是资源信息建设中需要注意的一个问题。因此,在东盟信息资源建设的过程中,资源的清洗与转化显得尤为重要。

(一)基于 URL 链接格式的清洗

网络中存在大量的、复杂的、异构的网络数据。在对多语种网络信息资源抓取前,需要对 URL 进行数据清洗,以提高多语种网络信息资源的抓取和存储速度。URL 被称为网页网址,是因特网中标准的资源地址。将域名失效、文件错误、该站被封等域名错误格式进行清洗,规范的 URL 格式将是东盟网络信息资源获取的前提。

(二)基于内容的清洗

首先通过网络爬虫从因特网上抓取多语种网络信息资源内容,判断所述网站标题是否与指定的爬取主题一致,标记为 A 类文献集或者为 B 类文献集;其次按照抽取规则,抽取出需要的属性内容;最后进行数据的格式内容清洗操作,包括格式显示不一致、内容中存在多余或缺少的字符或是内容与该字段应有的内容不符等问题。

(三)将不同格式的资源规范统一

将清洗完成的数据转化为结构化的数据,包括语言文字的转化、日期格式的转化、字符大小写的转化、数据资源的行列转化、文件类型的转化、标点符号的统一等。格式转化是东盟网络信息资源建设的重点和难点,规范统一是东盟网络信息资源建设的重要目标。

四、资源的智能组织

(一)自动分类与标引

自动分类与标引包括自动的主题分类和自动的主题标引。自动主题分类是指将一篇文章自动分类到预先设定的类目,自动分类一般分为以下两种:①自动归类技术:即在已经存在的类目体系前提下,将文献归入与其相似度最大的类目中。②自动聚类技术:利用计算机将文献按照特征属性的相似度聚集成不同的类,生成不同的类文献集。❶ 东盟网络信息资源分类应根据用户需求制定，例如高校图书馆文献信息资源采集应该偏向于文化教育类资源；科研机构用户对东盟多语种信息资源的需求主要以科技及研究类文献，包括会议论文和专利、标准等；政府机关单位用户对东盟信息资源的需求主要以东盟国家的法律文献和政策法规为主；公共图书馆用户对东盟文献信息资源的需求则偏向于文学艺术、文化旅游、休闲娱乐等相关文献等❷；自动主题标引是指关键词的自动提取，例如抽取5~6个关键词。

（二）全文索引

东盟网络信息资源的组织与检索应紧密依托全文检索方式，全文索引的目的是实现自然语言检索，提高检全率和检准率。由于我国与东盟国家政治、经济和文化存在诸多交流障碍，对文献检索的灵活度同样也存在一定的阻碍，因此，多语种网络信息资源实现全文检索有助于提高用户的检索效果。全文检索技术强调面向全文并提供全文，是将文档中的所有基本元素记录到索引库，通过自然语言来实现检索需求，更多的是借助邻词和截词来匹配原文信息，最终排序返回给用户。自然语言处理技术包括词法分析、句法分析、语义分析、语用分析、语境分析等。❸

构建全文检索数据库系统，分别为底层数据库、数据处理与全文检索模块、前台检索与后台管理。首先读取底层数据库中的东盟网络信息资源记录，将不同格式的信息资源规范统一，使之成为标准的、可供索引的数据，其次将这些数据通过分词系统分词，按照自定义规则构建索引库。用户利用检索系统选择检索方式并输入检索词，检索服务模块会根据用户输入的检索式形成机器可读检索语句，调动检索模块和索引库，将文献资源呈现给用户。

该系统可为用户提供三种检索路径，一是普通检索，类似于谷歌或者百度的一框式快速检索，一站式检索节约时间，适用于初级用户检索需求；二是高级检索，构造题名、关键词、作者、时间、摘要、全文等多字段组合检索，实现精准化检索效果；三是表达式检索，为专业人员提供，是一种更为复杂的检索方式，常利用限定符、布尔逻辑运算符和截词符限定语句。除此之外，还应该提供检索

---

❶ 田甜. 文档自动分类的方法探讨 [J]. 情报杂志, 2006（2）：77-78.
❷ 黄文福, 苏瑞竹. "一带一路"战略背景下东盟文献信息资源的采集 [J]. 内蒙古科技与经济, 2017（7）：91-95.
❸ 熊回香, 夏立新. 自然语言处理技术在中文全文检索中的应用 [J]. 情报理论与实践, 2008（3）：432-435.

建议、同义词检索、拼音检索等方式，满足特殊用户的需求。

（三）自组织

自组织又称为大众分类法，是指广大用户根据自己的需求和理解为信息自由添加标签（Tag），从而实现信息分类的方法。[1] 标签的选择源于用户的使用习惯和分类目的，所添加的标签不仅服务于添加者本人，还被广泛共享于整个站点或网络。东盟网络信息资源建设的最终目的是向用户提供信息服务，让用户加入到资源建设过程中，还可以让用户对资源的质量给出反馈，促进资源质量的增加，让用户对资源内容建设提出意见与建议，更好地促进图书馆 OA 资源库的不断发展。相比主题词和关键词的使用规范，标签在使用时通常并不要求全面概括或高度提炼信息内涵，而且标签词汇在专业性上没有要求，因此具有突出的自由性、简易性、开放性的特点。常见的大众分类法主要应用于各社交类平台，包括豆瓣、微博、博客、网络社区等。东盟网络信息资源引入大众分类，将呈现以下两个优点。

1. 提高信息组织的通用性

大众分类与传统的主题分类优势互补，尤其在专业性强、文化差异大的信息资源被用户检索利用时，大众分类的优点可见一斑。当用户参与到信息分类中时，信息的分类就可以根据用户理解的变化、信息内容归属的变化而不断改变，从而满足绝大多数用户对信息分类的要求。东盟网络信息资源建设更多是面向国内用户，从这个角度来看，我国的用户处于一种信息素养较低的状态。利用什么信息、怎么利用以及怎么评价将会是用户利用信息的难点，大众分类有效地解决了这个问题，用户的自组织定义信息资源标签，减少了信息资源理解和检索的难度。

2. 体现用户的个性化

用户参与的信息分类充分体现了以用户为核心的思想用户是生产和利用信息的主体，由用户组织自己要利用的信息会更符合用户的使用习惯。此外，利用这样的方法对信息进行分类也可以反映出某一段时间用户对哪类信息的需求度最高，以及哪些信息类别是在泛在网络的背景下新定义出来的，从某种程度上也可以反映社会的热点趋势。大众分类增加了用户个性化需求，必然减少分类组织的专业程度，但毕竟大众分类是为弥补主题标引的缺点而产生的分类体系，归根到底，任何分类法均应以用户为中心，满足用户检索和利用信息资源的需求。

---

[1] 翟青竹. 论网络环境下的个人信息组织[J]. 情报探索，2012（10）：94-97.

(四)语义深度聚合

1. 技术

实现东盟网络信息资源的深度聚合需要的技术包括领域本体集成技术、大数据挖掘与集成技术、语义知识和信息资源转换技术。

(1)本体。

在对东盟网络信息进行深度聚合的过程中,对于知识的检索基础就是领域本体,可以在多个模块中存在,也能在整个体系结构中共存,为各个模块功能实现提供必要的参考,建立对应的语义检索系统,领域本体也就是整个检索系统中的重要内容。东盟网络信息资源的聚合过程就是根据构建需求,引入螺旋模型,构建领域本体,不断完善本体,系统开发过程中可以沿着螺旋线实现周期性的多次迭代。在一些用户需求不明的检索系统开发过程中,也可以借助这一技术完成开发,更为灵活的应用需求变化。在构建东盟网络信息领域本体时,首先进行需求分析和本体分析,通过调研,与东盟学研究者广泛交流,利用主题词表比对得出领域主题词表,并用相应的辞典进行翻译,编写成本体,完成构建过程。领域本体初步构建完成之后,需要进行验证和评价,然后不断完善,根据实际需求进行调整,使其符合实际应用要求。

本体这些良好的概念层次结构和支持逻辑推理特性,使得知识共享和集成变为可能。❶利用本体的思想和技术实现多语种网络信息资源的语义内容的组织管理,不仅有助于实现东盟网络信息资源的深度聚合与深层次获取,也有利于实现信息资源聚合技术与方法的进一步发展和完善。

利用领域本体集成技术,可以达到两种目的:①基于本体的多语种网络数字资源聚合利用本体提供的概念体系及其层次结构对信息资源元数据进行明确的规范化说明和形式化描述,实现领域知识的规范描述和共同理解。②元数据是对文献实体的浅层次关联聚合,无法深入揭示文献实体内部的深层概念和语义。通过构建领域本体,利用语义映射机制实现异构资源的语义关联,可构建结构完整、规范有序的立体知识网络,实现多语种网络信息资源整体化、一体化。

网络信息资源的深度聚合需要相应的聚合工具,常见的语义深度聚合工具有D2R、R2R、SILK 等。通过这些工具将网络信息资源转化为可处理的语义格式并进行深度聚合。网络信息资源的深度聚合本质上是为了实现知识检索,知识检索

---

❶ 秦春秀,赵捧未,窦永香.一种基于本体的语义标引方法[J].情报理论与实践,2005(3):244-246.

的基础就是领域本体，首先要进行需求分析和本体分析；其次，在完成分析之后编写本体，进行验证和评价并不断完善。最后根据实际需求进行调整，直至符合实际应用要求。

一般来说，构建基于本体的知识组织方法要以形式化表达的本体模型为基础。构建本体模型可采用三段法：①概念化，是确定东盟网络信息资源的元概念，以及概念之间的关系，主要是相交关系、属种关系、同义关系等，例如多语种信息资源有马来西亚语、印度尼西亚语、葡萄牙语等形成的信息资源，这些信息资源又隶属于哪些国家的网站以及这些信息涵盖了哪些类别的信息（经济、文化、政策等），每个概念和子类要有所说明；②模型化，就是利用图示的方式来表达元概念和概念之间的关系，构建形式化的本体关系模型，描述上述信息资源的内涵外延以及语义关系，构建一种网络关联结构；③形成知识组织系统。

（2）大数据分析与挖掘。

进入大数据时代，东盟网络信息资源的数量和种类繁多，给东盟网络信息资源的深度聚合增添了难度，尤其是在数据分析和各种隐藏知识的挖掘上，挑战更大。可借助大数据的理论和集成技术支持，通过数据分析完成对数据的挖掘，构建相应的知识模型，深度聚合信息资源，挖掘潜在知识，更好地进行知识服务。

网络信息资源存在着各种结构化、非结构化和半结构化数据类型。由于东盟网络信息资源的数据类型和数据格式的不统一，使得大数据模式下的标准信息资源建设必不可少，便于进行网络化和语义化处理。

大数据在分析与挖掘网络信息资源背后的隐形知识方面有着无与伦比的作用，充分利用大数据的思维、理论和技术构建知识模型，可达到网络信息资源的深度聚合，从而提高知识服务能力。

大数据最显著的特征就是利用全样本数据分析。区别于传统的抽样分析，全样本数据分析过程使得大数据分析得到的结果更接近于实际，更高概率地预测信息的发展，提供高精度的知识发现服务。

（3）语义网技术。

借助语义网技术可以更好地进行东盟网络信息资源深度聚合。集合互联网中不同国家（位置）的计算资源，增强其计算能力，实现东盟国家互联网资源的共享，将东盟互联网资源和语义网技术相融合，能提高语义知识的语义能力，也能明显提高其计算能力。在语义网格架构中，提供的环境状况和图书馆相同，而环境无序条件下,图书馆可以实现跨语义聚合,不过在网络环境下,语义网格需要构建中间环境,信息体对于环境也要求较高,不能单纯地满足网格环境,也要满足语义环境,实现语义互操作。二者都能将信息形式化描述出来,其中的语义信息能借助机器进行认知和转换。

2. 应用

(1)聚合的方法。

应用以下聚合方法能更好地实现对语义格式转化之后的东盟信息资源进行聚合操作。①映射法。可以借助映射工具(主题词表和翻译工具)完成直接聚合过程,或者是根据本体特征完成(多)共享本体的编辑合并,转换本体格式。②相似度计算法。利用相似度算法对聚合对象的属性和语义相似度进行集中统计,以建立对应的关联关系,可使用对语义距离、信息内容和概念特征语义相似度计算方法或者是将这几种计算方法综合利用,对信息的相似度进行计算。③机器学习法。从大量的数据中寻找模式,如在东盟信息资源的聚合过程中,选择一些预处理的数据实例进行语义标注处理,构建相应的训练集合,并根据其特征分类。当网络爬虫搜集到的数据输入系统之后,可以自动在已存在的特征分类中找寻归属,确定关联关系。

东盟网络信息资源在聚合的过程中,操作较为简单的机器学习法是最为常用的,能节省大量的时间,相应的准确性也较高。将机器学习法用作东盟信息资源深度聚合工具,可以将获取并经过预处理的数据分为不同的集合,语言标注样本训练集,然后提取相应的实例对象,借助机器学习法完成学习过程,对这些对象进行特征分类处理,判断输入的对象实例是否为等同关系,一旦成立,那么两个实例对象语义相关,否则不存在关联。

(2)发布关联数据。

对东盟网络信息资源进行深度聚合后,借助工具发布关联数据,方便用户对东盟网络信息资源的获取。可通过不同的方式和工具进行关联发布。

例如利用语义网技术实现图书馆数字资源之间的可视化,在语义检索的同时融合网络资源,让图书馆的东盟网络信息资源不再只是面向图书馆的内部用户,而是面向社会大众,真正的实现东盟网络信息资源的共享。同时,在东盟网络信息资源的深度聚合下,能为用户提供语义检索和推荐,提供更为全面的语义检索,满足用户对语义搜索的要求,完成知识的共享过程。

（五）区域组织

由于东盟网络信息资源语言种类多样化、格式不统一、分布不均匀等导致信息资源的共建共享缺乏统一的信息组织标准，由于区域内信息机构必须采用相同标准的接口和协议，因此很难提高区域间信息资源的共享程度。网格可实现区域信息共享，使用数据网格可以将分布式的异构信息组织起来，实现资源共享和信息集成。东盟网络信息资源数量庞大，具有分布性、异构性、动态性等特点，利用网格技术重构信息资源组织模式，实现互联网上所有资源的全面连通，从而有助于对无序的多语种网络信息资源进行检索、交接和共享乃至深层次的开发利用，避免形成信息孤岛。❶

网格环境下的网络信息资源来源不同，存储于世界各地，利用网格技术共建共享东盟网络信息资源可实现信息资源的高度共享。由于东盟信息资源存储的系统不同，访问接口不同，操作平台不同，访问规则不同，从而表现为高度的异构性。网格信息资源组织，就是将各个相互独立的网络信息存储单位或机构作为基本单元，分布于网格节点的各处。在这些节点处把所需信息资源的内容、属性等基本信息以元数据的形式进行采集，然后将这些元数据整合到一起，同样再按照一定的规则和方式，对这部分元数据进行描述和命名，最后构建元数据索引节点，使得这些描述和命名完成的元数据存储其中。❷ 当用户发出检索请求，这些节点去执行任务，发现、调度、匹配检索结果供用户使用。

---

❶ 张明盛.网络信息组织标准现状、应用技术与展望[J].信息技术与标准化，2003（11）：11-15.
❷ 王春梅.基于网格的数字图书馆资源组织模式构建[J].现代电子技术，2016，39（2）：49-52.

第九章 东盟文献国家保障体系建设模式

第一节 东盟文献信息资源体系服务保障总体思路

如何实现信息保障体系中各个成员馆所拥有的文献信息资源的有效组织,从而形成可以共享的文献信息资源体系,通过何种技术手段、何种方式便捷地向用户提供所需的信息产品,这是文献信息资源体系服务保障需要研究的最主要的问题。

1. 整合东盟文献信息资源,打牢资源共建共享基础

东盟文献信息资源长期处于资源匮乏、结构失衡的状态,引起这种现象主要有两方面的原因:一是东盟文献属于专题文献,用户人群小,文献利用率低,上层重视不够,投入少,东盟图书出版业发展缓慢,文献数量少,增长缓慢;二是东盟文献信息资源缺乏有效整合,也缺乏共建共享的物质基础。第一种原因是一个逐步改变的过程,短期难以改变,而第二种原因则是我们目前应该而且是能够解决的问题。对东盟文献信息资源进行有效整合从而实现资源的共建共享,这是进行信息服务活动的前提。

2. 依托 CALIS、CASHL 建设东盟文献信息资源保障体系

建设文献信息资源保障体系工程庞大而复杂,是一项百年大计,不仅需要花费大量的时间、资金,还必须有足够的专业人才保障,必须坚持高起点、高标准、高水平的原则,避免重复建设的老路。东盟文献信息资源保障体系作为我国文献体系的一个构成部分,在用户人群相对较少、我国各项事业建设任务依然繁重、资金和人才相对短缺的情况下,另起炉灶搞建设既不现实也不明智,充分借鉴已有的经验,利用现有较好的系统并予以完善是一条可走的捷径。由于目前我国还没有专业的领导机构来统一管理学科级的信息资源共享联盟体及平台的建设工作,目前文献保障体系建设仍主要由本系统内部权威机构牵头开展,[1]且我国人文社会科学领域八成以上的研究人员和研究成果集中于高校,现有保障体系

---

[1] 李雯,凌美秀.一体化信息资源保障体系建设研究[J].高校图书馆工作,2008,28(1):28-31.

中以 CALIS 最为成功，CASHL 包含丰富的东盟外文文献，因此，依托 CALIS 和 CASHL 建设东盟文献信息资源保障体系成为最为可行的策略❶和路径❷。

3. 构建东盟文献信息资源的四级保障模式

CALIS 是我国运行管理机制最为完善的文献信息资源保障体系，它依托中国教育科研网建立了"全国中心—地区中心—成员馆"三级保障模式，运行效率和保障功能在现有保障体系中最高，是符合我国国情及现实需要的资源共享之路，CALIS 成为我国信息资源保障体系的可行模式。❸考虑到地区文献中心所管辖的省份发展严重不平衡的客观现状，霍文杰、❹韦艳芳❺等专家学者很早就建议把 CALIS 扩充为四级模式，即在地区中心和成员馆之间增设省级中心，起到承上启下的作用。一方面，有利于调动各级地方政府参与的积极性，获得更多的资金支持；另一方面，有利于吸收更多的机构参与 CALIS 建设，扩大保障范围，挖掘各省、市区域性特色文献资源，进一步拓展和完善其保障功能。这个建议已被多地付诸实践，许多省、市依托 CALIS 建立省内区域性文献保障体系，❻并获得了较好的成效，使我国文献信息保障能力明显提高，是建设东盟文献信息资源保障体系应该借鉴的一条宝贵经验。

第二节　东盟文献信息资源的优化整合

一、东盟文献信息资源整合的概念

文献信息资源整合是建设文献信息资源体系的一种重要手段。综合魏现辉❼和陈平殿❽文献，整合的概念是指对文献信息资源进行调整、合并，去除重复，使信息资源有序化，便于查找和开展服务，实现信息共享。它是实现信息资源配置"帕累托最优"的关键环节，内容上包括信息载体形态、内容结构、报道、加

---

❶ 张颖，苏瑞竹.中国图书馆东盟信息资源建设现状及趋势[J].农业图书情报学刊，2014，26（7）：5-9.
❷ 苏瑞竹，张颖.东盟信息资源共建共享策略研究[J].图书馆建设，2013（9）：38-42.
❸ 肖希明.再论我国信息资源保障体系建设——纪念南宁会议20周年[J].图书馆，2006（6）：6-11.
❹ 霍文杰.关于 CALIS 三级系统建设的思考[J].情报科学，2000（1）：13-15.
❺ 韦艳芳.试论省级文献保障体系的建设[J].农业图书情报学刊，2000（6）：32-33.
❻ 黄勇凯.CALIS 对省级文献保障体系建设的促进作用——以湖北省文献保障体系建设为例[J].数字图书馆论坛，2013（1）：62-67.
❼ 魏现辉.文献信息资源整合与优化配置初探[J].科技致富向导，2011（23）：216，225.
❽ 陈平殿.21世纪的信息资源建设[M].北京：海洋出版社，2011：46.

工流程及服务的优化、整合。❶ 基于"一带一路"的倡议目标，东盟文献信息资源保障体系建设要进行统一的整体规划，尽快完善信息网络和服务平台建设，实现东盟文献信息资源的优化整合，开展跨系统检索和"一站式"服务，实现东盟文献信息资源的共享。

二、东盟文献信息资源优化整合的必要性

长期条块分割管理所形成的信息资源的割裂状态且缺乏整合，是我国开展东盟文献信息资源保障体系建设的最大障碍。我国多数文献信息机构的信息资源建设仍处于各自为政的状态，纸质文献的重复建设和数字信息资源建设的"信息孤岛"❷ 现象非常严重。行业、部门之间无法突破壁垒实现资源共享，这种现象即使在国家和地区文献保障体系建设后依然存在，文献信息需求无法有效满足，造成大量资源浪费，这种现象在东盟文献信息资源建设中表现得更为突出。建设高质量的东盟文献信息资源体系，一边要不断补充购入新的东盟文献信息资源，一边还要优化整合现有的馆藏资源，不但要做到"两手都要抓"，还要"两手都要硬"。

由于使用人群小、重视不够、投入不足、管理不善、人才匮乏等原因，东盟小语种文献信息资源建设在我国一直处于不受重视的弱势地位。由于数字化程度低，录入、编目困难，目前国内没有一家图书进出口公司能提供定期、完整、系统的东盟文献书目，❸ 许多高校、研究机构和公共图书馆都未参建CALIS联合目录，CALIS等体系现有的联合目录基本上不包含东南亚语种，使东盟书目信息难以共知，很多地区和机构的东盟文献信息资源没有受到重视，同时又缺乏成熟的东盟文献数据库引进，导致资源无法实现优化整合，使原本数量相对较少的东盟文献信息资源更显匮乏，严重制约了资源的共建共享。因此，必须对已有东盟信息资源进行优化整合，从整体上掌握我国东盟信息资源建设的现状和布局特点，为形成科学的东盟文献信息资源体系打下基础。

三、东盟文献信息资源优化整合的方式

数字网络技术的飞速发展使数字化信息资源已逐渐转变成文献信息机构馆藏建设的核心部分，所占比重日趋增大，但传统文献依然无法代替。特别是由于部分东盟国家经济技术相对落后，数字化资源及数据库缺乏，东盟传统文献仍是占有很大

---

❶ 柳较乾.图书馆信息资源优化整合研究[J].图书馆学刊，2006（1）：44-46.
❷ 汝萌，李岱.我国公共数字文化服务使用情况调查研究[J].图书馆建设，2017（2）：84-89.
❸ 马滔，汪艳艳.高校图书馆非通用语言文献保障与建设的思考[J].思想战线，2013,39(S1)：63-64.

比重的主要馆藏资源。不同类型的信息资源的优化整合方法和途径有所不同。

（一）印刷型文献信息资源的整合

传统信息资源主体相对单一，其整合主要体现在结构配置和馆际互借方面。①结构配置：将各种信息按照一定的原则和模式合理分布和存储在不同的信息机构，包括在时间、空间和数量上的配置，目的是充分挖掘、开发和利用信息资源，提高资源利用率。配置过程中要做到明确文献资源的在版情况、读者需求现状以及图书机构的保障任务，配置、优化同时进行。②馆际互借：馆际互借很早就出现，目前仍是一个基本的整合措施。

（二）数字信息资源的整合

数字信息资源的爆炸式增长一方面泥沙俱下，良莠不齐，容易造成信息污染，另一方面未能整合，容易形成"信息孤岛"，无法实现最广泛的资源共享。因此数字信息资源也迫切需要整合，主要通过几种方式❶：①目录形式：以编目形式进行著录，建立实体资源与虚拟资源的目录链接进行资源整合；②信息检索方式：建立新系统统一的检索平台，建立新型搜索引擎，实现跨系统跨数据库的同时或分时交叉检索，自动查重，对实体资源与虚拟资源、合作馆际资源的检索方式进行整合；③资源导航：将数据库中的信息资源按一定方式进行分类组合，建立各型导航方式，供读者阅览；④建设东盟文献特色数据库或专门学科文献馆：❷充分利用自身馆藏特色，建设特色文献资源数据库或专科文献馆，纳入信息资源体系，供读者利用。

第三节 东盟文献信息资源的共建共享

一、共建共享原则的含义

共建共享是信息资源建设及其体系建设的基本原则，这一原则可以从结果和过程两个方面理解：面向结果的共建共享原则强调完整性、系统性和标准化，强调基于整体的信息资源建设基础上对人们信息需求的保障和满足，要求进行系统、科学的规划和布局，加强内部系统性和标准化建设，最终实现资源共享；面向过程的共建共享原则强调共建与共享、权利与义务、宏观调控与市场调节的统一，减少甚至避免重复和浪费，最大范围满足人们的信息需求，调动建设机构的

---

❶ 陈平殿.21世纪的信息资源建设[M].北京：海洋出版社，2011：220-222.

❷ 陈怡玲.中国—东盟科技文献馆资源建设研究[J].图书情报导刊，2016，1（6）：94-96.

积极性。❶共建共享原则内涵丰富，是指导东盟文献保障体系建设的重要原则。

二、当前东盟文献信息资源共建共享面临的主要困难

我国的信息资源共建共享受到多种因素的制约，主要是：①我国的文献信息资源共享平台不规范。信息资源共享缺乏全国性管理协调，平台开放程度不足，省级共享平台建设缺乏统一的规范和标准，对知识产权保护意识不够等。❷②资源共知存在障碍。东盟小语种录入困难，数字化程度低，小语种人才稀缺，编目仍是一个难题，一些文献收藏单位的书目数据一直未能系统化、网络化，缺乏权威、统一、标准、大规模的联合目录系统，现有联合目录记录数量少、质量低、时效性差，系统间存在差异无法实现跨平台检索，同时对国外相关东盟文献资源分布不够了解，而且存在语言障碍，导致国外网络信息资源的东盟文献资源检索整合开发利用水平较低。③重视不够，信息资源条块分割。东盟文献资源建设在我国的文献信息资源体系中处于弱势地位，政府重视不够，缺乏足够的政策和经费支持。另外，我国条块分割的管理体制导致各文献信息机构各自为政，重复建设严重，也阻碍了信息资源的共建共享。④利益平衡机制尚未建立。实现信息资源共建共享的关键不是技术、基础条件或资金投入，而是共享的理念和意愿，❸这种理念和意愿是否能够被成功实践，必须解决好各成员之间的利益平衡问题，才能使信息资源共建共享保持持久动力和生命力。单靠自律和政策性文件仍难以从根本上阻止"搭便车"现象，利益平衡机制的缺失，导致我国信息资源共建共享处于低层次，与西方国家差距巨大。

三、实现东盟文献信息资源共建共享的主要措施

当前，东盟文献信息资源共建共享是建立在网络数字平台基础之上的跨部门、跨系统及跨行业的信息资源共建共享，主要通过图书馆联盟的形式实现。

（一）积极发挥政府宏观调控功能

信息资源共享讨论中，有一种"唯体制障碍论"❹，一部分人认为政府参与后，统得过宽过严都会阻碍共享，甚至认为政府的行政手段也存在自身难以克服的困

---

❶ 金胜勇.图书馆信息资源共建共享理论[M].北京：人民出版社，2015：157-160.
❷ 肖希明.再论我国信息资源保障体系建设——纪念南宁会议20周年[J].图书馆，2006(6)：6-11.
❸ 黄筱玲.再论湖南省高校图书馆信息资源共建共享[J].图书馆理论与实践，2008(3)：82-84.
❹ 金胜勇.图书馆信息资源共建共享理论[M].北京：人民出版社，2015：161.

难。但多数专家学者并不认同这种观点，认为政府的宏观调控是实现共建共享、避免信息资源建设重复或不足必不可少的手段，并且自身能够克服遇到的困难。由于文献信息资源保障体系的建设是一项综合性的社会事业，它不单涉及图书馆等文献信息机构，还涉及政府、企业、服务商等部门和群体，关系错综复杂，需要政府通过行政手段进行宏观调控、协调分工、加强合作，这样才能保证体系建设的顺利进行。在我国现行体制下，政府是信息资源的最大拥有者和需求者，也是信息资源共享的积极倡导者和推动者，政府机制对我国文献信息资源体系建设与资源共享都起到至关重要的作用。但目前政府宏观调控机制不健全，功能尚未得到充分发挥，需要从顶层设计，自上而下不断完善。

（二）建设具有统一的业务和技术标准的共享系统

现代计算机和通信技术的快速发展，使传统的信息存储和利用手段和方式发生深刻改变，基于网络构建的全新的共享平台极大地促进了我国信息资源共建共享进程。标准化是信息资源共享的前提条件，采用统一的建设规范和标准是实现东盟特色资源共享的重要保障。❶目前，我国由于信息资源共享的利益平衡机制尚未建立，现有条块分割的管理体制下各部门体系仍然走"先自建后共享"的道路，这种组建范式没有实现融合贯通，导致信息资源大量重复，难以体现"共享"的优势。CALIS成功的重要原因是由于它更好地实现了资源共享，而能够实现资源共享的前提是它的数据库建设采用了《我国数字图书馆标准规范研究》的统一标准。因此，东盟文献信息资源保障体系应与CALIS和CASHL对接，建立统一的网络标准化平台，采用相同的标准建设各种数据库，建立东盟文献资源联合编目，积极吸收具有丰富或特色东盟文献资源的机构加入，使中心馆藏与特色馆藏相结合，提升整体收藏水平，扩大共享范围，形成广泛意义上的资源共建、共编、共知、共享。❷

（三）建立互惠互利的利益平衡机制

缺乏信息资源共享的利益平衡机制是我国信息资源保障体系建设长期未取得实质性发展的根本原因。由于我国各个文献信息机构的基础和条件差别很大，在资源共建共享获得中，大型文献信息机构总体处于"输出多、输入少"的状态，利益平衡机制缺乏会使他们的投入无法获得应有的补偿，挫伤了他们共享的积极

---

❶ 苏瑞竹，张颖. 东盟信息资源共建共享策略研究 [J]. 图书馆建设，2013（9）：38-42.
❷ 杨晓景. 高校图书馆收藏中国周边国家语种文献现状的调查分析 [J]. 大学图书馆学报，2014（1）：54-58，70.

性,这种消极无法用思想教育和行政手段克服和消除。要有效突破我国系统和行业之间信息资源交换和协同服务的壁垒,提高体系成员的积极性,实现全社会的信息资源共享,就必须建立起互惠互利的利益平衡机制,❶建立在互惠互利之上的资源共享才能保持长久活力。CALIS、NSTL能够成功运行,其中的关键因素之一正是把成员图书馆之间无偿的互助型共享转变成了互利互惠型共享。❷建立互惠互利的利益平衡机制需要加强政府宏观指导,也要尊重市场机制,保证共享成员的投入与回报对等,充分调动各成员馆参与的积极性❸。否则,共享就无法开展和保持,即使强行推行,共享也无法持久。

(四)消除东盟文献信息资源共享的语言障碍

当前关于东盟国家信息资源共享的研究并不充分。语言是与东盟国家建设和共享文献信息资源的最大障碍,是共享共建需要解决的首要问题。东盟使用的语言和方言种类复杂,是全世界语言最多样化的地区之一。开展语言学习研究的难度很大,需要从国家顶层制定东盟语言教育统一规划,加大培训力度,尽快克服语言障碍。除了在高校开设东盟小语种学习外,还可以考虑开展核心区语言发展路径❹,在有东盟语言作为跨境语言存在的广西、云南等地区和东盟华人华侨较多的福建、广东地区开展双语教学,以此为基础逐步开设独立的语言专业,开展东盟小语种人才培养。有学者建议应在东盟国家中甄选出一种官方合作语言,如目前大部分国家都使用的英语,以顺利使用和共享资源。而杨迎华❺认为中文具备了成为"一带一路"中介语言的供给与需求条件,可以把具有一定基础和亲和力的东南亚作为突破口推进中文的中介语言化,由近及远、逐渐显效的实现中文的地区国际语言化。这将是一个艰巨而长远的任务,面临着很大的困难,当前,要在"互联网"思维下,在CALIS和CASHL等平台上开设语言服务平台、咨询平台、翻译平台和在线学习平台等方式提供语言服务,还要加大语言教育。

---

❶ 胡昌平,张敏,张李义. 创新型国家的信息服务体制与信息保障体系构建(3)——知识创新中的跨系统协同信息服务组织 [J]. 图书情报工作,2010,54(6):14-17.
❷ 肖希明. 再论我国信息资源保障体系建设——纪念南宁会议20周年 [J]. 图书馆,2006(6):6-11.
❸ 王科. 外语院校图书馆小语种信息资源共建共享研究 [J]. 图书馆工作与研究,2014(4):50-53.
❹ 邢欣,邓新. "一带一路"核心区语言战略构建 [J]. 双语教育研究,2016,3(1):1-8.
❺ 杨迎华. "一带一路"建设下的中国语言战略 [J]. 人民论坛,2016(15):90-91.

第四节　东盟文献信息资源的保障模式和服务方式

　　模式又称范式，是指一种工作或运行方式。❶随着"一带一路"建设的不断推进，我国东盟文献信息需求急剧增加，网络技术的快速发展使得人们合作化发展的愿望强烈，急需从国家层面规划和建设东盟文献信息资源保障体系。建设东盟文献信息资源保障体系最基本的模式就是从学科和区域两个层面构建：以"完整学科拼图"为目标❷，坚持共建与共享、权利与义务、宏观调控与市场调控相统一，先是系统内纵向布局，构建本系统纵向协作网，然后是实现地区内横向联结，最终建立省级横向协作网❸，坚持政府平衡为主、社会和市场平衡为辅的动力机制，以科学的评估方法来保证东盟文献信息资源的共建共享。

一、依托CALIS、CASHL建立东盟文献信息资源的四级保障模式

（一）构建东盟学科文献全国—地区—省级中心三级结构

　　首先构建三级结构，把全国馆藏的东盟文献信息资源分为文理、工程、农学、医学四大学科群，对接加入CALIS、CASHL文理、工程、农学、医学4个全国中心和华东南、华东北、华南、华中、西南、西北、东北7个地区中心，再选择馆藏丰富、学科发展突出、人才充足、读者众多的图书馆作为省、市、自治区的省级中心，构成三级结构。全国中心是东盟学科联盟的最高保障系统，起主导作用，地区中心起辅助作用，省级中心起承上启下的作用。需要指出的是，建立东盟文献信息资源保障体系的省级中心馆不一定完全与CALIS、CASHL的三级中心馆一致，应主要依据其东盟文献信息资源建设方面的优势确定，如在广西，可以考虑选择具有学科、资源、服务和东盟人才优势的广西民族大学作为区域共享的协作牵头单位❹。

（二）以省级中心为龙头构建省内东盟文献图书馆联盟

　　同一区域图书馆具有相似的社会、经济、文化背景，又具有地缘优势，沟通交流无障碍，易于达成共识，开展各项合作，❺有利于从局部推进资源共享。信息

---

❶ 陆萍，彭雅飞. 图书馆信息资源共享模式的类型与特点[J]. 新世纪图书馆，2011（7）：28-30.
❷ 金胜勇. 图书馆信息资源共建共享理论[M]. 北京：人民出版社，2015：前言，3.
❸ 刘伟东. 黑龙江省人文社会科学文献信息资源保障体系的构建[J]. 情报资料工作，2008（4）：82-85.
❹ 苏瑞竹，张颖. 东盟信息资源共建共享策略研究[J]. 图书馆建设，2013（9）：38-42.
❺ 张晓文，诸兆麟，赵晋凯. 东南亚研究文献收藏现状及地域共享思路研究——以广西、广东和云南三省区图书馆为例[J]. 河南图书馆学刊，2014（4）：89-90，103.

资源的区域共享是通过图书馆联盟实现的，这也是图书馆未来发展的方向。目前 CALIS、CASHL 等保障体系尚未涵盖到省级中心以下图书信息机构，导致许多省属高校、研究机构及公共图书馆的丰富东盟文献馆藏无法共享。以省级文献中心为龙头构建的省内图书馆联盟构成东盟文献资源保障体系的第四级结构，由各省、市、县的各类图书馆组成，直接服务基层用户，是国家文献资源保障体系的基础。基层用户正是保障体系所要"最大范围"保障的那部分人群，满足他们的信息需求才是"最大限度地满足"和真正意义上的资源共享，也是衡量信息资源保障体系保障能力大小的重要指标。因此，要重视从局部推进信息资源保障体系建设，建好省内图书馆联盟建设，最根本的是要使省内各个图书馆形成广泛联合、纵横交错的图书馆网，实现信息资源与用户的交流互动，使基层用户能利用各个成员图书馆的信息资源。

综上所述，依托 CALIS、CASHL 构建的东盟学科联盟保障模式示意图见下图。

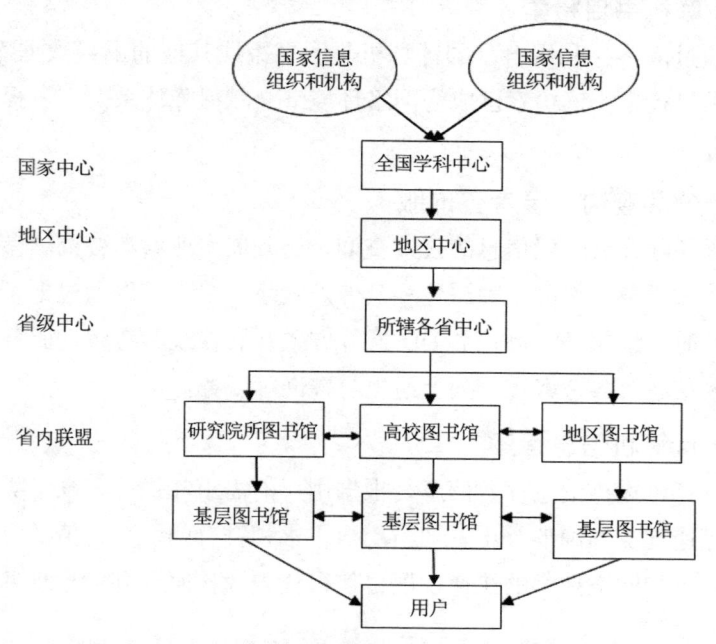

图 依托CALIS、CASHL构建东盟学科联盟的四级保障模式

二、东盟文献信息服务方式

开展信息服务是文献信息资源保障体系的根本职能。信息机构根据用户申请，利用系统所拥有的文献信息资源，通过网络等途径向用户提供所需文献信息供其利用。随着现代信息技术的不断发展和我国信息网络的不断完善，文献信息服务手段和方式不断拓宽，主要有以下八种方式。

（一）文献外借

文献外借服务就是图书馆等文献机构按照一定的程序，将馆藏文献资料借给读者用户到馆外利用，是一种古老的服务方式，主要对象是传统文献信息资源。虽然图书馆服务方式不断变化，但是文献外借仍然无法被替代。

（二）馆际互借与文献传递

馆际互借和文献传递也是信息服务的基本方式，馆际互借是返还式服务，文献传递则是直接或间接的非返还式的文献服务，它由馆际互借发展而来，属于更深层次的馆际互借。二者均有利于弥补自身馆藏不足，但目前重视不够，且壁垒较多，而且会产生费用。

（三）联机书目检索

用户通过网络，利用自己的计算机与图书馆或其他的书目数据库实现链接，进行异地书目检索。该检索已成为网络环境下文献保障体系向读者提供的一项重要服务内容。

（四）公共查询、参考咨询服务

信息服务除开展一般信息的公共查询，还开展专业参考咨询。参考咨询是图书馆传统读者服务工作的一种深化和延伸。网络环境下可以通过电子邮件、电子公告板、实时在线服务、微信和 QQ 群等方式开展在线参考咨询服务，还能开展个性化和多馆联合参考咨询、网上通告与咨询等服务。

（五）计算机信息检索

利用计算机进行信息存贮信息，根据用户的需求和提问，从各类数据库或信息系统中迅速地、准确地查出一切与用户需求相符合的、有价值的资料和数据的过程。计算机和网络技术的快速发展也使得代查代检服务开设出现并逐步地开展起来。

（六）学科导航服务

学科导航服务是对网络上一定的学科专业或专题的信息资源进行筛选、优化，并通过与有关网站网页链接或镜像建立起来的数据库，可以在网上向用户提供最新知识信息服务，并为用户提供相关的建设性意见或建议。

（七）联合编目、资源建设协作

积极联合编写学科联盟书目，及时提供完整、系统的书目，以利于共建共知。协作联盟内文献信息机构的东盟文献信息资源建设，并提供业务技术指导、馆员培训交流等服务。

（八）深层次服务

东盟文献信息资源体系还能开展一些深层次的服务，如开展用户定制与推送、即时通信（IM）等一些个性化信息服务，与用户建立恰当的网络空间，开展动态交流互动，开展嵌入式服务，结合用户的实际需求提供切实可行的信息化服务。

第十章　东盟文献信息资源保障体系建设机制

东盟文献信息资源保障体系建设不仅要从思想上重视，同时还应从制度上提供保障。在市场经济环境中，东盟文献信息资源保障体系建设还要重视发挥市场机制作用，通过恰当的市场化运作，为构建各种保障机制创造有利条件。网络环境下的信息资源保障体系的构建包括信息资源体系建设、信息传递系统建设、信息技术平台建设等内容，国家需要从这些环节给予制度保障，才能确保体系建设的顺利进行并最终实现。

第一节　组织和制度保障

我国东盟文献信息资源建设尚未形成明确的目标和规划，文献信息资源保障体系仍面临着很多突出问题，需要加强协调、管理，但目前缺乏权威的组织机构和完善的管理体制，需要首先从国家层面提供组织和制度保障。

一、建立高效、权威的组织协调机构

信息资源保障体系是关系错综复杂的社会工程，必须建立一个强有力的组织管理机构来主导建设这个工程，为保障体系建设的顺利开展提供必须的组织保障。这个机构的主要职责，一是总体规划、指导东盟文献信息资源保障体系的建设；二是制定和完善各种规章制度，保证系统的正常运行；三是协调各系统、各部门、各成员的关系，明确他们的责、权、利；四是落实日常管理、监管工作，建立和维护网络信息系统；四是创造各种有利条件广泛吸引有利用需求和建设能力的机构积极参与，共同推动保障建设的快速发展。这个组织管理机构必须具有权威性，赋予它一定的行政权利来保证它的执行力，而不是流于形式，最好由政府直接主持或政府全方位支持的机构❶。另外，要建立各级管理组织、学术组织和

---

❶ 孙瑞英. 建立国家文献信息保障体系的构想 [J]. 情报科学，2002（7）：680-683.

国家层面灵活合理的、详细的、可操作性强的统筹协调和联合保障机制，还要构建与东盟国家间各层次多种沟通协调机制等。

二、国家政策、法律保障

"一带一路"背景下的东盟文献信息资源保障体系建设是事关我国和东盟各国的一项共同的事业，东盟地区各国的发展对我国文献信息资源保障体系也有着直接的影响，各国的政治、法治等因素都可能给项目带来障碍。❶因此，需要国家从政策、法律予以支持和保障，消除各种不确定性，保护自身合法权益。信息资源保障体系既是系统化、综合化的资源体系，又是管理体系，需要法律制度或机制来规范和保障体系各成员的责任与权利，保证二者统一，特别是在涉及我国与东盟国家图书馆开展信息资源共享时，必须首先解决各国法律在版权、知识产权上的各项规定❷，同时遵循共同而有区别的责任原则。立法上的落后已经成为阻碍资源共享的重要因素❸，构建东盟文献信息资源保障体系，需要国家及地方在政策和法律上为其实施"开绿灯"。

第二节 资金保障

构建东盟文献信息资源保障体系耗资巨大需要大量的稳定资金投入，而缺乏资金保障，任何事业都会"寸步难行"。当前我国东盟文献信息资源建设的种种不足和保障体系的迟迟未建，主要的原因归根结底就是思想重视和资金投入不够。相比西方发达国家，我国图书馆的经费主要依靠政府投入和学校自主筹措，资金投入不足、来源单一，政府拨款的不连续或者中断都会使共建共享项目难以为继。东盟文献信息资源建设资金投入不足尤为严重。构建东盟文献信息资源保障体系必须多渠道争取政府、企业、基金会和个人的重视与支持。

一、加强沟通，增加财政资金投入

要加强与政府主管部门的沟通，引起领导的重视，把文献信息资源保障体系建设纳入国家建设发展规划中，增加专项资金财政预算，保证财政资金相对充足，投入渠道顺畅。可灵活采用各种方式争取获得资金，如开展专项工程、项目建设

---

❶ 赵忠秀. 融入"一带一路"要有长期规划 [N]. 四川日报，2016-08-23（9）.
❷ 杜氏清水，罗博. 越南国家图书馆与东盟国家数字资源共享实践与建议 [J]. 图书馆学研究，2015（6）：79-84.
❸ 郭小聪. 政府经济学 [M]. 北京：中国人民大学出版社，2004：191.

或有关课题研究，这些资金属于计划外的，不在原有的行政事业经费预算内，资金相对较少，但属于短、平、快项目，容易获得，可以有效弥补资金不足。从国家层面加强与东盟国家的协调，使其增加对本国信息资源建设的投入，间接促进东盟文献信息资源建设的发展。

二、加强宣传，多方吸纳社会资金

通过有关科普材料、报刊和网络宣传、相关培训等途径提高人们对东盟文献信息资源认识，及时报道项目工程的成果和进展情况，使人们对建设东盟信息资源保障体系的重要作用和意义有更全面客观的认识。遵循"共同投入，共同开发，共同受益"的原则，积极争取企业、个人的投资，吸纳各种基金会资金，鼓励民间资本和私营企业进入网络平台、数据库建设及服务等领域，通过开展适当有偿的数据库服务，补充部分资金来源，以保证系统建设的顺利进行。多方吸引捐赠，如结合一些经济丰裕的成功人士的个人需求，吸引其投资后给予其较小价值的物质或精神奖励、荣誉称号等。

三、科学规划，合理高效使用经费

经费的合理配置问题也是值得关注的。为了保证有限资金的合理使用，要建立专门机构和监管机制对资金进行高效管理，实行严格使用、报销程序，认真统筹和规划资金在不同方向和项目上使用比例，最大程度地体现其经费预算与分配的效益性。同时厉行节约，尽量加强与研究机构的长期稳定合作，减少研究过程的经费开支。

第三节　人才保障

东盟文献信息资源保障体系建设需要各种各样的人才支撑。由于东盟信息资源的多语种特性一，使得采集、组织东盟信息资源和提供共享服务均需要各类人才的支撑，如掌握东盟语言的人才、掌握信息资源建设的人才，掌握信息技术的人才。

一、人才种类及现状

（一）人才种类

1. 东盟语言类人才保障

东盟信息资源保障体系建设包括信息资源的采集、组织、整序，无论哪一环节都离不开对信息的识别,而识别的最关键能力是对信息的理解,如果不掌握东盟语言是很难对东盟信息资源进行识别的。而对于开展东盟信息资源共享服务更是离不开对东盟信息的理解。因此,在构建东盟信息资源保障体系时,首先要考虑的就是必须加强东盟语言人才的建设。

2. 图书情报类人才保障

东盟信息资源保障体系,是东盟文献信息收集、存储、传播的现代化信息服务中心,是一个开放式的信息服务系统,也是信息产业的一个重要组成部分。发现、判断、捕捉、收集、分析、加工、开发、管理和传递信息是保障体系的出发点和归宿。需要掌握图书情报专业知识技能的工作人员充当"情报中介人"和"信息导航员",做好信息的筛选和挖掘、组织和提供优质的服务。而要做好这些,还必须具有敏锐地捕捉信息的能力和深度加工的能力。

3. 计算机类人才保障

要建设东盟信息资源保障体系,就必须提供信息资源开发和利用、信息组织、信息导航等服务,需要掌握计算机知识的人才开展这些工作。计算机类人才不仅要掌握本专业的知识,还要掌握基本的图书情报理论和技术,具有管理知识以及一定的研究能力。

4. 综合性人才保障

要开展东盟信息资源的共建共享服务,各类人才均须具备深厚的专业知识,同时要有广博的知识面、扎实的社会科学和自然科学的基础知识,广泛涉猎哲学、经济学、法律学、历史学、文学和科学技术等方面的知识,不仅要了解国内的政治经济环境,还要了解东盟各国的情况,提高运用技能,以适应东盟信息用户学术国际化、知识全球化、市场信息化的需要❶。

(二)现状

1. 东盟对象国语言类人才紧缺

目前,各东盟信息资源建设单位所具备的掌握东盟语言的馆员甚少。以资源建设做得较好的广西民族大学图书馆、广州外语外贸大学图书馆、解放军外国语学院图书馆、广西图书馆、广西科技情报所等单位为例,无一单位完全具备所有掌握东盟语种的人才。各馆均只有一两位,最多有3位掌握东盟语种的人才,这极大地制约了东盟信息资源的建设,同时对于开展东盟信息资源的共建共享,建

---

❶ 杨晶. 图书情报人才需求及培养模式 [J]. 图书馆学刊,2013,35(7):27-29.

立东盟文献信息资源保障体系尤为迫切。

2. 从事东盟文献管理工作的图书情报专业人才稀少

由于东盟文献信息资源的图书情报专业人才相对少，如果安排了东盟语种专业人才从事东盟文献管理工作，则很少再安排图书情报专业人才来从事这项工作。因东盟语种专业人才没有系统学习图书情报专业的理论知识，使能阅读东盟信息资源的人员缺乏文献信息资源的组织和挖掘能力，很难全方位地完成东盟文献信息资源的建设和服务。

二、人才保障的对应措施

（一）制定人才保障政策

《公共图书馆法》的颁布使公共图书馆的人才保障有了法律保护，而《高校图书馆规程》却对图书馆人才的管理和引进没有那么刚性的要求，致使高校图书馆的人才引进和管理出现很多困难。所以必须从顶层设计上保障图书馆的用人机制，才能在东盟文献信息资源建设和服务上保障工作人员具备胜任的知识技能。具体来说有以下几方面的建议。

一是修改《高校图书馆规程》，明确资源建设和服务的人员要求及数量，并严格实施。比如，按图书馆用户的规模给出图书馆的基本编制，再按重点学科的数量增加学科服务人员的数量（这些人员包括学科服务网站的建设，以项目的形式来明确相关人员的岗位职责和工作期限）。

二是制定本馆的人才管理激励机制。图书馆在对本馆人才队伍实施梯度建设的基础上，应以项目管理为主线引入市场招标模式。东盟文献信息资源建设和开发利用分成几个子项目，由若干个处于第一梯队的人才参与竞标，在规定的项目预算、项目周期、项目目标的约束下完成竞标前的方案制订，并在专家评审后综合确定实施方案。由入围的人才全权组建创新团队。这样一来，能够更好地培养人才的工作意识❶。

三是图书馆通过激励机制的设计开发，塑造人才的主观意识和行为偏好，以充分发挥他们的价值。以激励机制帮助人才队伍产生学习效应，并在工作中实现知识外溢。落实项目负责人的主体责任，项目负责人应定期、定时在线上线下为成员进行专项知识（东盟信息资源的采集和组织）的讲解与培训，这样不仅能打破知识壁垒，还能满足项目负责人的尊重需要，最终促进图书馆东盟文献信息资

---

❶ 乔喜凤. 创新型人才激励机制研究[J]. 中国管理信息化，2020，23（20）：93-94.

源的建设和开发利用活动开展❶。

四是制定东盟人才的引进机制，与参与保障体系建设的图书馆协调各方的人才特征，比如，各馆重点引进某一种东盟语言的人才，以避免某种语言类人才扎堆而某种语言人才却无一馆具备的情况发生，从而为实现人才资源的共享提供基础。

五是制定东盟信息资源保障体系建设的各合作方认同的人才共享机制。打破人才身份、地域、行业、所有制的界限，在人才使用上坚持"不求所有，只求所用"，推动人才柔性流动，优化人才资源配置，形成一个人员能进能出、职务岗位能上能下、优秀人才能够脱颖而出，充满生机与活力的用人机制❷。

（二）加强人才引进及培养

1. 加强人才培养

图书馆面对东盟语种和计算机人才匮乏的瓶颈，要大力开展教育和培训。在政策层面制定好东盟语种教学规划，针对性开展不同语种的外语课程、复合型人才的制度设计与实施路径、语种语言人才的储备和使用制度、语言服务保障的研究。在东盟小语种教育培训的同时开展计算机及网络技术培训，大力加强继续教育，想方设法营造一种积极主动的环境和氛围，加强各级在岗人员的技术、业务、文化再教育培训，重视发挥东盟留学生、专家学者、东盟华侨华人的才智，对他们进行科学考评，建立人才库进行储备。

2. 内部挖掘

所谓"内部挖掘"是指在现有东盟小语种专业人才内部进行培养、发掘，使人才脱颖而出，并采取各种措施充分发挥现有人员的积极性和创造性，为东盟文献信息资源建设贡献他们的学识和才智。要建立可行的考核制度，奖勤罚懒，营造良好的工作氛围；要设法满足精神和现实需求，培养他们工作的忠诚度，提供恰当的平台施展他们的才华，使他们获得成就感，真正感到图书事业"大有搞头"，安心本职工作。

3. 外部引进

所谓"外部引进"是指根据内部人才需要，通过创造良好的环境和相对优厚的待遇，吸引外部人才加入，或通过各种灵活手段借助社会力量来帮助东盟文献

---

❶ 乔喜凤. 创新型人才激励机制研究 [J]. 中国管理信息化，2020，23（20）：93-94.

❷ 张谦元，柴晓宇. 深入实施西部大开发战略的人才保障机制研究 [J]. 开发研究，2012（3）：133-137.

信息资源保障体系的建设。首先，要加大各大高校东盟小语种专业、图书情报专业、信息技术等优秀毕业生和社会人才的引进和招聘力度。其次，在政策和财务允许的情况下把自身建设困难的项目外包给社会力量完成。最后，还可以根据具体需要适度招募相关的志愿者和社会兼职人员。

4. 人才资源共享

人才资源共享是指不求所有但求所用，这既是理念，又是谋略。参与东盟文献信息资源保障体系建设的图书馆不仅可以利用人才资源共享的方式解决单个图书馆人才紧缺的问题，而且还可以发挥人才的最佳效能。同时还可以采用借用、共同开发以及征集志愿者等多种人才共享形式来满足图书馆的人才需求，以节省更多的人力、物力和管理资源。

知识经济背景下，组织竞争加剧，为了增强自身竞争力同时降低人才成本，人才共享成为时代需要。由于工作更加系统、复杂，专业化水平的提高，外包服务的增加，互联网的使用，产业链条的拓展等原因，远距离工作将成为常态。由于思想的多元化以及人才追求个性和自我价值的实现，自由工作者将大幅增加，这也使人才共享成为可能。一系列条件的变化使用才环境出现了很大变化，扬长避短地用才，才能适应这个变化的时代。

第四节　技术保障

现代信息技术是建设文献信息资源保障体系的基础，信息技术的迅速发展是我国信息资源保障体系建设取得突破性进展的首要原因。随着我国信息基础设施进一步完善，我国文献信息资源保障体系建设的重点已从基于一流仪器装备的技术条件平台和资源建设向与用户交互关系的建立与维护转移。当前，新技术的发展主要体现在以下方面：

一、信息存储技术

当前大数据时代要求更高信息存储技术。①传统存储体系。包括三种存储结构：直接存储（DAS）、附网存储（NAS）、存储区域网（SAN）。其中SAN是数据集中存储的新技术，可大幅改进数据的可访问性和可管理性，提高系统的扩展性和服务器性能，某种程度上代表了新型图书馆数据存储技术发展的方向。②光全息存储技术：它具有存储容量高、数据存取和传输快速、可并行内容寻址等特点,通过合理采用复用技术可有效增加系统的存储容量,提高系统性能。③云存储:将用户数据统一存储在"云计算中心"或"云存储中心",整合存储用户信息,而不是在私人计算机终端进行。云存储可解决意外硬件损坏、扩容等很多问题,能很好地实现资源共建共享。

二、资源组织技术

资源组织技术的发展主要涉及以下几个方面。①数据库技术。数字图书馆海量存取信息,数据库技术是数字图书馆的基本技术,贯穿信息的获取、存储、组织、检索和分析统计等过程。②知识网格技术。它是一种智能环境,在这种环境下,用户可以有效地获取、发布知识信息,还能实现信息资源共享和管理,并获得所需的知识服务。③主题图技术。是一种新兴的数字化知识组织方式,包括了知识组织所关注的基本的改进信息检索技术,并有所发展。④Web3.0技术。又称语义网,是为了解决搜索效率的问题应运而生,它要解决的一个最重要的问题就是要使计算机能理解到人们能理解的内容。⑤关联数据技术。它的出现不但对当前的超文本网络进行了扩展,同时也对网络上纷繁混杂的信息资源进行甄别、选择和定位。⑥大数据技术。让我们处理海量数据更加容易、更加便宜和迅速,成为业务经营的好帮手,甚至改变了许多行业的经营方式。

三、信息访问技术

目前实行远程访问的技术主要有两种。①代理服务器。包括网关型代理和应用型代理两种类型,应用型代理主要应用于远程访问,具有浏览速度快、易于操作和维护的优势。②虚拟专用网(VPN)。目前主要分为两种——IPsec VPN 和 SSL VPN。国内目前应用较多的远程访问 VPN 产品有 RasDL、Sinfor VPN、SSLBuilder,解决远程访问各有长处。

第五节 评价机制

认知、评价、选择是人类的社会实践的三个基本环节,评价的作用最为关键。研究任何重大课题都必须建立评价机制,作为"一带一路"建设的重要内容,构建东盟文献信息资源保障体系的评价体系也是一项重要工作。

一、评价的意义

文献资源保障体系是一个综合的社会系统,保障体系的好坏直接影响到文献信息机构的服务质量和用户信息需求满足的效果，定期采用相关指标对文献信息资源保障体系的系统内容进行综合评价，能够及时发现保障体系建设过程中的薄弱环节，通过整改，提高了工作质量和效率，也提高了信息服务的水平，为优化图书馆文献信息保障体系提供依据。

二、评价的指标体系

我国目前尚未形成统一规范的文献信息资源保障系统评价指标体系，现有的文献信息资源保障体系也面临着评价的难题。当前，对评价的研究主要集中在两个方面：一是数字资源评价指标的内容，二是评价指标体系的方案，目前仍处于探讨阶段。目前的评价指标主要有三种。

（一）文献资源保障率

《中国大百科全书》（1993年版）中表述的文献资源保障率为："一个国家、地区或机构供给文献资料，满足文献情报需求以支持经济建设、社会发展和科学研究的能力。"用公式表示为：

$$\frac{文献满足的用户需求量}{用户对文献的需求总量} = 文献资源保障率$$

（二）文献资源保障效果

金胜勇[1]主张用文献资源保障效果作为评价指标，定义为："在文献资源建设的基础上，图书馆通过用户服务工作满足社会文献信息需求的实际效果。"文献资源必须通过用户服务才能形成保障效果，否则无从谈起，因此，文献资源建设和用户服务二者缺一不可。具体评价指标如下图所示。

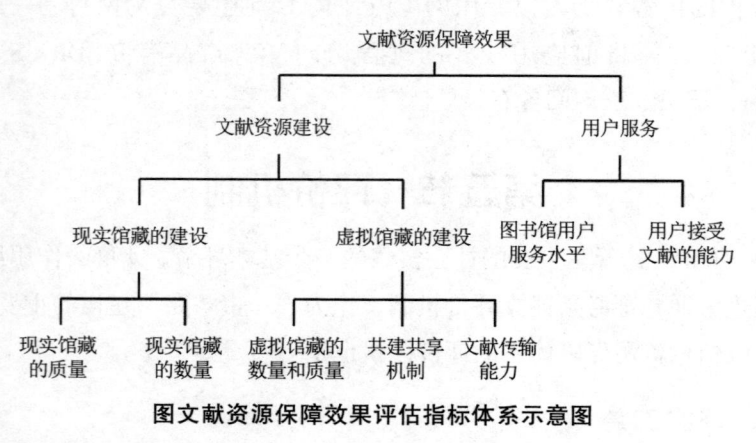

图 文献资源保障效果评估指标体系示意图

[1] 金胜勇.图书馆信息资源共建共享理论[M].北京：人民出版社，2015：250.

（三）评价指标体系

杨曙红❶从资源建设、资源质量、资源服务、资源利用以及资源共建与共享这五个方面构建文献信息保障评价指标体系，具有较强的可操作性和实用性，值得借鉴，见下表。

表 杨曙红文献信息资源保障评价指标体系

一级指标	二级指标	三级指标
资源建设	制度保障	对资源建设的重视程度和支持力度
		是否有详细的建设规划和细则
	经费保障	文献信息资源建设经费占总经费的比例
		文献信息资源建设经费保障力度
	组织保障	是否建有文献采访机制
		图书馆进行资源协作建设程度
	技术及安全保障	网络基础设施建设满足需求程度
		网络性能满足需求程度
		信息安全与防范保障程度
资源质量	资源全面性	学科文献覆盖率
		核心期刊拥有率
	资源系统性	资源学科结构合理程度
		各类型资源互补程度
		资源时间上的连续程度
	资源新颖性	资源老化程度
		资源补充、更新程度
资源开发	信息咨询人员综合素质	知识结构合理性
		业务技能掌握程度
		服务能力
	信息开发与加工深度	编制二、三次文献数量
		建立链接的国内外重点学科站点的数量
		建立特色数据库的数量
	服务多样化程度	个性化服务
		定题跟踪服务
		立项查新服务
		网络导航服务
		用户培训服务

❶ 杨曙红．重点学科文献信息保障评价指标体系研究 [D]．保定：河北大学，2010：21．

续表

一级指标	二级指标	三级指标
资源利用（用户评价）	资源与专业匹配程度	资源支持专业课题程度
		资源支持专业研究程度
	不同载体、不同语种文献与需求的符合程度	用户对纸质文献的数量、种类、质量的满足度
		用户对数字资源的丰富度、专精度和使用便利性的满足度
		用户对中文文献资料的满意度
		用户对外文文献资料的满意度
	馆员的服务品质及效率	用户对现有信息服务方式的满意度
		用户对服务效果的满意度
		用户对查询响应速度的满意度
		用户的信息检索能力在馆员指导下得到提高的程度
资源共建共享	资源共建程度	是否参加国家级或区域性文献信息资源共建系统
		进行联合采集的力度
	资源共享利用程度	年馆际互借次数
		年文献传递篇数

参考文献

[1] European Council on Foreign Relations."One Belt, One Road": China's Great Leap Outward［Z］.London: European Council on Foreign Relations.2015, 2.

[2] 刘英奎."一带一路": 惠及全球的伟大创举[N].中国贸易报, 2016-08-23（1）.

[3] 国家发展改革委, 外交部, 商务部.推动共建丝绸之路经济带和21世纪海上丝绸之路的愿景与行动[N].人民日报, 2015-03-29（4）.

[4] 倪稼民.基于文化共通与文化多元视角解读"一带一路"的意义[J].党政研究, 2015（5）: 112-115.

[5] 专家解读: "一带一路"建设策略[J].宁波经济（财经视点）, 2014（10）: 32-33.

[6] 罗亚泓.国内外"东盟"研究文献计量分析报告——基于常用数据库资源的调查与统计[J].东南亚研, 2013（4）: 105-112.

[7] 苏瑞竹, 张颖.东盟文献信息资源建设初探[J].广西师范学院学报（哲学社会科学版）, 2012, 33（3）: 152-156.

[8] 张颖, 苏瑞竹.中国图书馆东盟信息资源建设现状及趋势[J].农业图书情报学刊, 2014, 26（7）: 5-9.

[9] 谢耀芳.广西东盟特色文献资源建设探析——以广西壮族自治区图书馆为例[J].大学图书情报学刊, 2011（4）: 49-51.

[10] 黄祖彬.东盟文献信息服务探索[A].广西图书馆学会.广西图书馆学会2011年年会暨第29次科学讨论会论文集[C].南宁: 广西图书馆学会, 2011: 14.

[11] 张颖.外国图书馆东盟信息资源概况及启示[A].广西图书馆学会.广西图书馆学会2014年年会暨第32次科学讨论会论文集[C].南宁: 广西图书馆学会, 2014: 7.

[12] 李灿元, 王红.东南亚研究信息资源采访策略探讨[J].图书馆界, 2011（5）: 42-43, 52.

[13] 程焕文.信息资源共享[M].北京: 高等教育出版社, 2004.

[14] 金胜勇. 图书馆信息资源共建共享理论[M]. 北京：人民出版社，2015.

[15] 刘永焯. 建立东南亚历史文献目录学的探讨[J]. 广东图书馆学，1985（2）：14-18，36.

[16] 苏瑞竹，张颖. 东盟信息资源共建共享策略研究[J]. 图书馆建设，2013（9）：38-42.

[17] 李淑媚. 广西大学东盟研究作者群调研及图书馆服务对策——基于CNKI的文献计量学调查[J]. 科技情报开发与经济，2014（22）：147-151.

[18] 张晓文. 高校图书馆东盟信息资源用户需求和利用调查分析——以广西大学"中国—东盟经贸合作与发展研究"学科为例[J]. 情报探索，2014（4）：42-44.

[19] 吴郁. "中国—东盟法律文献数据库"建设实践研究[J]. 东南亚纵横，2012（9）：14-17.

[20] 肖希明. 信息资源建设[M]. 武汉：武汉大学出版社，2008：333.

[21] 杨曙红. 重点学科文献信息保障评价指标体系研究[D]. 保定：河北大学，2010：4-7.

[22] 冉曙光. 应用型本科院校重点学科文献资源保障研究[D]. 长春：东北师范大学，2011：5.

[23] 程卫萍，潘杏梅，王衍. 省级科技文献共享服务平台现状调查与分析[J]. 图书馆杂志，2016（7）：50-58.

[24] 肖希明. 我国文献资源保障体系论纲[J]. 图书馆，1996（6）：8-12.

[25] 童敏. CALIS和CASHL文献资源共享体系的比较研究[J]. 图书馆建设，2009（4）：4-6，10.

[26] 康美娟. 整合CALIS、CASHL、NSTL文献传递系统实现文献资源全面共享[J]. 农业图书情报学刊，2012，24（10）：31-33.

[27] 陈小慧. 地区研究文献资源建设的特点与分析——以厦门大学东南亚、台湾研究中心为例[J]. 图书馆工作与研究，2008（9）：53-55.

[28] 兰宗宝，等. 农业科技信息共享在中国—东盟合作中的功能及发展对策[J]. 江西农业学报，2011，23（11）：190-192.

[29] 龚军. 广西高校图书馆为东盟留学生提供文献信息服务的策略分析[J]. 图书馆论坛，2006，26（5）：224-226.

[30] 杨晓景. 高校图书馆收藏中国周边国家语种文献现状的调查分析[J]. 大学图书

馆学报，2014（1）：54-58，70.

[31] 乌家培. 信息资源与信息经济学[J]. 情报理论与实践，1996（4）：4-6，44.

[32] 乔好勤. 地方文献的范围及其界定原则[J]. 图书馆论坛，2007（6）：86-90，34.

[33] 朱本军，聂华. 下一代图书馆系统与服务研究[M]. 北京：北京大学出版社，2012.

[34] 梁志明，李一平. 中国东南亚史学研究的进展与评估[J]. 世界历史，2011（2）：120-127.

[35] 张玉珍. 在竞争中共同发展——论电子文献与纸质文献的关系[J]. 中国图书馆学报，2003（1）：51-54.

[36] 王涛. 略论社科信息资源的功能和作用[J]. 情报资料工作，2014（S1）：189-190.

[37] 张玉珍. 文献载体演变对文献功能的影响[J]. 图书馆建设，2002（5）：39-41.

[38] 王以俊. 东盟：一个大的图书区域市场[J]. 印刷世界，2010（6）：62-63.

[39] 李强. 国际化的新加坡出版业[N]. 中国新闻出版报，2006-03-21（4）.

[40] 赵晨. 新加坡全媒体出版物市场发展的现状与启示[J]. 产业与科技论坛，2016（7）：18-19.

[41] 陈少华，余俊峰. 2008亚洲数字出版的发展概况及趋势[J]. 出版广角，2009（4）：18-22.

[42] 傅西平. 泰国出版业一瞥[J]. 出版参考，2006（6）：31.

[43] 阮玉宝. 基于公共政策理论对完善越南出版活动的思考[D]. 长春：东北师范大学，2012：10.

[44] 王以俊. 首届东盟电子书会议报道［J］. 印刷世界，2013（1）：64-65.

[45] 毛鹏. 菲律宾出版业访问散记［J］. 出版工作，1986（7）：60-62.

[46] 王以俊. 文莱出版印刷信息二则[J]. 印刷世界，2011（11）：63-64.

[47] 王以俊，罗伯特·库珀. 老挝《出版法》开始施行[J]. 印刷世界，2010（1）：62.

[48] 王以俊. 缅甸和老挝的印刷行业组织[J]. 印刷世界，2009（10）：63.

[49] 黄永华. 教育出版的现状、问题和思考[J]. 中国编辑，2005（3）：39-42.

[50] 周凤珍. 论民族高校东盟文献信息资源建设[J]. 广西民族大学学报（哲学社会科学版），2007，29（5）：82-84.

[51] 胡海燕. 东盟非通用语种图书分编工作初探[J]. 图书馆界，2010（2）：55-57.

[52] 梁俭. "东盟文献特色数据库"建设之思考[J]. 图书馆学刊, 2010, 32（9）: 37-39.

[53] 唐小新. 物联网在高校图书馆东盟信息资源个性化服务中应用初探[J]. 图书馆界, 2011（2）: 64-68.

[54] 阮小姝. 广西与东盟高校图书馆建立交流合作关系初探[J]. 东南亚纵横, 2009（10）: 34-37.

[55] 张学福. 论国家文献信息资源保障体系建设[J]. 中国图书馆学报, 2004（4）: 35-39.

[56] 尚小辉. 图书馆外文图书馆藏发展实践与思考——以国家图书馆为例[J]. 图书馆建设, 2011（3）: 29-31, 35.

[57] 何燕. 对当前公共图书馆外文图书采访工作的思考[J]. 图书馆论坛, 2010, 30（4）: 93-95, 111.

[58] 李灿元, 麦林, 钟建法. 高校图书馆小语种图书建设的问题与对策[J]. 图书馆建设, 2011（9）: 18-20.

[59] 肖珑. 专题: 人文社会科学文献资源的共建共享与国家保障[J]. 图书情报工作, 2010（6）: 5.

[60] 赖于民, 马敏象, 张涌, 等. 中国（云南）—东盟数据信息资源共建共享模式探索[J]. 情报杂志, 2006, 25（5）: 119-120, 123.

[61] 寇有观. 地理框架 整合资源 融合信息 中国—东盟区域性信息交流中心发展战略研究之一[C]. 北京: 中国地理信息系统协会第四次会员代表大会暨第十一届年会论文汇编, 2007: 32.

[62] 杜文宏, 黄珊珊, 刘茜, 等. 对建设中国—东盟区域性信息交流中心的思考[J]. 改革与战略, 2007, 23（10）: 84-86.

[63] 陆小志. 论中国—东盟区域信息交流中心建设[J]. 桂海论丛, 2010, 26（5）: 100-103.

[64] 潘琦. 努力把广西建成中国—东盟信息交流中心[J]. 当代广西, 2007.16（8）: 36-37.

[65] 玉家铭, 赵凯. 东盟信息服务平台的构建与资源共享[J]. 中国水运（下半月）, 2009, 9（2）: 84-85.

[66] 王真. 图书馆联盟建设研究[M]. 天津: 天津大学出版社, 2011.

[67] 陈信，赵益民，柯平，等.东盟图书馆联盟发展现状及对我国的启示[J].图书情报工作，2014，58（1）：91–95.

[68] 陈信，赵益民，张琼.中国—东盟国际图书馆战略联盟探索[J].图书馆学研究，2013（4）：77–80.

[69] 代根兴.数字时代的图书馆信息资源建设[M].北京：北京图书馆出版社，2006.

[70] 刘霞.区域性文献共享系统的可持续发展研究[J].大学图书馆学报，2012，30（4）：36–41.

[71] 钟建法.高校人文社科外文图书保障体系建设存在的问题与对策[J].图书情报工作，2010，54（11）：10–13.

[72] 杨晓景，付桂珍.走出非通用语种图书采编困境的新途径——全国外语院校图书馆联盟成立的意义[J].大学图书馆学报，2010（2）：15–18.

[73] 尹方屏，张大为，谷秀洁，等.构建跨区域学科联盟共享域的策略研究——CALIS示范馆建设启示[J].图书馆建设，2012（7）：62–66.

[74] 肖希明.信息资源建设[M].武汉：武汉大学出版社，2008.

[75] 官凤婷，高波.我国高校图书馆信息资源共享现状研究[J].图书情报知识，2012（3）：55–61.

[76] 魏现辉.文献信息资源整合与优化配置初探[J].科技致富向导，2011（23）：216，225.

[77] 符绍宏.信息检索[M].北京：高等教育出版社，2004.

[78] 储节旺.文化产业信息保障体系研究[J].情报理论与实践，2013（2）：1–6.

[79] 叶继元，谢欢.存量与增量：中国战略性新兴产业信息资源保障体系的宏观思考[J].图书馆论坛，2015，35（1）：1–7.

[80] 罗爱静.中国生物医学信息资源保障体系建设的战略研究[D].长沙：中南大学，2006：2.

[81] 宋春智.高校图书馆知识服务保障体系研究[D].哈尔滨：黑龙江大学，2008：36–38.

[82] 郭亚祥.东盟文献信息资源政府采购研究[D].南宁：广西民族大学，2014：11.

[83] 侯松岭，迟殿堂.东南亚与中亚：中国在新世纪的地缘战略选择[J].当代亚太，2003（4）：9–15.

[84] 张克成.东盟对中国的地缘战略意义分析[J].改革与开放，2010（14）：1–2.

[85] 王芳，王萌.基于国家安全视角的南海问题分析[J].海洋技术，2010（4）：113-116.

[86] 陈桂秋.论中国边境旅游发展的战略意义[J].华东经济管理，2004（2）：36-38.

[87] 罗自群.论小语种的语言保护问题——以基诺语、怒苏语为例[J].云南师范大学学报（哲学社会科学版），2008（4）：27-31.

[88] 赵蓉晖.国家安全视域的中国外语规划[J].云南师范大学学报（哲学社会科学版），2010（2）：12-16.

[89] 朱晓兰.再谈国家图书馆东方语文图书采访工作[G].国家图书馆图书采选编目部.新形势下的图书馆采访工作.北京：北京图书馆出版社，2005：88-93.

[90] 赵杨.国家创新系统中的信息资源协同配置研究[M].武汉：武汉大学出版社，2012.

[91] 南宁市人民政府新闻办公室.南宁概览2009[M].南宁：广西美术出版社，2009.

[92] 张远新.广西服务业发展报告2011[R].南宁：广西民族出版社，2011：88-92.

[93] 黄朝翰，赖洪毅，张鹏.中国东南亚研究面临的学术挑战[J].东南亚研究，2006（4）：16-23.

[94] 蔡基刚.我国高校大学外语政策调整的范例及其战略意义[J].中国大学教学，2013（8）：12-16.

[95] 乐天.社会科学文献出版社打造"一带一路"数据库，为"一带一路"战略研究奠定重要基石[J].全国新书目，2015（10）：7-8.

[96] 耿振英.河北省科技信息保障体系研究[J].现代情报，2007（8）：184-186.

[97] 刘万顺.建设湖北公安文献保障体系探讨[D].武汉：华中师范大学，2004：4.

[98] 周小兵，谢爽，徐霄鹰.基于国际汉语教材语料库的中华文化项目表开发[J].华文教学与研究，2019（1）：50-58，73.

[99] 蔡德仿.广西与东盟法律合作研究：一个文献综述[J].法制博览，2015（11）：15-17.

[100] 陈怡玲.中国—东盟科技文献馆资源建设研究[J].图书情报导刊，2016，1（6）：94-96.

[101] 张晓文.高校图书馆东盟信息资源用户需求和利用调查分析——以广西大学"中国—东盟经贸合作与发展研究"学科为例[J].情报探索，2014（4）：

42-44.

[102] 陈力简. 正确引导中国"一带一路"建设的全球舆情[J]. 中国信息安全, 2016（2）：44-47.

[103] 王以俊. 首届东盟电子书会议报道[J]. 印刷世界, 2013（1）：64-65.

[104] 杨肥生. 文献采访学研究[M]. 合肥：安徽大学出版社, 2005.

[105] 杨杞, 黄力. 图书馆国际交换工作发展浅说[J]. 法律文献信息与研究, 1999（4）：3-5.

[106] 夏南强. 信息采集学[M]. 北京：清华大学出版社, 2012.

[107] 白丽荣. 图书馆电子资源的采购策略[J]. 图书馆学刊, 2013（7）：43-45.

[108] 程琳. 警察法学通论[M]. 北京：中国人民公安大学出版社, 2018.

[109] 陈科, 等. 高校图书馆人力资源管理国内研究现状探析[J]. 四川图书馆学报, 2017（3）：9-13.

[110] 张洪顺, 邓舜扬. 企业科技图书馆工作指南[M]. 上海：上海科学技术文献出版社, 1992.

[111] 叶子盈. 试论图书馆外文小语种图书分编工作[J]. 图书馆论坛, 2005（3）：175-177.

[112] 叶继元. 信息组织[M]. 北京：电子工业出版社, 2015.

[113] 白国应. 论文献分类的思想性原则[J]. 邯郸师专学报, 2000（2）：66-70, 74.

[114] 俞君立, 陈树年. 文献分类学[M]. 武汉：武汉大学出版社, 2015.

[115] 刘大文. 医学文献标引与编目[M]. 昆明：云南科技出版社, 2015.

[116] 肖希明, 等. 数字信息资源建设与服务研究[M]. 武汉：武汉大学出版社, 2008.

[117] 王凤领. 数据库原理及应用[M]. 西安：西安电子科技大学出版社, 2018.

[118] 林丽娟. 《中国图书馆分类法》（第五版）在类分西文图书中的局限性及改进建议[J]. 图书馆理论与实践, 2017（8）：53-55.

[119] 赵继海. 机构知识库：数字图书馆发展的新领域[J]. 中国图书馆学报, 2006（2）：33-36, 50.

[120] 杨茗溪. 美国高校机构知识库开放获取政策调查[J]. 图书馆建设, 2018（8）：33-39.

[121] 费愉庆. 论灰色文献与网络信息资源[J]. 苏州大学学报（工科版）, 2003

（4）：80-82.

[122] 王慧，等. 网络灰色信息智能获取与分析[J]. 中国人民公安大学学报（自然科学版），2016（2）：75-78.

[123] 郭喜跃，何婷婷. 信息抽取研究综述[J]. 计算机科学，2015（2）：14-17，38.

[124] 查先进. 企业竞争情报[M]. 武汉：武汉大学出版社，2012.

[125] 缪霖. Web信息提取技术在企业竞争情报平台的应用研究[D]. 成都：电子科技大学，2010：27-28.

[126] 刘杰. Web中文信息抽取中命名实体识别的研究及应用[D]. 西安：西北大学，2009：16.

[127] 王娜. 泛在网络中的信息组织机制研究[J]. 现代情报，2018，38（5）：25-31，36.

[128] 李明. 数据清洗技术在文本挖掘中的应用[D]. 南京：南京理工大学，2008：14.

[129] 封富君，等. 大数据环境下的数据清洗框架研究[J]. 软件，2017，38（12）：193-196.

[130] 曹智. 分布式异构数据库智能集成的研究[D]. 唐山：河北联合大学，2014：13-16.

[131] 陈全松，李红. 面向网络世界的全文检索技术的应用问题研究[J]. 农业图书情报学刊，2004（5）：65-67.

[132] 黄水清，朱书梅. 开放获取资源统一访问平台全文检索工具的设计与实现[J]. 现代图书情报技术，2008（7）：7-12.

[133] 钱颖. 无线网络资源管理的跨层研究[D]. 杭州：浙江大学，2007（5）：30.

[134] 方开庆. 动态页面数据采集方法的研究与分布式实现[D]. 北京：北京交通大学，2013：2，5.

[135] 公晓. 图书馆科研数据联盟管理模式建设研究[D]. 大连：辽宁师范大学，2017：6.

[136] 李禾. 微信息环境下高校馆藏资源微聚合服务的研究[J]. 图书馆学研究，2015（4）：66-70，65.

[137] 朱建华. 一种基于Web的新闻抽取方法[J]. 情报杂志，2010，29（S2）：139-141.

[138] 田甜. 文档自动分类的方法探讨[J]. 情报杂志，2006（2）：77-78.

[139] 黄文福，苏瑞竹."一带一路"战略背景下东盟文献信息资源的采集[J].内蒙古科技与经济，2017（7）：91-95.

[140] 熊回香，夏立新.自然语言处理技术在中文全文检索中的应用[J].情报理论与实践，2008（3）：432-435.

[141] 翟青竹.论网络环境下的个人信息组织[J].情报探索，2012（10）：94-97.

[142] 秦春秀，赵捧未，窦永香.一种基于本体的语义标引方法[J].情报理论与实践，2005（3）：244-246.

[143] 张明盛.网络信息组织标准现状、应用技术与展望[J].信息技术与标准化，2003（11）：11-15.

[144] 王春梅.基于网格的数字图书馆资源组织模式构建[J].现代电子技术，2016，39（2）：49-52.

[145] 李雯，凌美秀.一体化信息资源保障体系建设研究[J].高校图书馆工作，2008，28（1）：28-31.

[146] 肖希明.再论我国信息资源保障体系建设——纪念南宁会议20周年[J].图书馆，2006（6）：6-11.

[147] 霍文杰.关于CALIS三级系统建设的思考[J].情报科学，2000（1）：13-15.

[148] 韦艳芳.试论省级文献信息保障体系的建设[J].农业图书情报学刊，2000（6）：32-33.

[149] 黄勇凯.CALIS对省级文献保障体系建设的促进作用——以湖北省文献保障体系建设为例[J].数字图书馆论坛，2013（1）：62-67.

[150] 魏现辉.文献信息资源整合与优化配置初探[J].科技致富向导，2011（23）：216，225.

[151] 陈平殿.21世纪的信息资源建设[M].北京：海洋出版社，2011.

[152] 柳较乾.图书馆信息资源优化整合研究[J].图书馆学刊，2006（1）：44-46.

[153] 汝萌，李岱.我国公共数字文化服务使用情况调查研究[J].图书馆建设，2017（2）：84-89.

[154] 马滔，汪艳艳.高校图书馆非通用语言文献保障与建设的思考[J].思想战线，2013，39（S1）：63-64.

[155] 黄筱玲.再论湖南省高校图书馆信息资源共建共享[J].图书馆理论与实践，2008（3）：82-84.

[156] 胡昌平，张敏，张李义. 创新型国家的信息服务体制与信息保障体系构建（3）——知识创新中的跨系统协同信息服务组织[J]. 图书情报工作，2010，54（6）：14-17.

[157] 王科. 外语院校图书馆小语种信息资源共建共享研究[J]. 图书馆工作与研究，2014（4）：50-53.

[158] 邢欣，邓新. "一带一路"核心区语言战略构建[J]. 双语教育研究，2016，3（1）：1-8.

[159] 杨迎华. "一带一路"建设下的中国语言战略[J]. 人民论坛，2016（15）：90-91.

[160] 陆萍，彭雅飞. 图书馆信息资源共享模式的类型与特点[J]. 新世纪图书馆，2011（7）：28-30.

[161] 刘伟东. 黑龙江省人文社会科学文献信息资源保障体系的构建[J]. 情报资料工作，2008（4）：82-85.

[162] 张晓文，褚兆麟，赵晋凯. 东南亚研究文献收藏现状及地域共享思路研究——以广西、广东和云南三省区图书馆为例[J]. 河南图书馆学刊，2014（4）：89-90，103.

[163] 孙瑞英. 建立国家文献信息保障体系的构想[J]. 情报科学，2002（7）：680-683.

[164] 赵忠秀. 融入"一带一路"要有长期规划[N]. 四川日报，2016-08-23（9）.

[165] 杜氏清水，罗博. 越南国家图书馆与东盟国家数字资源共享实践与建议[J]. 图书馆学研究，2015（6）：79-84.

[166] 郭小聪. 政府经济学[M]. 北京：中国人民大学出版社，2004.

[167] 杨晶. 图书情报人才需求及培养模式[J]. 图书馆学刊，2013，35（7）：27-29.

[168] 乔喜凤. 创新型人才激励机制研究[J]. 中国管理信息化，2020，23（20）：93-94.

[169] 张谦元，柴晓宇. 深入实施西部大开发战略的人才保障机制研究[J]. 开发研究，2012（3）：133-137.

附录　东盟信息资源与服务用户调查问卷

尊敬的领导、专家：

您好！谢谢您参与本次调研活动。本问卷的目的在于了解您对东盟信息资源与服务的需求，以及图书馆东盟馆藏现状与服务水平，作为提高东盟馆藏质量和读者满意度的参考依据。问卷采用匿名的方式，所收集数据或意见仅用于学术研究。诚挚地希望能得到您的支持，请在您认可的选项后划"√"（可多选）。问卷采用匿名的方式，所收集数据或意见仅用于学术研究。您的意见和建议，将成为我们的研究依据，也将成为图书情报信息部门进一步加强和优化工作的重要信息。

耽误您宝贵的时间，再次向您致谢！

《东盟信息资源保障研究》课题组

2017 年 9 月 13 日

E-mail：2722328725@qq.com

【说明】

东盟信息资源：是经过人类选择、组织、加工、处理、有序化并大量积累起来的有用信息的集合。内容涵盖东盟（越南、柬埔寨、老挝、泰国、缅甸、菲律宾、马来西亚、印尼、新加坡、文莱）各国政治、经济、科技、军事、文化、社会，以及这些国家与国际间的地区关系、地方文化、教育、历史、宗教和民族等众多方面有价值的信息。

东盟馆藏：图书馆等信息服务机构拥有或可存取的馆藏信息资源中，内容涉及东盟各国的图书、期刊、报纸和电子资源，一般属于"特色资源"的范畴。如：图书资料、学术论文、科技成果、多媒体资源等，以及东南亚相关的特色数据库。

东盟信息服务：信息服务机构围绕用户对东盟信息资源的需求，提供相应的文献查询与获取、知识导航、读者培训、参考咨询、情报分析、翻译等服务，将有价值的东盟信息资源传递给用户，从而满足用户相应的信息服务需求。

一、个人信息

1.您的性别：□男　□女

2.您的年龄：□18岁以下 □19~24岁 □25~45岁 □46~60岁 □60岁以上

3.您目前的居住地：　　省（自治区/直辖市）　　市（县/区）

4.您的教育程度：□初中以下 □高中/中专/技校 □大专 □本科 □硕士 □博士

5.您的职业：□公务员 □事业单位人员 □公司企业人员 □专业技术人员（医生、律师、科研人员等）□教师 □学生 □无业/自由职业者 □离退休人员 □其他

6.您现在从事/学习的专业所属学科门类：□人文社科类 □经济管理类 □农业科技类 □工程技术类 □医药卫生类 □信息科技类 □其他

7.您的职称：□无职称 □初级 □中级 □高级

8.您对外语的掌握及熟练程度：请在所选项目的对应格子内打"√"

掌握语种	熟练程度 1-精通 2-较熟练 3-良好 4-一般 5-一点不符				
	1	2	3	4	5
英语					
马来语					
柬埔寨语（高棉语）					
印尼语					
老挝语					
缅甸语					
菲律宾语（他加禄语）					
泰语					
越南语					

9.用户的东盟信息资源需求：

在日常工作、学习和生活中，您对东盟信息资源是否有需求？

□需要（请继续作答）□不需要（请放弃作答）

10.您需要东盟信息资源的主要原因：（可多选）

□工作需要 □学术研究 □专业学习 □应对考试 □休闲娱乐 □兴趣爱好 □其他

11.所需东盟信息资源的内容：

□政治军事 □科技农业 □商业贸易 □旅游文化 □语言学习 □其他

12-15.所需东盟信息资源的类型和属性：请在所选项目的对应格子内打"√"

附录　东盟信息资源与服务用户调查问卷

东盟信息资源类型	12.使用频率			13.载体需求			14.语种需求			15.时间跨度			
	不用	偶尔使用	经常使用	纸本	电子	二者都要	中文	外文	二者都要	当年内	五年内	五至十年	十年以上
学术类图书													
休闲类图书													
学术类期刊													
休闲类期刊													
报纸													
字/词典、年鉴													
会议论文													
博硕士论文													
专利文献													
标准文献													
政府出版物													

二、用户获取与使用东盟信息资源的行为

16. 东盟信息资源的获取渠道：请在所选项目的对应格子内打"√"

东盟信息主要来源	政府网站等官方渠道	网络搜索	电视、广播、报纸	图书馆、档案馆等	情报研究机构	行业协会等社会组织	咨询公司等商业服务机构	实体/网络书店	人际渠道
政策法律信息									
学术信息									
专业数据、情报									
日常新闻资讯									

17. 您利用图书馆东盟馆藏和服务的方式：（可多选）

□借还图书　□阅览报刊　□查阅电子文献　□利用多媒体资源　□获取咨询服务　□使用场地设备（自习、学术研究）□其他

18. 若您较少使用图书馆的东盟信息资源与服务，主要的原因是：（可多选）

□馆藏资源不能满足需求　□网络设施不能满足需要　□图书馆开馆时间短　□限制条件多，使用不方便　□不满意图书馆员服务　□馆内项标识不明确　□排架混乱或上架不及时　□不了解图书馆资源与检索技巧　□其他

三、用户对东盟信息资源与服务的感知和期望

19-20. 您对图书馆等机构现有东盟信息资源的评价和期望：请在所选项目的对应格子内打"√"

项目	19. 对现有东盟信息资源的评价					20. 对东盟信息资源的期望水平				
	极不同意	不同意	一般	同意	非常同意	极不重要	不重要	一般	重要	非常重要
东盟馆藏质量										
权威可靠										
数量丰富										
更新及时										
结构合理										
内容满足需求										
东盟馆藏获取										
检索便利										
印刷文献借阅便利										
数字资源获取便利										
资源推送合理										
配套设施满足需求										

21. 您希望获得哪些东盟信息服务：

□新书通报、报刊导读 □文献传递服务 □信息搜集及代译 □信息聚类与推送 □参考咨询 □定题跟踪服务 □专利分析服务 □竞争情报服务 □出具研究报告 □举办相关讲座 □其他

22. 您倾向于哪种东盟信息服务方式？（可多选）

□到馆面对面咨询 □专业人员现场提供服务 □E-mail □移动 APP 服务 □网上咨询（实时 QQ 对话、BBS 留言板、常见问题回答 FAQ 等）□信息服务平台 □网络社群 □其他

23. 请在以下选项中，选择您认为有必要开展的项目：（可多选）

□全国性的东盟信息资源共享平台 □东盟大数据服务系统 □构建专题知识库 □科技信息服务 □法律法规咨询服务 □经贸信息咨询服务 □语言学习支持服务 □旅游文化信息咨询 □其他

24. 为提高东盟馆藏质量与服务水平，您对图书馆等现有服务机构有何建议或意见：